Erhalten historisch bedeutsamer Bauwerke

Baugefüge, Konstruktionen, Werkstoffe

Ernst & Sohn

Erhalten historisch bedeutsamer Bauwerke

Baugefüge, Konstruktionen, Werkstoffe

Sonderforschungsbereich 315
Universität (TH) Karlsruhe

Forschungsprogramm 1985
Stand der Arbeiten im Sommer 1986

Verlag für Architektur
und technische Wissenschaften
Berlin

Diese Arbeit ist im Sonderforschungsbereich 315 »Erhalten historisch bedeutsamer Bauwerke. Baugefüge, Konstruktionen, Werkstoffe« entstanden und wurde auf seine Veranlassung unter Verwendung der ihm von der Deutschen Forschungsgemeinschaft zur Verfügung gestellten Mittel gedruckt.

Herausgeber: PROF. DR.-ING. FRITZ WENZEL, Sprecher des Sonderforschungsbereiches 315

Redaktionelle Bearbeitung: Dokumentationsstelle des SFB 315
HARTWIG SCHMIDT, MARKUS WEIS, SUSANNE BÖNING-WEIS

Dieses Buch enthält 69 Abbildungen und 3 Tabellen

CIP-Kurztitelaufnahme der Deutschen Bibliothek

Erhalten historisch bedeutsamer Bauwerke:
Baugefüge, Konstruktionen, Werkstoffe, Sonderforschungsbereich 315, Univ. Karlsruhe; e. Sonderforschungsbereich stellt sich vor; Forschungsprogramm 1985 u. Angaben zum Stand d. Arbeiten im Sommer 1986/ [diese Arbeit ist im Sonderforschungsbereich 315 »Erhalten Histor. Bedeutsamer Bauwerke, Baugefüge, Konstruktionen, Werkstoffe« entstanden u. wurde auf seine Veranlassung gedr. Hrsg. vom Sprecher d. Sonderforschungsbereiches 315, Fritz Wenzel]. – Berlin: Ernst, Verlag für Architektur u. Techn. Wiss., 1987.
ISBN 3-433-01051-X

NE: Wenzel, Fritz [Hrsg.]; Sonderforschungsbereich Erhalten Historisch Bedeutsamer Bauwerke – Baugefüge, Konstruktionen, Werkstoffe ‹Karlsruhe›

Satz: Bongé & Partner, D-1000 Berlin 62
Druck: Oskar Zach GmbH & Co. KG, D-1000 Berlin 31
Bindung: Buchbinderei Bruno Helm, D-1000 Berlin 30

Printed in the Federal Republic of Germany

Vorwort

An der Universität Karlsruhe nahm der Sonderforschungsbereich »Erhalten historisch bedeutsamer Bauwerke – Baugefüge, Konstruktionen, Werkstoffe« seine Arbeit auf. Er will Bestand und Zustand der überlieferten Bausubstanz erkunden, ihren Verfall und seine Ursachen ergründen, die Auswirkungen von Eingriffen und Veränderungen studieren sowie Methoden und Verfahren der Substanzerhaltung und Substanzverbesserung erforschen. Seine Arbeit will nicht so sehr von der Oberfläche der Bauten ausgehen, den Steinfassaden, dem Putz und den Malereien, als vielmehr vom Inneren, vom konstruktiven Gefüge, welches dem Ganzen und auch der Oberfläche Bestand und Halt zu geben hat. Schwächen und Schäden des Konstruktionsgefüges sind immer wieder Anlaß, daß historisch bedeutsame Bauwerke geschlossen werden müssen. Millionenaufwendungen sind dann notwendig, aber viel zu oft führen sie mit großem technischen Aufwand zu irreparabler Verfremdung der authentischen Substanz. Hier will der Sonderforschungsbereich nach neuen Lösungen suchen, die sich besser, wie ein selbstverständlicher nächster Schritt, in die Geschichte des Erhaltens eines alten Gefüges einreihen.

Der Sonderforschungsbereich hat sich mit dem Verlag Ernst & Sohn auf die Herausgabe einer Jahrbuchreihe verständigt. In ihr sollen die wichtigsten Forschungsergebnisse ohne Verzug publiziert und der interessierten Fachwelt und Öffentlichkeit bekanntgemacht werden. Die hier vorliegende Broschüre stellt den Einführungsband für die Jahrbuchreihe dar. Das erste Jahrbuch mit Forschungsergebnissen und Berichten aus dem Jahr 1986 erscheint gleichzeitig. Die einzelnen Gruppen des Sonderforschungsbereiches werden über ihre Arbeiten zwar auch in den einschlägigen Fachzeitschriften berichten, die Sprache von Fachaufsätzen ist aber, wie bekannt, oftmals nur dem Leserkreis der engeren Fachdisziplin verständlich. In der Jahrbuchreihe soll dagegen darauf geachtet werden, daß ein Leserkreis erreicht wird, der genau wie der Sonderforschungsbereich über mehrere Disziplinen hinwegreicht, und dazu soll auch eine allgemeinverständliche Sprache beitragen. Damit sollen die erarbeiteten Forschungsergebnisse größere Chancen bekommen, verstanden, aufgenommen und in die praktische Anwendung umgesetzt zu werden.

Der Einführungsband enthält das Programm des Sonderforschungsbereiches aus dem Jahre 1985, welches längerfristig angelegt ist. Es gibt nicht nur über die Arbeiten der nächsten Jahre Auskunft, sondern es schildert auch die mittel- und langfristigen Ziele, die von den einzelnen Gruppen angestrebt werden. Außerdem finden sich im Einführungsband Angaben zum Stand der Arbeiten wenige Monate nach Beginn. Sie sollen helfen, die Ausgangsposition und Richtung der einzelnen Arbeiten besser zu erkennen, als das allein anhand eines Programmes möglich ist. Den Sonderforschungsbereich erreichen inzwischen viele Anfragen. Im Einführungsband wird deshalb dargelegt, welche Arbeiten er sich vorgenommen hat und welche nicht von ihm bearbeitet werden, ferner, welche Arbeitsmethoden zur Anwendung kommen sollen. Damit dient der Einführungsband sowohl der Unterrichtung der Fachleute in der Praxis als auch der Information anderer Forschergruppen. Weil er als Orientierungshilfe über einen längeren Zeitraum konzipiert ist, erscheinen seine wesentliche Teile auch in englischer Übersetzung, während sich die Jahrbücher hier auf kurze fremdsprachige Zusammenfassungen beschränken werden.

Fritz Wenzel
Sprecher des Sonderforschungsbereiches 315

Inhaltsverzeichnis

Zum Thema

EINLEITUNG

Geschichtliche Bedeutung

Altes und neu Gebautes existierte zu allen Zeiten nebeneinander; Bauwerke zu erhalten war und ist die Aufgabe jeder Generation. Bei den jüngeren Bauten mag dabei der Nutzungswert im Vordergrund des Interesses stehen, bei den älteren stellt sich auch die Frage nach ihrem geschichtlichen Wert. Als historisch bedeutsame Bauwerke werden gemeinhin solche verstanden, die sich aus der Menge der Altbauten herausheben, sei es, weil sie einen besonderen Rang innerhalb der Baukunst einnehmen, sei es, weil ihre Gestalt, ihr Raumgefüge, ihre Konstruktion bemerkenswert sind. Sie können Träger bzw. Hülle für einen kunsthistorisch wertvollen Inhalt sein. Ihnen kann auch eine besondere Stellung innerhalb einer bestimmten Epoche zukommen. Sie können Bedeutung durch ihren Ort gewonnen haben, als Wahrzeichen eines Dorfes, einer Stadt oder eines Landstriches, als Glied eines Ensembles. Die Einstufung als Baudenkmal im Sinne der Denkmalschutzgesetze kann als Kriterium für ihren geschichtlichen Wert herangezogen werden, wird jedoch für die Zugehörigkeit der Gruppe der historisch bedeutsamen Bauwerke nicht als Bedingung angesehen. Auch der Begriff des Denkmalwertes bezieht sich, wenn er im folgenden gebraucht wird, nicht nur auf eingetragene Baudenkmale. Insgesamt wird die geschichtliche Bedeutung der Aufgabe, historisch bedeutsame Bauwerke zu erhalten, darin gesehen, der Vergangenheit über ihre gebauten Werke Einwirkung auf Gegenwart und Zukunft zu bewahren und der Gegenwart und Zukunft anschauliche Rückbesinnung auf die Vergangenheit zu ermöglichen.

Bautechnische Probleme

Soll ein altes Bauwerk erhalten werden, so ist es notwendig, dem Verfall des Baugefüges entgegenzuarbeiten, den Prozeß des Älterwerdens unter Kontrolle zu bringen – endgültig aufzuhalten ist er nicht. Mit dem Baugefüge sind die Konstruktionen der Dächer, Decken, Kuppeln und Gewölbe, Wände, Pfeiler und Säulen der Fundamente gemeint. Bei den Werkstoffen geht es um Holz, Stein, Mörtel, Metall, insbesondere in ihren dem Alter der Bauwerke entsprechenden Besonderheiten; dazu kommt der Baugrund in seiner Wechselwirkung mit dem alten Baugefüge. Das Feststellen des baulichen Zustandes erfordert die Auseinandersetzung mit den Ursachen des Verfalls. Einige der Ursachen gehen von der Natur aus, für andere ist der Mensch verantwortlich. Genannt seien von den ersteren die Alterung der Baustoffe und ihre Infektionen, von den letzteren Zivilisationseinflüsse wie Verkehrserschütterungen, Veränderungen des Grundwasserstandes, Luft- und Wasserverschmutzung, dazu Unwissenheit, Leichtsinn und Fahrlässigkeit im Umgang mit der alten Substanz. Das Aufgabengebiet des Sicherns und Sanierens reicht von den ältesten Steinbauten bis zu den jüngsten Stahlbetonkonstruktionen. Bei den historisch bedeutsamen Bauwerken unter ihnen ist die Entscheidung, ob und welche Erhaltungsmaßnahmen ergriffen werden sollen, nicht nur eine technische Frage, sondern auch eine Frage der Verträglichkeit mit dem Denkmalwert. Die Eingriffe in die Bausubstanz und die Zufügung technischer Hilfen müssen auf das Nötigste minimiert werden. Es sind deshalb Lösungen zu entwickeln, die die Selbsthilfemechanismen der Bauwerke unterstützen und nicht als Fremdkörper wirken.

GRÜNDE FÜR DAS EINRICHTEN EINES
SONDERFORSCHUNGSBEREICHES

Entwicklungen in den letzten 40 Jahren

In den letzten vierzig Jahren ist die Beschäftigung mit den Ursachen des Verfalls der Konstruktionen und Werkstoffe alter Bausubstanz und die Entwicklung von Methoden, Verfahren und Techniken der Substanzerhaltung und -verbesserung vernachlässigt worden. Viele historisch bedeutsame Bauwerke wurden im letzten Krieg zerstört, mehr noch wurden danach ein Opfer der Neubauwelle. Das Verhältnis zwischen Alt und Neu verschob sich einseitig zugunsten des Neubaues. Forschung, Lehre und praktische Ausbildung von Architekten und Ingenieuren sparten die alten Konstruktionen und Werkstoffe aus. Sie sind auch heute noch ganz überwiegend auf die Errichtung von Neubauten ausgerichtet. Seit einigen Jahren ist das Interesse an der Erhaltung historisch bedeutsamer Bausubstanz zurückgekehrt. Es gab 1975 das »Europäische Denkmalschutzjahr«. Bei den Architekten gerieten Themen wie »Neues Bauen in alter Umgebung« und »Altbaumodernisierung« in Kurs. Vieles wird übertrieben, bleibt an der Oberfläche. Überschwengliche Nostalgie und modische Rekonstruktion bestimmen dann das äußere Bild. Methoden und Verfahren zum Erhalten und Festigen der »inneren« Substanz, der Werkstoffe und Konstruktionen, fehlen noch weitgehend, jedenfalls solche, die angemessen auf den Denkmalwert der Bauwerke Rücksicht nehmen oder die genügend erprobt sind. Der Rückschlag des Pendels kam zu plötzlich. In der Praxis gibt es heute nur wenige Fachleute und Fachfirmen mit langjähriger Erfahrung auf diesem Gebiet. Abrißentscheidungen fallen, weil nicht genügend Sanierungsmöglichkeiten bekannt sind. Instandsetzungsarbeiten geschehen methodisch in falscher Reihenfolge. DIN-Normen, weil in der Regel für Neubauten gemacht, können nicht weiterhelfen. Werden sie dennoch angewendet, kann das schlimme Folgen haben. Zu umfängliche Hilfeleistungen verfrem-

den ein historisch bedeutsames Baugefüge dann oft mehr, als daß sie es schützen. Dazu kommen noch die unnötig hohen Kosten. Spezielle Sanierungstechniken sind ohne wissenschaftliche Untermauerung oder ausreichende Prüfung im Einsatz, ihre Bewährung auf Dauer ist ungewiß. Bei der Denkmalpflege kam es zu einem durchaus verständlichen Mißtrauen gegenüber allzu Neuem.
Durch die Erfahrung, daß zu Hilfe gerufene Architekten und Bauingenieure von den alten Werkstoffen und Konstruktionen nicht nur zu wenig verstehen, sondern daß ihnen auch die notwendige Sensibilität im Umgang mit der historisch bedeutsamen Bausubstanz fehlt, daß sie sich schwertun, gemeinsam nach angemessenen Lösungen zu suchen, wird dieses Mißtrauen noch gesteigert. Tatsächlich sind die vollkommene Trennung der Studiengänge Architektur und Bauingenieurwesen, eine in vielem zu theoretische Ausbildung und, bei den Bauingenieuren, das Fehlen bau- und technikgeschichtlicher Fächer im Studium, in denen der Grundstock für einen verständnisvollen Umgang mit der überlieferten Bausubstanz hätte gelegt werden können, zumindest mitverantwortlich für die beklagten Mängel.

Nachfrage nach Forschungsergebnissen

Die in den letzten Jahren gesteigerte Notwendigkeit, sich mit dem Erhalten historisch bedeutsamer Bauwerke zu beschäftigen, hat zu einer starken Nachfrage nach Forschungsergebnissen geführt. Immer wieder wird auch der Wunsch nach einem Zusammenfassen und Aufbereiten solcher Ergebnisse zu Empfehlungen für die Praxis vorgetragen, anstelle fehlender DIN-Normen und ohne deren Verbindlichkeit, die bei der großen Verschiedenartigkeit der Probleme alter Bauten und ihrer Konstruktionen eher hinderlich als hilfreich wäre.

Umfang des Bauvolumens

Zum Erhalten von Bauwerken im Denkmalschutz werden allein in Baden-Württemberg
jährlich 250 bis 300 Millionen DM aufgewen-
det, in der Bundesrepublik das vier- bis fünf-
fache dieser Summe. Nimmt man die Aufwendungen für historisch bedeutsame Bauwerke
hinzu, die keine eingetragenen Baudenkmale
sind, und berücksichtigt man, daß die Forschungsergebnisse auch der allgemeinen Altbausanierung zugute kommen, so wird erkennbar, daß die Arbeiten des Sonderforschungsbereiches einem großen Bauvolumen
dienen.

ZIELE DES SONDERFORSCHUNGSBEREICHES

Übergeordnete Ziele

Der Sonderforschungsbereich »Erhalten historisch bedeutsamer Bauwerke« will zur
Wiederbelebung der Beschäftigung mit den alten Konstruktionen und Werkstoffen beitragen. Ihm geht es um die Ursachen ihres Verfalls
und um Methoden und Verfahren der Substanzerhaltung und Substanzverbesserung. Es
sollen Lösungen entwickelt werden, die mit
dem Denkmalwert alter Bauwerke verträglich
sind, indem sie die Eingriffe in die überlieferte
Bausubstanz und die Zufügung technischer
Hilfen minimieren. Durch entsprechend gezielten Einsatz lassen sich auch die Kosten ver-
ringern. Über die grundlagen- und anwendungsbezogene Forschung hinaus sollen Beiträge zur Konstruktions- und Technikgeschichte erarbeitet werden.

Fernziele für 12 bis 15 Jahre

Für eine zwölf- bis fünfzehnjährige Laufzeit
lauten, aus heutiger Sicht, die Ziele des Sonderforschungsbereiches:
- Entwickeln eines Instrumentariums für
  die verzahnte Zusammenarbeit von Architekten, Ingenieuren und Naturwissenschaftlern mit Baugeschichtlern und
  Denkmalpflegern bei den statisch-konstruktiven und baukonstruktiv-werkstoff-
  kundlichen Aufgaben des Erhaltens historisch bedeutsamer Bauwerke.

- Erforschen, Entwickeln und Weiterent-
  wickeln von Methoden und Techniken der
  Bestandsaufnahme und Zustandsuntersu-
  chung der alten Baugefüge, Werkstoffe
  und Konstruktionen.
- Erarbeiten von Beurteilungskriterien,
  Vergleichsmaßstäben, Wegen zur Optimierung von Erhaltungsmaßnahmen hinsichtlich ihrer Verträglichkeit mit dem
  Wert der Baudenkmale.
- Erkunden der Werkstoffeigenschaften
  gealteter Baumaterialien und ihres Zusam-
  menwirkens mit anderen, auch neueren
  Werkstoffen.
- Erforschen geeigneter Verbesserungs- und
  Schutzmaßnahmen für die alten Werkstoffe. Erzielen von Fortschritten beim Lösen
  des Feuchteproblems im aufgehenden
  Mauerwerk. Entwickeln und Erproben
  von Verfestigungsmöglichkeiten an mineralischen Wandbaustoffen und an Bauhöl-
  zern.
- Exemplarisches Erkunden und Analysie-
  ren geplanter, tatsächlicher und in Reserve
  gehaltener Tragwirkungen alter Konstruktionen unter Berücksichtigung statischer
  und dynamischer Lasteinwirkungen sowie
  Bauwerks- und Baugrundverformungen.
- Erforschen, Entwickeln bzw. Weiterent-
  wickeln von Verfahren und Techniken
  zum Erhalten und Sichern, Sanieren und
  Reparieren bzw. Verstärken der Konstruktionen alter Bauwerke, insbesondere solcher aus Holz, Mauerwerk und Metall.

– Sicherheitsnachweise unter besonderer Berücksichtigung der Verhältnisse bei alten Konstruktionen und Werkstoffen, auch im Hinblick auf neuere sicherheitstheoretische Vorgehensweisen.
– Vergleichen früherer und heutiger Konstruktionsregeln, Prüfen der Übertragbarkeit alter, bewährter, in Vergessenheit geratener Regeln auf das heutige Bauen.
– Zusammenfassen, Aufbereiten und Veröffentlichen der wichtigsten Forschungsergebnisse, so daß sie den planenden Architekten und Ingenieuren, den ausführenden Firmen und den prüfenden Instanzen als Entscheidungshilfen dienen können. Einrichten einer entsprechenden Dokumentations- und Informationsstelle.

Nahziele

Für die ersten zweieinhalb Jahre sind ins Auge gefaßt:

– Erproben der Zusammenarbeit der verschiedenen Disziplinen in den einzelnen Teilprojekten (alle Teilprojekte, insbesondere A 1 und A 2).

– Erste Ergebnisse der Bestandsuntersuchung und Messungen an exemplarisch ausgewählten Bauwerken (A 3).

– Grundlagenermittlung für die Feuchtebestimmung im Mauerwerk (B 1). Ergebnisse beim Entwickeln und Erproben zerstörungsarmer Prüfverfahren für das Feststellen der Festigkeits- und Verformungskennwerte alten Konstruktionsholzes (B 2) und alten Mauerwerkes (C 2). Erste Ergebnisse (B 3) bzw. Anlaufen der Untersuchungen (C 4) bei den Baugrund- und Gründungsfragen. Beiträge der Mineralogie (B 4).

– Erste Ergebnisse bei der Untersuchung von Tragwirkungen und Sicherungstechniken in Holz (C 1), Mauerwerk (C 2) und Metall (C 3).

ERLÄUTERUNGEN

Beteiligte Disziplinen, Institutionen, Personen

Der an der Universität Karlsruhe eingerichtete Sonderforschungsbereich 315 »Erhalten historisch bedeutsamer Bauwerke – Baugefüge, Konstruktionen, Werkstoffe« erstreckt sich auf die Fakultäten für
– Architektur
– Bauingenieur- und Vermessungswesen
– Bio- und Geowissenschaften
sowie auf das
– Landesdenkmalamt Baden-Württemberg.
Er wird von folgenden Institutionen und Personen getragen
– Institut für Tragkonstruktionen
Prof. Dr.-Ing. Fritz Wenzel
(Sprecher des Sonderforschungsbereiches)
– Institut für Baugeschichte
Prof. Dr.-Ing. Wulf Schirmer

– Institut für Massivbau und Baustofftechnologie, Abteilung Baustofftechnologie
Prof. Dr.-Ing. Hubert Hilsdorf

– Versuchsanstalt für Stahl, Holz und Steine, Abteilung Stahl- und Leichtmetallbau
Prof. Tekn. dr Rolf Baehre

– Versuchsanstalt für Stahl, Holz und Steine, Abteilung Ingenieurholzbau und Baukonstruktionen
Prof. Dr.-Ing. Jürgen Ehlbeck

– Institut für Bodenmechanik und Grundbau
Prof. Dr.-Ing. Gerd Gudehus

– Mineralogisches Institut
Prof. Dr. Egon Althaus

– Landesdenkmalamt Baden-Württemberg
Prof. Dr. August Gebeßler
Präsident des Landesdenkmalamtes Baden-Württemberg

Vorhandene apparative und versuchstechnische Einrichtungen

Das Landesdenkmalamt und die Institute für Baugeschichte und Tragkonstruktionen, beide der Architekturfakultät zugehörig, bringen im wesentlichen die Erfahrungen im direkten Umgang mit der alten Bausubstanz in den geplanten Sonderforschungsbereich ein. Das Institut für Tragkonstruktionen besitzt einfache transportable Meß- und Prüfeinrichtungen. Die Institute und Versuchsanstalten der Bauingenieurfakultät – Massivbau und Baustofftechnologie; Stahl, Holz und Steine; Bodenmechanik und Grundbau – sowie das Mineralogische Institut verfügen über gut ausgestattete Laboratorien, Werkstätten sowie stationäre und bewegliche Prüfeinrichtungen, Versuchsstände und Meßgeräte, die in den letzten Jahren erweitert und modernisiert worden sind. Aus intensiver, praxisorientierter Forschung können mit eingearbeitetem Personal wichtige prüf- und meßtechnische Erfahrungen beigesteuert werden.

Vorarbeiten und Erfahrungen

Grundstock und Anknüpfungspunkt für die Einrichtung des Sonderforschungsbereiches sind die Forschungsarbeiten, die zur Sicherung von Konstruktionen historisch bedeutsamer Bauwerke in den letzten 15 Jahren am Institut für Tragkonstruktionen der Universität Karlsruhe ausgeführt wurden. Es konnten – Mosaiksteine in einem noch weitgehend weißen Feld – Ergebnisse auf folgenden Gebieten gewonnen werden: Bestandsaufnahme, statisch-konstruktive Analyse sowie Fragen der Reparatur einzelner alter Dach- und Kuppelkonstruktionen. Verbessern mehrschaligen Mauerwerks durch Vernadeln und Injizieren. Sichern gemauerter Wände durch nachträgliches Vorspannen und durch Aktivieren von Scheibentragwirkungen. Tragverhalten von Steingewölben. Festigkeits- und Verformungskennwerte alten Mauerwerks. Neben diesen mehr statisch-konstruktiv ausgerichteten Themen stehen Arbeiten, in denen den Zu-

sammenhängen zwischen Konstruktion, Nutzung und Gestalt nachgegangen wird.

Dadurch, daß die Forschungsarbeiten zum Teil an den sicherungsbedürftigen Bauwerken selbst geschahen, waren Verbindung mit der Praxis, Aktualität und Anwendungsbezug sichergestellt. Das soll auch in Zukunft so bleiben. Erkannt wurde aber, daß es notwendig ist, die Forschungen zur baugeschichtlich-denkmalpflegerischen und konstruktionsgeschichtlichen sowie zur werkstoffkundlichen und versuchstechnischen Seite hin zu erweitern und mit den entsprechenden Disziplinen zu verknüpfen. Das ist durch die Einrichtung des Sonderforschungsbereiches geschehen. Erfahrungen im Umgang mit den Werkstoffen und Konstruktionen historisch bedeutsamer Bauwerke bestehen an der Universität Karlsruhe nicht nur am Institut für Tragkonstruktionen. Das Landesdenkmalamt Baden-Württemberg, dessen Präsident Dr. August Gebeßler an der Karlsruher Architekturfakultät als Honorarprofessor lehrt, verfügt aus der Tagespraxis heraus über eine Fülle von Erkenntnissen an Einzelobjekten und Gebäudegruppen, die der wissenschaftlichen Bearbeitung zugänglich gemacht werden können. Das Institut für Baugeschichte kann auf langjährige Mitarbeit an der Restaurierung, Anastylose und Rekonstruktion auf archäologischen Grabungsstätten sowie auf Arbeiten zur Beurteilung des Denkmalwertes von Einzelbauten und Ensembles verweisen. Weiter sind die Versuchsanstalten des Bauingenieurwesens zu nennen. Die Baustofftechnologie beschäftigt sich mit Angriffsmechanismen, Schutzmaßnahmen und Sanierungsmöglichkeiten bei verschiedenen Werkstoffen. Der Stahlbau setzt sich mit alten Eisenkonstruktionen und den zugehörigen Werkstoff- und Festigkeitsdaten auseinander. Mit dem Thema des Sonderforschungsbereiches wird aber auch an Ergebnisse angeknüpft, die nicht direkt auf die alten Bauten zielen. Sie betreffen im Holzbau z.B. die Stoffgesetze, die Erhöhung der Querfestigkeit, die Tragfähigkeit von Verbindungsmitteln. In der Bodenmechanik und im Grundbau gibt es Untersuchungsmethoden und -verfahren im Feld und im Labor, die übertragbar sind, Erfahrungen mit Modellversuchen, neuentwickelte Verbesserungsmethoden für Böden. Das Mineralogische Institut kann Erfahrungen hinsichtlich der Wechselwirkung zwischen Gesteinen und Flüssigkeiten, Verwitterung, Schichtbildung, Baugrunduntersuchung, Quellvorgängen beitragen. Soweit die Forschungsarbeiten in Einzelfällen bereits in die Praxis umgesetzt werden konnten, hat sich gezeigt, daß mit ihrer Hilfe ein überraschend hohes Ausmaß an substanzschonender, ökonomisch und nutzungsmäßig vernünftiger Altbauerhaltung möglich ist.

Abgrenzbarkeit, Besonderheiten und Verbund im Forschungsumfeld

Materiell erfährt der Sonderforschungsbereich »Erhalten historisch bedeutsamer Bauwerke« seine Abgrenzung durch Konzentration auf die Baugefüge, ihre Konstruktion und Werkstoffe. Als Stichworte seien wiederholt: Dächer, Decken, Kuppeln, Gewölbe, Wände, Pfeiler, Säulen, Fundamente; ferner Holz, Stein, Mörtel, Metall, Baugrund.
Thematisch ist die Eingrenzung auf statisch-konstruktive, baukonstruktiv-werkstoffkundliche und baugeschichtlich-denkmalpflegerische Fragestellungen und auf deren Verknüpfung kennzeichnend. Die Forschungsarbeiten zielen auf technische Lösungen, die mit dem Denkmalwert alter Bauwerke verträglich sind; damit ist ihre Ausrichtung und Vertiefung auf eine schonende Behandlung der Bauten beabsichtigt. Der Sonderforschungbereich setzt sich hier gewissermaßen selbst einen Qualitätsmaßstab für seine Arbeiten. Die Forschungsergebnisse werden aber auch in der allgemeinen Altbausanierung ein weites Anwendungsfeld finden.
Methodisch stellt die verzahnte Zusammenarbeit von Architekten, Ingenieuren und Naturwissenschaftlern mit Baugeschichtlern und Denkmalpflegern ein Spezifikum des Sonderforschungsbereiches dar. Ein derart interdisziplinäres, institutionalisiertes Zusammenwirken wurde schon des öfteren gefordert, fehlte aber bislang. Des weiteren besteht eine Besonderheit gegenüber anderen Forschungsvorha-

ben, insbesondere des Bauingenieurwesens, darin, daß ein Teil der Forschungleistungen direkt an Bauobjekten erfolgen muß. Der Unterschied zwischen theoretischen Modellen und Laborbedingungen einerseits und der komplexen Wirklichkeit am alten Bauwerk andererseits ist größer als sonst im Bauwesen. Dementsprechend größer ist auch die Notwendigkeit, Ergebnisse am Objekt selbst zu erzielen sowie Resultate aus Theorie und Versuchsanstalt am Objekt zu überprüfen. Die Auswahl einschlägig geeigneter Bauwerke als Forschungsobjekte erfolgt mit Hilfe des Landesdenkmalamtes. Dabei ist anzumerken, daß der Sonderforschungsbereich an diesen Objekten keine Planungs- und Ausführungsarbeiten leisten, sondern exemplarisch Forschungsergebnisse erarbeiten will, die den planenden Architekten und Ingenieuren, den ausführenden Firmen und den prüfenden Instanzen generell als Entscheidungshilfe dienen können.
Soviel zur Abgrenzung und zu den Besonderheiten des Sonderforschungsbereiches. Was seinen Verbund im Forschungsumfeld angeht, so stehen ihm folgende Forschungsaktivitäten nahe: Verschiedene Gruppen, insbesondere Chemiker, beschäftigen sich mit Fragen der Steinkonservierung, Bauingenieure mit solchen des Sanierens und Verstärkens von Tragkonstruktionen jüngeren Datums. Überall ist es notwendig, auf die unverhältnismäßig starke Zunahme aus der verunreinigten Umwelt zu reagieren. Über das Tragverhalten alter Konstruktionen wird vereinzelt an der TU Braunschweig und der TH Darmstadt geforscht. Mauerwerksfragen werden ebenfalls an der TH Darmstadt und, unter anderem an der TU Hannover behandelt, wenn auch nicht gezielt auf alte und mehrschalige Wände. Untersuchungen zum Gipstreiben im Mauerwerk alter Bauwerke finden in Aachen, Braunschweig und Erlangen statt. Ansätze für eine Zusammenarbeit bestehen auch zu den mehr restauratorischen Bereichen hin (z.B. Putzfestigung, Freskensicherung) sowie zu architektonischen Aufgabenstellungen (z.B. Nutzungsuntersuchungen an alten Bauwerken, städtebauliche Fragestellungen). Die Fra-

ge, ob der Sonderforschungsbereich nicht entsprechend breiter angelegt werden sollte, ist uns schon gestellt worden. Das würde das Hinzunehmen weiterer Disziplinen notwendig machen, die schwerpunktmäßig zum Teil an anderen Orten als in Karlsruhe vertreten sind. Zur Zeit erscheint es uns förderlicher, auf unseren eigenen Erfahrungen und Möglichkeiten aufzubauen und den Verbund im Forschungsumfeld durch Austausch und Kontakte zu pflegen und zu intensivieren.

Kontakte nach innen und außen

Die Institutionen, die den Sonderforschungsbereich tragen, haben zumeist schon miteinander gearbeitet. Die Personen kennen und verstehen sich, und sie vertreten eine gemeinsame Zielrichtung, die in der Vorbereitungszeit entwickelt und konkretisiert werden konnte. Dazu hat nicht unwesentlich das Kolloquium am 10. Juli 1984 in Karlsruhe beigetragen, an dem Fachleute aus der ganzen Bundesrepublik teilgenommen haben, mit denen wir über unser Programm sprechen konnten.

Weil gegenseitige Abstimmung und Verzahnung notwendig ist, sind die Teilprojekte entsprechend strukturiert und werden für spätere Erfordernisse der Zusammenarbeit offengehalten. Das Zuhilfenehmen von Bauobjekten bietet die Gewähr dafür, daß die einzelnen Gruppen an ihnen wechselseitig zusammengeführt werden und es immer wieder zu einer Zusammenarbeit zwischen ihnen kommt.

Für die erprobende Umsetzung der Forschungsergebnisse in der Praxis bestehen gute Möglichkeiten über

- das Landesdenkmalamt Baden-Württemberg,
- staatliche, kommunale und kirchliche Bauverwaltungen,
- Verbindungen mit einschlägig eingeführten Büros,
- kooperationsbereite Spezialfirmen.

Fachtagungen und Seminare zum Thema des Sonderforschungsbereiches werden vom Institut für Tragkonstruktionen seit 1977 in verschiedenen Bundesländern abgehalten. Das Landesdenkmalamt und die anderen Institute führen, zum Teil in benachbarten Themenbereichen, ebenfalls entsprechende Veranstaltungen durch. An die bestehenden Erfahrungen und Kontakte kann der Sonderforschungsbereich anknüpfen.

Auslandskontakte auf dem Gebiet des Erhaltens historisch bedeutsamer Bauwerke existieren über das Institut für Tragkonstruktionen durch Seminare und Vorträge sowie gutachterliche Tätigkeiten in Jugoslawien, Österreich, der Schweiz, Italien und England, in Griechenland, der Türkei und auf Zypern. Die dabei aufgebauten Verbindungen sollen auf den Sonderforschungsbereich übertragen und mit seiner Hilfe weiterentwickelt werden, z.B. durch die Zuwahl korrespondierender Mitglieder aus dem Ausland.

Ausgehend von den bisherigen Erfahrungen zeichnet sich für den Sonderforschungsbereich eine Reihe von Möglichkeiten zum Umsetzen und Austauschen von Forschungsergebnissen als nützlich ab:

- Regelmäßige Kolloquien und Arbeitsgespräche im Sonderforschungsbereich,
- größere Fachtagungen etwa im 3-Jahresrhythmus,
- eine fakultätsübergreifende Lehrveranstaltungsreihe mit Beiträgen aus der Arbeit des Sonderforschungsbereiches,
- ein Gastwissenschaftlerprogramm
- die Veröffentlichung der Forschungsergebnisse und ihre Aufbereitung als »Empfehlungen« für die Praxis,
- die Publikation der »Arbeitshefte des SFB 315«, die die interdisziplinären Veranstaltungen des SFB, Kolloquien und Exkursionen dokumentieren und
- die Herausgabe der »Jahrbücher des SFB 315«, in denen in regelmäßiger Folge die Arbeitsergebnisse der einzelnen Teilprojekte dargestellt werden sollen.

Die schrittweise Institutionalisierung der Aktivitäten soll insbesondere auch der Förderung des wissenschaftlichen Nachwuchses zugute kommen, dessen Berufschancen in dem bislang vernachlässigten Forschungsumfeld als gut zu bezeichnen sind.

1   Schloß Ludwigsburg, Kavalierbau (1716-1724)

2   Schloß Ludwigsburg, Salzausblühungen am Sockel (Ausschnitt aus Abb. 1)

PROJEKTBEREICHE

Der Sonderforschungsbereich »Erhalten historisch bedeutsamer Bauwerke« gliedert sich in vier Projektbereiche:

A Bauwerksbestand, Geschichte, Denkmalwert

B Werkstoffe, Eigenschaften, Verbesserungsmöglichkeiten

C Konstruktionen, Tragwirkungen, Sicherungstechniken

D Dokumentation, Information, Verwaltung

Die Zuordnung der Institutionen und Teilprojekte zu den Projektbereichen richtet sich nach den jeweiligen Arbeitsschwerpunkten. Es wird aber, dem Gesamtthema entsprechend, stets auch ein Eingehen auf die Nachbarbereiche erforderlich. Wer sich im Rahmen dieses Sonderforschungsbereiches mit den Werkstoffen und Konstruktionen alter Bauwerke beschäftigen will, kann der Historie nicht aus dem Wege gehen, und wer sich als Historiker mit der Bausubstanz früherer Epochen auseinandersetzen will, muß sich auch mit den Werkstoffen und Konstruktionen beschäftigen. Sofern er dabei an die Grenzen seines eigenen Kompetenzbereiches stößt, ist diese im Forschungsprogramm berücksichtigt. Mehr und Konkretes darüber ist bei der Darstellung der Teilprojekte und im einzelnen nachzulesen.

Projektbereich A

Der Projektbereich A ist überschrieben mit »**Bauwerksbestand, Geschichte, Denkmalwert**« und wird getragen vom Landesdenkmalamt, dem Institut für Baugeschichte und dem Institut für Tragkonstruktionen. Die drei Teilprojekte sind als Zulieferer bzw. Abnehmer von Daten und Informationen besonders eng untereinander und mit den Gruppen der anderen, mehr technischen Projektbereiche B und C verbunden

A 1 Im Rahmen des Teilprojekts A 1 macht die Denkmalpflege Bauwerke namhaft und zugänglich, die als Untersuchungsobjekte für die verschiedenen Fragestellungen des SFB beispielhaft geeignet sind. Sie leistet die Analyse und Feststellung der Denkmalwerte, begleitet die ingenieurtechnischen Untersuchungen an den Bauwerken bauforscherisch und analysiert die späteren Überlegungen zu Sicherungsmaßnahmen auf ihre Verträglichkeit mit dem Denkmalbestand.

A 2 Im Teilprojekt A 2 werden, durch baugeschichtliche Erforschung exemplarisch ausgesuchter Bauwerke Beiträge zur Geschichte der Baukonstruktion und der Bautechnik erarbeitet. Sie beschäftigen sich zum Beispiel mit hölzernen Dachwerken des Mittelalters, Bauwerksgründungen, Eisenkonstruktionen, mit materialspezifischen Anwendungsfragen und Verbindungsmitteln u.a.m. Das jeweilige Zeitverständnis sowie die damaligen Mittel und Möglichkeiten im Umgang mit den Konstruktionen und Werkstoffen werden in die Betrachtung einbezogen. Die Arbeiten der anderen Teilprojekte bieten der Baugeschichte die Chance, durch begleitende Mitarbeit zu einer Sequenz von Untersuchungs- und Forschungsergebnissen zu kommen, die sich im Laufe der Jahre ordnen und ergänzen läßt, so daß ein technik- und konstruktionsgeschichtlicher Gesamtbeitrag entstehen kann.

A 3 Im Teilprojekt A 3 wird durch ingenieurmäßige Bestandsuntersuchungen an sanierten Bauwerken festgestellt, wie wirksam die Methoden und Techniken, mit denen alte Baugefüge und Konstruktionen gesichert wurden, nach einer Reihe von Jahren bzw. Jahrzehnten noch sind. Es wird nach den Stärken und Schwächen derzeitiger Sicherungstechniken gesucht, um anhand der Ergebnisse gezielt auf Verbesserung und Weiterentwicklung hinarbeiten zu können.

Projektbereich B

Die vier Teilprojekte des Projektbereiches B stehen unter dem Titel »**Werkstoffe, Eigenschaften, Verbesserungsmöglichkeiten**«. Träger sind die Fachrichtungen Baustofftechnologie, Holzbau, Bodenmechanik und Grundbau sowie Mineralogie.

B 1   Ziel des Teilprojektes B 1 ist es, wirksame Methoden zum Feuchteschutz historischer Bauwerke zu entwickeln. Als erster Schritt werden dazu die erforderlichen physikalischen Grundlagen des Feuchtetransportes und der Schädigung als Folge einer Feuchteeinwirkung erarbeitet werden. Mit Hilfe experimentell bestimmter Kenngrößen soll der Feuchtehaushalt poröser Baustoffe mathematisch formuliert werden, um Befeuchtungs- und Austrocknungsvorgänge durch Modellrechnungen erfassen zu können.

B 2   Im Rahmen des Teilprojektes B 2 werden zerstörungsfreie bzw. zerstörungsarme Holzprüfmethoden entwickelt und bestehende Verfahren weiterentwickelt, so daß sie am Bau praktisch eingesetzt werden können und zuverlässige Aussagen über das Trag- und Verformungsverhalten alten Konstruktionsholzes erlauben. Später soll das Teilprojekt mit dem systematischen Untersuchen alten Holzes in Bauwerken und dem Aufstellen von Beurteilungsregeln Fortsetzung erfahren.

B 3   Das Teilprojekt B 3 befaßt sich mit denjenigen Baugrundeigenschaften, Gründungsschwächen und Umwelteinflüssen, die heute noch zu Setzungen und Verschiebungen flach gegründeter historischer Gebäude führen. Dabei geht es zunächst um fortdauernde Setzungen hoch belastbarer Fundamente auf tonigem Baugrund sowie um fortdauernde Verschiebungen und Verformungen von alten Stützwänden und Gebäuden an tonigen Hängen. Später sollen auch Fragen untersucht werden, die sich mit den Auswirkungen von Verkehrserschütterungen bei körnigem Baugrund sowie mit Bauwerken auf quellfähigen Böden beschäftigen.

B 4   Das Mineralogische Institut leistet, in der Position eines zentralen Laboratoriums für den gesamten SFB, mit dem Teilprojekt B 4 die in mehreren anderen Teilprojekten anfallenden Untersuchungen über stofflichen Aufbau und strukturelle Materialeigenschaften, soweit sie mit Hilfe mineralogischer Methodik angegangen werden müssen. Es erkundet, welche mineralogischen Bestandteile und Prozesse zu den beobachteten Schäden an Bauwerken geführt haben und welche mineralogischen und geochemischen Verfahren dazu beitragen können, derartige Schäden zu beheben bzw. die restaurierten Zustände der betreffenden Baudenkmäler zu erhalten.

Projektbereich C

Der Projektbereich C »**Konstruktionen, Tragwirkungen, Sicherungstechniken**« umfaßt vier Teilprojekte der Fachrichtungen Holzbau, Tragkonstruktionen, Stahlbau und Bodenmechanik am Grundbau.

C 1   Gegenstand des Teilprojekts C 1 sind die Knotenpunkte und Verbindungsmittel alter Holzkonstruktionen. Es werden die wichtigsten früher gebräuchlichen Ausbildungen aufgenommen. Dann sind Versuche zum Ermitteln das jeweiligen Trag- und Verformungsverhaltens vorgesehen. Am Ende sollen Beurteilungskriterien erarbeitet werden, nach denen die Tragsicherheit alter hölzerner Knoten und Verbindungen unabhängig von den modernen, für Neubauten geltenden bauaufsichtlichen Bestimmungen zuverlässig bestimmt werden kann.

C 2   Das Teilprojekt C 2 befaßt sich, anknüpfend an Vorarbeiten, mit Verfahren zur Bestimmung der stark streuenden Festigkeits- und Verformungskennwerte alten Mauerwerks, die aussagekräftiger sind als diejenigen aus der Untersuchung getrennter Stein- und Mörtelproben und zerstörungsärmer als das Ausbrechen ganzer Kleinpfeiler. Auf den Ergebnissen sollen später Arbeiten zur Verbesserung der Tragfähigkeit und des Verformungsverhaltens ein- und mehrschaligen alten Mauerwerks aufbauen. Außerdem finden Untersuchungen über die Möglichkeiten des Sicherns stark zerrissener Mauerwerkswände durch Vorspannen ohne Verbund statt.

C 3 Im Teilprojekt C 3 geht es um die Eisen- und Stahlkonstruktionen des 19. Jahrhunderts. Sie stammen aus einer Zeit, da sich der Baumeisterstand in denjenigen des Architekten und des Bauingenieurs teilte und repräsentieren damit einen wichtigen Abschnitt in der Entwicklung der Ingenieurbaukunst. In Zusammenarbeit mit Denkmalpflege und Baugeschichte, wird ein Katalog denkmalwürdiger Objekte erstellt. Es finden Werkstoffprüfungen und Traglastversuche statt, um eine Basis zur Beurteilung von Tragfähigkeit, Restnutzungsdauer, möglichen Nutzungsveränderungen und geeigneten Sicherungs- und Sanierungsmaßnahmen für solche Konstruktionen zu gewinnen.

C 4 Das Teilprojekt C 4 beschäftigt sich mit baulichen Eingriffen an, neben und unter historischen Bauten. Es sollen dafür Methoden zur Vorhersage des Boden- und Bauwerksverhaltens entwickelt werden. Die Untersuchungen orientieren sich an der Forderung, daß bei solchen Eingriffen nicht nur bauliche Sicherheit erreicht wird bzw. bestehen bleibt, sondern daß auch die historische Bausubstanz einschließlich der Fundamente möglichst weitgehend erhalten und geschont wird.

Projektbereich D

Der Projektbereich D »**Dokumentation, Information, Verwaltung**« umfaßt die beiden Teilprojekte D und V, die »Dokumentationsstelle« und die »Verwaltungsstelle«.

D Das Teilprojekt D, die Dokumentationsstelle, ist zuständig für die zentrale Erfassung, Dokumentation und Veröffentlichung der Arbeitsergebnisse des SFB. Ihr obliegen folgende Aufgaben:

– Erstellen und Veröffentlichen einer Bibliographie für den Bereich der ingenieurtechnischen Erhaltungsmaßnahmen an Baudenkmalen.

– Erarbeiten einzelner Inventare historisch bedeutsamer Baukonstruktionen (Stein-, Holz-, Eisen-, Stahl- und Betonkonstruktionen), die für die Forschungen des SFB insgesamt von Bedeutung sind, aber von den einzelnen Teilprojekten nicht selbst erstellt werden können.

– Organisieren, Dokumentieren und Publizieren der projektübergreifenden Veranstaltungen des SFB. Hierzu gehören die gemeinsamen Exkursionen, Kolloquien und Tagungen, die in regelmäßigen Abständen durchgeführt werden.

– Redaktionelle Bearbeitung und Herausgabe der Publikationsreihen des SFB. Das sind zum einen die »Arbeitshefte des SFB 315«, in denen knapp und ohne Aufwand die interdisziplinären Veranstaltungen des SFB festgehalten werden, zum anderen die »Jahrbücher des SFB 315«, in denen in regelmäßiger Folge die Arbeitsergebnisse der Teilprojekte dargestellt werden.

– Koordination der Zusammenarbeit des SFB mit dem Landesdenkmalamt sowie der Forschungsmaßnahmen der einzelnen Teilprojekte an den Baudenkmalen. Organisation der erforderlichen wissenschaftlichen Bauaufnahmen und Dokumentationsarbeiten.

V Das Teilprojekt V, die Verwaltungsstelle, ist zuständig für die Führung der laufenden Geschäfte des SFB. Hier werden die Finanzierungs-Gesamtanträge und die Jahreshaushaltspläne zusammengestellt, Beschaffungsangelegenheiten und die zentrale Bewirtschaftung der Personal-, Sach- und Reisemittel abgewickelt.

GRUNDLAGENFORSCHUNG UND ANGEWANDTE FORSCHUNG

Der Sonderforschungsbereich »Erhalten historisch bedeutsamer Bauwerke – Baugefüge, Konstruktionen, Werkstoffe« zeigt ein in etwa ausgewogenes Verhältnis zwischen Grundlagenforschung und angewandter Forschung. Für die einzelnen Teilprojekte läßt sich dieses wie folgt darstellen, wobei die Grenze nicht immer scharf zu ziehen ist:

A 1 Im Hinblick auf die Denkmalverträglichkeit technischer Lösungen und Nutzungen sind Grundlagen zu erforschen. Die bauforscherische Begleitung der anderen Teilprojekte an den Bauwerken ist eher anwendungsbezogener Art.

A 2 Die baugeschichtlichen Untersuchungen zur Baukonstruktion und Bautechnik sind der Grundlagenforschung zuzuordnen.

A 3 Hier geht es insgesamt um das Gewinnen grundlegender Forschungsergebnisse als Basis für anschließende Forschungsarbeiten.

B 1 Als Grundlagenforschung werden die Zusammenhänge zwischen der Struktur von mineralischen Baustoffen und ihren hygrischen Eigenschaften wie Feuchtegehalt und Feuchtetransport untersucht. Durch eine mathematische Formulierung des Feuchtetransportes wird eine Beurteilung praxisorientierter Feuchteschutzmaßnahmen angestrebt.

B 2 Die Entwicklung und Weiterentwicklung der NDT-Methoden sind dem Bereich der Grundlagenforschung zuzuordnen. Die Anwendung dieser Methoden am Bau bedeutet den Übergang von der Grundlagenforschung zur angewandten Forschung.

B 3 An diesem Projekt ist Grundlagenforschung

– die experimentelle Untersuchung des zeitabhängigen Verhaltens des Baugrundes für sehr lange Zeiten,

– die Formulierung zeitabhängiger Stoffgleichungen aufgrund der Versuchsergebnisse,

– die Entwicklung bzw. Weiterentwicklung von Methoden zur Berechnung zeitabhängiger Setzungen und der zeitlichen Veränderung der Sicherheit der Gründung.

Angewandte Forschung ist die Entwicklung praxisgerechter Methoden zur

– Untersuchung der Baugrundeigenschaften und der Gründung historischer Gebäude auf tonigem Baugrund,

– Konservierung toniger Bodenproben sofort bei der Entnahme aus dem Baugrund im Hinblick auf die Erhaltung der Spannungs- und Verformungseigenschaften,

– Beurteilung der Gründung im Hinblick auf die zukünftigen Setzungen und die Sicherheit.

B 4 Die mineralogischen Untersuchungen zählen zur Grundlagenforschung.

C 1 Die Ermittlung des Trag- und Verformungsverhaltens alter Holzverbindungen, einschließlich der nach Langzeitbelastungen noch bestehenden Resttragfähigkeiten, ist Grundlagenforschung. Die aus den Grundlagenuntersuchungen herzuleitenden Beurteilungskriterien für alte Knotenpunkte stellen eine Aufbereitung im Sinne angewandter Forschung dar.

C 2 Die Arbeiten zum Entwickeln möglichst zerstörungsarmer Prüfverfahren vereinen Grundlagen- und angewandte Forschung. Die Untersuchungen zum Vorspannen ohne Verbund gehören zur angewandten Forschung.

C 3 Grundlagenforschung: Systematische Zuordnung von Werkstoffen, Halbfabrikaten und Tragwerkstypen. Erarbeitung zutreffender Beurteilungsgrundlagen der zeittypischen Werkstoffe unter Berücksichtigung der Halbzeugherstellung für die Erkundung möglicher Versagensformen. Anwendungsbezogene Forschung: Eigenschaften und Bearbeitungsmöglichkeiten der Werkstoffe.

Erarbeitung von Empfehlungen, wie Eisenwerkstoffe des 19. Jahrhunderts bezüglich der Berechnung, Beanspruchung, Dauerhaftigkeit und der Eingriffsmöglichkeiten in bestehenden Konstruktionen zu behandeln sind.

C 4 Grundlagenforschung: Die seitliche Ausbreitung von Spannungen und Verformungen im Baugrund soll mit Hilfe von Ähnlichkeitsgesetzen erfaßt werden, die für bauliche Eingriffe noch nicht vorliegen und für die Bodenmechanik von allgemeiner Bedeutung sind. Anwendungsforschung: Methoden der Vorhersage und Überwachung, insbesondere bezogen auf Setzungen, sind gegenüber den im Tiefbau bewährten zu verfeinern, um die empfindlichen historischen Bauwerke bei Eingriffen ausreichend zu schonen.

D Die Arbeiten an der Bibliographie, den Dokumentationen und Inventaren dienen der Schaffung von Grundlagen für Forschung und Praxis. Das Aufarbeiten der Forschungsergebnisse des SFB zu Empfehlungen und das Darstellen von Fallbeispielen hat Anwendungsbezug.

AUSBLICK AUF SPÄTERE THEMEN VON TEILPROJEKTEN:

– Verfestigung poröser mineralischer Baustoffe
– Methoden und Verfahren zum Verfestigen alten Konstruktionsholzes
– Tragfähigkeit alter Holzkonstruktionen
– Anker und Verbindungsmittel aus Metall
– Größe und Auswirkungen der Windlasten auf alte Bauwerkskonstruktionen, insbesondere bei großen Steinbauten. (Hier wollen wir uns um Zusammenarbeit mit dem SFB 210 »Strömungsmechanische Bemessungsgrundlagen für Bauwerke« bemühen)
– Kulturdenkmale im Erdbebengebiet Zollerngraben. Schäden, Sicherungsmöglichkeiten, vorbeugende Sicherungsmaßnahmen
– Bestandsuntersuchungen an frühen Eisenbetonkonstruktionen

– Überprüfen bzw. Entwickeln prophylaktischer Maßnahmen, zum Beispiel hinsichtlich Temperatureinwirkungen, Brand, Korrosion, Fäulnis und Wurmfraß, aggressiver Bestandteile in Luft, Wasser, Alterung
– Sicherheitsnachweise unter besonderer Berücksichtigung der Verhältnisse bei alten Konstruktionen und Werkstoffen, auch im Hinblick auf neuere sicherheitstheoretische Vorgehensweisen
– Alte und neue Konstruktionen, was ist ihnen gemein, was unterscheidet sie? Welche Konstruktionsweisen haben sich bei den alten Bauten bewährt, sind in Vergessenheit geraten und erscheinen auf das heutige Bauen übertragbar?
– Historische Sicherungstechniken und das entsprechende Bausicherungsverständnis der Zeit

BEDEUTUNG DES SONDERFORSCHUNGSBEREICHES FÜR DIE BETEILIGTEN INSTITUTIONEN

Für die Universität

- Die Universität Karlsruhe wird durch die Einrichtung des Sonderforschungsbereiches »Erhalten historisch bedeutsamer Bauwerke – Baugefüge, Konstruktionen, Werkstoffe« in die Lage versetzt, sich maßgeblich an der Lösung der drängenden Schadensprobleme in unserer gebauten Umwelt zu beteiligen. Sie kann dieses, anknüpfend an bereits bestehende Einzelaktivitäten und Ergebnisse, mit vertiefter und erweiterter Grundlagenforschung und mit angewandter Forschung tun. Der Sonderforschungsbereich bietet ihr die Möglichkeit zielgerichteter interdisziplinärer Verknüpfung in einem Forschungsfeld, welches seine Bedeutung nach der emotionalen Phase heutigen Erschreckens über den Zustand heutiger Bauwerke in langen Jahren harter, täglicher Arbeit zur Schadensdämmung und Schadensbeseitigung behalten wird.
- Das Aufnehmen von Themen und Problemen und später das Erproben von Forschungsergebnissen direkt an den sicherungsbedürftigen Bauwerken bedeutet für die Universität Verbindung mit der Praxis, Aktualität und Anwendungsbezug. Die Notwendigkeit, daß ein Teil der Forschungsarbeiten direkt an den historisch bedeutsamen Bauten erfolgen muß, macht das Forschungsbemühen der Universität auch einer breiten Öffentlichkeit erkennbar.
- Die Möglichkeit, einen Teil der Forschungsresultate direkt an den Bauwerken in die Praxis umzusetzen, ist von so einfacher und selbstverständlicher Art, daß dafür das Wort vom »Technologietransfer« nicht überstrapaziert werden muß. Die vorgesehenen, interdisziplinären Kolloquien und Fachtagungen, die fachübergreifende Lehrveranstaltungsreihe, das Gastwissenschaftlerprogramm und das

Hinzuziehen korrespondierender Mitglieder, auch aus anderen Ländern, verhelfen der Universität darüber hinaus mit dem Sonderforschungsbereich zu einem Zentrum, in dem über die Möglichkeiten und Grenzen des Erhaltens authentischer Bausubstanz informiert, diskutiert, beraten und Erfahrungsaustausch betrieben werden kann.
- Das Zusammenarbeiten von »Schreibtischinstituten« mit Instituten und Versuchsanstalten, die über gut ausgestattete Laboratorien und Werkstätten verfügen, wird zu einer (noch) besseren Ausnutzung der Prüfeinrichtungen und Meßgeräte an den einzelnen Instituten der Universität beitragen.
- Durch die Beteiligung des Landesdenkmalamtes und die dort anzusiedelnden Personalstellen aus der Ergänzungsausstattung eröffnet sich für die Universität (und für das Landesdenkmalamt) die Möglichkeit zeitlich befristeten personellen Austausches, wie er mit seinem wechselseitigen Erfahrungsgewinn den Zielen des Sonderforschungsbereiches und den beteiligten Institutionen nur nützlich sein kann.

Für das Landesdenkmalamt

- Das Zusammenwirken des in den Aufgaben des tätigen Gebäudeerhaltens erfahrenen Landesdenkmalamtes mit Baugeschichtlern, Architekten, Bauingenieuren und Naturwissenschaftlern der Universität eröffnet ihm die Möglichkeit, solche Themenstellungen durch die Forschung aufgreifen zu lassen und selbst bauforscherisch an ihnen mitzuwirken, die bislang wegen der Überlastung im Tagesgeschäft trotz ihrer grundsätzlichen Bedeutung zurückgestellt werden mußten. Dabei kommen der Denkmalpflege bei der Lösung ihrer Probleme die apparativen und versuchstechnischen Einrichtungen und die Fachkompetenz der beteiligten Wissenschaftler an der Universität zugute. Andererseits kann das Landesdenkmalamt seine eigenen Erfahrungen und Einrichtungen, insbesondere in den Bereichen Restaurierung, Denkmalforschung und Techniken der Denkmalpflege, in den Sonderforschungsbereich einbringen.

– Das Zusammenarbeiten der Denkmalpflege mit den Instituten der Universität, speziell denen der Architekturfakultät, schafft eine breitere Basis für die notwendige Auseinandersetzung in den Fragen, ob alte Bausubstanz erhalten oder erneuert werden soll, auf welche Weise sich Altbauten und Neubauten miteinander vertragen können. Die gemeinsame Arbeit im Sonderforschungsbereich kann zu einem deutlichen Verstärken der Bemühungen auf diesem Feld geraten, wie sie bislang schon vom Präsidenten des Landesdenkmalamtes als Honorarprofessor an der Universität Karlsruhe durch Mitwirkung in der Lehre unternommen werden.

Für die Fakultäten:

– Der Sonderforschungsbereich schafft Kontakte zwischen den Fakultäten, besonders zwischen denjenigen der Architektur und des Bauingenieurwesens. Sie können mithelfen, die Nachteile einer nahezu vollkommenen Trennung der Studiengänge und Forschungsarbeiten der Architekten und Bauingenieure abzubauen und auf einen gemeinsamen, verständnisvollen Umgang mit der überlieferten Bausubstanz hinzuwirken.

– Forschung und Lehre für Neubau und Altbau steht in den Baufakultäten z.Zt. noch ziemlich beziehungslos nebeneinander, die Bemühungen sind auch heute noch ganz überwiegend auf den Neubau gerichtet. Der Sonderforschungsbereich kann dazu beitragen, wieder zu erkennen, daß Alt und Neu geschichtliche Stationen markieren,

die Bemühungen in Forschung, Lehre und Praxis aber ohne Bruch auf die Gesamtheit des Bauwesens zielen müssen. Schließlich gibt es auch Neubauprobleme bei der Altbausubstanz und Erhaltungsprobleme bei den Neubauten, ja schon bei der Planung der Neubauten.

Für die Institute:

– Die Mitarbeit im Sonderforschungsbereich bringt in einigen Fällen die schon lange als notwendig erkannte Bildung bzw. Verstärkung von Schwerpunkten in der Forschung mit sich, in anderen Fällen bedeutet sie die sinnvolle Erweiterung eines bestehenden Forschungsspektrums. Alle beteiligten Institute finden mit den jeweiligen Teilprojekten Anschluß an frühere eigene Arbeiten.

– Die Institute können auch an bestehende Kontakte, insbesondere zu Behörden und Institutionen des Bauwesens außerhalb der Universität, anknüpfen und diese dem Sonderforschungsbereich nutzbar machen. Umgekehrt entsteht durch den Ausbau dieser Kontakte im Rahmen des Sonderforschungsbereiches für die Institute eine breitere Basis auch für ihre sonstigen Forschungsarbeiten.

– Auf dem Gebiet des Sonderforschungsbereiches gibt es eine Fülle von Themen, die bearbeitet werden müssen, aber nicht gleichzeitig in Angriff genommen werden können. Das eröffnet den Instituten die Möglichkeit einer längerfristigen Planung, in der die Teilprojekte in sinnvoller Reihe aufeinander folgen. Die Notwendigkeit, jeweils nach drei Jahren erneut um Bewilligung nachzukommen, eröffnet die Möglichkeit, die langfristige Planung, zugunsten zwischenzeitlich erkannter größerer Aktualität anderer Themen, entsprechend umzustellen.

**Für die in den Institutionen beschäftigten
Mitarbeiter:**

– Der Sonderforschungsbereich gibt den
Mitarbeitern Aufgaben auf, die geeignet
sind, Kenntnisse aus der Geschichte des eigenen Berufsfeldes und des Bauwesens
insgesamt durch »learning by doing« zu erwerben. Das Fehlen bau- und technikgeschichtlicher Fächer im ingenieurwissen-
schaftlichen Studium hat vielfach zu einem mangelnden Geschichtsbewußtsein
im Berufsfeld – und nicht nur in diesem –
geführt, welchem hier quasi von selbst
nachgeholfen wird. Die überlieferten historisch bedeutsamen Bauwerke stellen
eine positive Auslese des früheren Bauge-
schehens dar, Schlechteres hat nicht über-
dauert. Sich mit den Leistungen der alten
Baumeister auseinandersetzen zu müssen,
führt, wie die Erfahrung lehrt, zum Nach-
denken über das eigene berufliche Tun,
zum besseren Begreifen, welche Bedeu-

tung der Maßstäblichkeit und Angemes-
senheit zukommt, und letztlich auch zu
mehr Bescheidenheit bei den eigenen baulichen Lösungen.
– Der interdisziplinäre Aufbau des Sonderforschungsbereiches läßt an und in einzelnen Teilprojekten Wissenschaftler und
Mitarbeiter unterschiedlicher Fakultäten
arbeiten. Auch dieses kann als vorteilhaft
für die Relativierung des eigenen Berufs-
verständnisses und für die Förderung von
mehr Aufgeschlossenheit gegenüber benachbarten Berufsfeldern angesehen werden. Derart »infizierter« wissenschaftlicher Nachwuchs aus dem Sonderforschungsbereich findet in dem bislang vernachlässigten Forschungs- und Praxisfeld
gute Berufschancen nicht nur in bestehenden behördlichen und privaten Institutionen, sondern auch bei der Neugrün-
dung entsprechend kompetenter Büros
und Firmen, an denen auch heute, in der
Zeit schlechter Konjunkturlage, Mangel
herrscht.

Forschungsprogramm 1985
und Stand der Arbeiten im Sommer 1986

PROJEKTBEREICH A: BAUWERKSBESTAND, GESCHICHTE, DENKMALWERT

Teilprojekt A 1 : Untersuchungen zum Denkmalwert historisch bedeutsamer Bauwerke und
zur Denkmalverträglichkeit von Erhaltungsmaßnahmen
(Prof. Dr. August Gebeßler)

Teilprojekt A 2 : Baugeschichtliche Forschungen zur Baukonstruktion und Bautechnik
(Prof. Dr.-Ing. Wulf Schirmer)

Teilprojekt A 3 : Ingenieurmäßige Bestandsuntersuchungen an sanierten Bauwerken
(Prof. Dr.-Ing. Fritz Wenzel)

PROJEKTBEREICH B: WERKSTOFFE, EIGENSCHAFTEN, VERBESSERUNGSMÖGLICHKEITEN

Teilprojekt B 1 : Feuchteschutz in Baukonstruktionen aus mineralischen Baustoffen
(Prof. Dr.-Ing. Hubert K. Hilsdorf, Dr.-Ing. Jörg Kropp)

Teilprojekt B 2 : Trag- und Verformungsverhalten alten Konstruktionsholzes
(Dr.-Ing. Günter Steck)

Teilprojekt B 3 : Ursachen und Auswirkungen von Baugrund- und Gründungsschwächen
bei alten Bauwerken   (Dr.-Ing. Michael Goldscheider)

Teilprojekt B 4 : Auswirkung mineralogischer Prozesse auf Bauwerke und Baugrund
(Prof. Dr. Egon Althaus, Prof. Dr. Werner Smykatz-Kloss)

PROJEKTBEREICH C: KONSTRUKTIONEN, TRAGWIRKUNGEN, SICHERUNGSTECHNIKEN

Teilprojekt C 1 : Knotenpunkte und Verbindungsmittel alter Holzkonstruktionen
(Prof. Dr.-Ing. Jürgen Ehlbeck)

Teilprojekt C 2 : Ein- und mehrschaliges altes Mauerwerk
(Prof. Dr.-Ing. Fritz Wenzel, Dipl.-Ing. Frithjof Berger)

Teilprojekt C 3 : Eisen- und Stahlkonstruktionen des 19. Jahrhunderts
(Prof. Tekn. dr Rolf Baehre)

Teilprojekt C 4 : Eingriffe in Baugrund und Gründung
(Prof. Dr.-Ing. Gerd Gudehus)

PROJEKTBEREICH D: DOKUMENTATION, INFORMATION, VERWALTUNG

Teilprojekt D   : Dokumentationsstelle   (Dr.-Ing. Hartwig Schmidt)

                  : Verwaltungsstelle   (Prof. Dr.-Ing. Fritz Wenzel)

Teilprojekt A 1

Untersuchungen zum Denkmalwert historisch bedeutsamer Bauwerke und zur Denkmalverträglichkeit von Erhaltungsmaßnahmen

Leiter:	Prof. Dr. August Gebeßler
Dienstanschrift:	Präsident des Landesdenkmalamtes
	Baden-Württemberg
	Mörikestr. 12
	7000 Stuttgart 1
Telefon:	(07 11) 647-2390
Mitarbeiter:	Dipl.-Ing. Ulrich Boeyng
	SFB 315
	Parkstr. 17
	7500 Karlsruhe
Telefon:	(07 21) 60 63 08

EINFÜHRUNG UND ÜBERBLICK

Der Sonderforschungsbereich »Erhalten historisch bedeutsamer Bauwerke« arbeitet in einem Problemfeld, das sowohl in der konkreten Beschäftigung mit den Objekten als auch in den objektübergreifenden wissenschaftlichen Fragestellungen unmittelbar mit dem Aufgaben- und Erfahrungsbereich der praktischen Denkmalpflege zusammenhängt.

Das Kernanliegen des SFB, einerseits durch grundlagenbezogene und angewandte Forschung zu neuen Einsichten, Methoden und Verfahren in der substanzschonenden Behandlung von erhaltenswertem, historischem Baubestand zu gelangen, andererseits durch die Erforschung von historischen Konstruktions- und Fertigungsmethoden die Kenntnisse in einem geschichtlichen Dokumentbereich zu vertiefen, berührt direkt die Ziele der Denkmalpflege und deren tägliche Arbeit.

Im Rahmen des Teilprojektes A1 übernimmt die Denkmalpflege verschiedene Aufgaben:
- als Vermittler an der Nahtstelle zwischen Forschung und Anwendung benennt sie geeignete Untersuchungsobjekte und Materialien, die für die verschiedenartigen Fragestellungen des Gesamtprojektes geeignet erscheinen,
- in enger Zusammenarbeit mit den übrigen Teilprojekten will die Denkmalpflege, anknüpfend an den Stand der denkmalpflegerischen Forschung und aufbauend auf den wachsenden Erfahrungen des SFB in der Umsetzung seiner Forschungsergebnisse in die Denkmalpraxis, folgende Leistungen am konkreten Objekt erbringen:
1. Bestimmung und historische Analyse der erkennbaren, sowie der bei Untersuchungen zusätzlich aufgedeckten Denkmalwerte,

2. Bewertung dieser Denkmalwerte in ihrer Bedeutung und ihrem Einfluß auf technische Erhaltungsmaßnahmen,
3. Untersuchung und Bewertung der technischen Lösungen, die in den Teilprojekten entwickelt werden, auf ihre Denkmalverträglichkeit,
4. Untersuchung des Einflusses von neuen Nutzungszuweisungen auf die historische Konstruktion und die Bewertung ihrer Denkmalverträglichkeit.

Ganz generell soll sowohl die eigene Arbeit der Denkmalpflege im Teilprojekt A 1 als auch die Mitarbeit in den anderen Teilprojekten dazu beitragen, im SFB insgesamt Forschungsergebnisse zu erhalten, die der Optimierung einer denkmalgerechten Erhaltung dienen.

STAND DER FORSCHUNG

Die Bestimmung und Darstellung des Denkmalwertes historischer Bauten als Ganzes geschieht auf der Basis wissenschaftlicher Bestandsaufnahme, historisch-analytischer Forschung und daraus folgender Begründung. Dieses Vorgehen ist in der konservatorischen Gutachtertätigkeit heutiger Denkmalpraxis zunehmend grundlegend und geläufig.

Hierzu und zu allgemeinen Fragestellungen der Denkmalpflege findet sich eine Vielzahl von Veröffentlichungen, zum Teil mit ausführlichen bibliographischen Verweisen, in der unten angeführten Literatur.

Über die historischen Baukonstruktionen als Teil solcher Bauten gibt es dagegen zwar aus dem Bereich der denkmalpflegerischen Tagespraxis eine Fülle von Beobachtungen und Feststellungen von bautechnischen Sachverhalten, aber keine systematische Forschung zur historischen Technik.

Hier wird der Beitrag der Baugeschichte (A 2) eine wichtige Lücke füllen.

Zu den Erhaltungsbedingungen und -möglichkeiten eines historischen Baugefüges, einer Konstruktion oder eines Werkstoffes, sowie zur Denkmalverträglichkeit der geplanten Erhaltungsmaßnahme konnte durch eine begleitende Bauforschung bisher nur vereinzelt konkrete Hilfestellung geleistet werden.

Dies geschah meist durch eine eingehende Untersuchung der konstruktiven Gegebenheiten, d.h. durch das Aufzeigen der Ausgangsposition im denkmalpflegerisch-historischen Bereich, auf die die folgende Sanierung dann Rücksicht zu nehmen hatte.

Eine sachverständige Einflußnahme auf die Denkmalverträglichkeit einer technischen Maßnahme erweist sich jedoch in der Regel als schwierig. Die Konservatoren des Landesdenkmalamtes sind in der kurzen Zeit, die sie bei der Fülle der Aufgaben für jedes einzelne Objekt aufbringen können, nicht in der Lage, tief in die naturwissenschaftliche und ingenieurmäßige Materie einzudringen. Sie sind vielmehr auf das Urteil entsprechender Fachleute angewiesen und müssen sich daher oftmals tatsächlichen oder vermeintlichen Sachzwängen beugen.

Dies führt häufig zu höchst unangemessenen Erhaltungsmaßnahmen und Substanzzerstörungen an den historischen Bauten.

Hier bietet der SFB für einen entsprechend qualifizierten Mitarbeiter aus der denkmalpflegerischen Praxis die Möglichkeit, exemplarisch zu versuchen, die ingenieur- und naturwissenschaftliche Forschung auf der einen, sowie den denkmalpflegerischen Bedarf auf der anderen Seite besser miteinander zu verzahnen.

Zum Stand der Forschung sei noch angemerkt, daß umfänglichere und bislang verfügbare Erkenntnisse über Schwierigkeiten und Chancen auf dem aktuellen Sektor der Denkmalerhaltung weithin auf den vertieften Erfahrungen und den publizierten Beobachtungen aus Einzelmaßnahmen beruhen, insbesondere durch das Institut für Tragkonstruktionen der Universität Karlsruhe [Literatur s. A1/C 2], wobei die dort aufgezeigten Erfolge dieser Sicherungs- und Erhaltungsmaßnahmen zwingend deutlich machen, wie dringend die systematische, mit denkmalpflegerischen und konstruktionsgeschichtlichen Untersuchungen verknüpfte Forschung und dabei auch die verbundweise Einbeziehung einschlägiger, z.B. werkstoffkundlicher, bodenmechanischer u.ä. Disziplinen ist.

Literatur

[1] AUGUST GEBESSLER und WOLFGANG EBERL (Hrsg.), Schutz und Pflege von Baudenkmälern in der Bundesrepublik Deutschland. Ein Handbuch. Köln 1980

[2] GOTTFRIED KIESOW, Einführung in die Denkmalpflege. Darmstadt 1982

[3] NORBERT HUSE (Hrsg.), Denkmalpflege – Deutsche Texte aus drei Jahrhunderten. München 1984

[4] Deutsche Kunst und Denkmalpflege

[5] Denkmalpflege in Baden-Württemberg (Landesdenkmalamt Baden-Württemberg, Stuttgart)

[6] Denkmalpflege-Informationen (Bayerisches Landesamt für Denkmalpflege, München)

[7] Berichte zur Denkmalpflege in Niedersachsen (Niedersachses Landesverwaltungsamt – Institut für Denkmalpflege, Hannover)

ZIELE, METHODEN, ARBEITSPROGRAMM UND ZEITPLAN

1. Am Anfang der Arbeit steht die Zulieferfunktion der Denkmalpflege. Aus dem konservatorisch-praktischen Umgang mit dem konstruktiv gefährdeten Denkmalbestand heraus sollen dem SFB und seinen Teilprojekten solche Objekte genannt und zugänglich gemacht werden, die insgesamt ein möglichst breites Spektrum historischer Materialien, Techniken und Konstruktionen darstellen und gleichzeitig eine typische Auswahl von Schadensbildern abdecken.

Das heißt Beschaffen von Informationen
- über die Arbeitsbereiche der praktisch tätigen Denkmalpfleger im Landesdenkmalamt Baden-Württemberg, um den gegenseitigen und schnellen Kontakt zu ermöglichen (für alle Teilprojekte),
- über aktuelle Problemfälle aus der Tagespraxis der Denkmalpflege, um für die eigene Forschung vor Ort Erfahrungen zu sammeln (ebenfalls für alle Teilprojekte),
- über bereits sanierte Objekte, um Erfolg und Wirksamkeit ihrer Sanierung zu erkunden (für A),
- über akute Abbrüche, um alte Baumaterialien für Prüfzwecke zu erhalten (für C und B).

Im Gespräch mit einzelnen Teilprojekten hat sich darüber hinaus gezeigt, daß ein Bedarf an grundsätzlichen Informationen über die zu untersuchenden Baumaterialien (Holz, Eisen, Mauerwerk) unter dem Aspekt ihrer historischen Verwendung, ihrer Herstellung und/oder Bearbeitung bestand und besteht.

Bisher wurden folgende Informationen zusammengetragen, bzw. sind in Arbeit:
- **Holz** (B 2/C 1):
  Übersicht über die verschiedenen historischen Holzverbindungen und Holzkonstruktionen;
  Überblick über die meistverwendeten Holzarten, makroskopische Kriterien zur Identifizierung;
  Versuch einer Kartierung der Verbreitung dieser Holzarten in ihrer räumlichen und zeitlichen Entwicklung.
- **Mauerwerk** (C 2):
  Übersicht über die bekannten Daten historischer Bindemittel (Lehm, Gips, Kalk, Zement), über ihre Herstellung, ihre Zubereitung und Verwendung, u.U. die Daten ihrer Entdeckung/Entwicklung;
  Übersicht über das historische Mauerwerk, seinen Materialien, seine Füge- und Versetztechnik.

–   **Eisen** (C 3):
    Übersicht über die Entwicklung der
    Eisenherstellung, über die Entwick-
    lung der Walzprofile, der Knotenpunk-
    te und der Verbindungsmittel.

Das Teilprojekt A 1 sieht im Zusammentragen veröffentlichter, aber nicht unbedingt
allgemein geläufiger Daten insoweit einen
Sinn, als einerseits die Teilprojekte einen
komprimierten Überblick über den historischen Hintergrund ihres jeweiligen Fach-
gebietes erhalten, der zwar als Basiswissen
für die spezielle Forschungsarbeit nicht
unabdingbar, als zeitlicher Bezugsrahmen
aber nützlich ist.

Andererseits gewinnt der Denkmalpfleger
bei der Zusammenstellung der Daten den
gefächerten Überblick über die Verwendung und Entwicklung der historischen
Baumaterialien, der ihm zur eigenen Ur-
teilsfähigkeit hilfreich ist.

2. Die am Anfang skizzierte Mitarbeit der
    Denkmalpflege an der Forschung des SFB
    wird im Zuge der Arbeit der einzelnen Teil-
    projekte an konkreten Objekten, also bei
    der Umsetzung der Forschungsergebnisse,
    zunehmend wichtig werden.

    Aus der bisherigen Zusammenarbeit mit
    den Teilprojekten lassen sich inzwischen
    zwei unterschiedliche Ansätze für die Mit-
    arbeit, unter Umständen auch für eine
    selbständige Forschungsarbeit der Denk-
    malpflege erkennen:
    –   die objektbezogene Forschung, die zur
        Vertiefung der Kenntnisse des konkre-
        ten, bearbeiteten Objektes dient;
        hier steht die Arbeit in den Anfängen.
    –   die auf eine Gruppe von Objekten be-
        zogene Forschung nach übergreifen-
        den Gesichtspunkten;
        hier sind aus der bisherigen Zuliefertä-
        tigkeit heraus zwei aktuelle Fragestel-

lungen erwachsen, wie sie sich auch
zukünftig von Fall zu Fall ergeben kön-
nen:
»Das Bindemittel Kalk in historischem
Mauerwerk«
    »Erzhütten des 19. Jahrhunderts in
Baden und Württemberg«.

3. Ein entscheidender Anteil der Mitwirkung
    der Denkmalpflege am Gesamtprojekt
    wird in der Überprüfung, Bewertung und
    Diskussion aller Überlegungen und Kon-
    zepte der anderen Teilprojekte liegen.

    Dies gilt für die Erforschung von Siche-
    rungsmaßnahmen für konkrete Objekte
    ebenso wie für die Entwicklung von Sanie-
    rungstechniken für spezielle Materialien
    und Konstruktionen sowie bei Sanierungs-
    methoden für Baugefüge mit aussagekräf-
    tigen historischen Herstellungstechniken.
    Die Denkmalpflege wird dabei ihre Interes-
    sen mit Blick auf die Denkmalverträglich-
    keit der technischen Maßnahmen einbrin-
    gen und nach einer angemessenen Rela-
    tion zwischen Schadensausmaß, Siche-
    rungsumfang und schützenswerter Identi-
    tät des Objektes suchen.

4. Im späteren Verlauf des SFB soll auch das
    Einbringen neuer, mit Substanzeingriffen
    verbundener Nutzungen bis hin zum Ge-
    winn von Einsichten über die Notwendig-
    keit alternativer, denkmalverträglicher
    Nutzungszuweisungen an den histori-
    schen Gebäudebestand in die Untersu-
    chungen einbezogen werden.

    Hier wird es zur Rolle der Denkmalpflege
    gehören, in Fallbeispielen auf den ursächli-
    chen Zusammenhang zwischen unange-
    messener Nutzungszuweisung und da-
    durch ausgelöster Bestandsgefährdung
    hinzuweisen und die grundsätzliche Aus-
    einandersetzung um eine denkmalverträg-
    liche Alternativnutzung zu führen.

BEISPIELE:

Problem der Schadensaufnahme mit großem Bestandsverlust
(Abb. 1) Gärtringen, Lkr. Böblingen. Fachwerkhaus, 18. Jahrhundert

Der Dreischritt Schadensanamnese – Schadensdiagnose – Schadenstherapie erfordert im ersten Schritt untersuchungsbedingt zerstörende Eingriffe – Suchschnitte – in die Denkmalsubstanz.
Das Foto zeigt einen solchen Suchschnitt, der zu Recht »Skelettierung« genannt wird.
Im Einzelfall mag dieses radikale Vorgehen notwendig sein, in der Regel ist das Objekt hinterher im denkmalpflegerischen Sinne tot.
Im SFB sollen Untersuchungsmethoden entwickelt werden, die den Substanzverlust minimieren, ohne dabei an Aussagekraft für die weiteren Schritte zu verlieren.

1   Gärtringen, Fachwerkhaus, 18. Jahrhundert

Problem der angemessenen Reparaturtechnik
(Abb. 2) Sindelfingen, Lkr. Böblingen. Fachwerkhaus, 15. Jahrhundert

Das historische Bauwerk ist in vielerlei Hinsicht ein Originaldokument. Unter dem Aspekt der Bautechnik ist es Zeuge einer bis ins 19. Jahrhundert reichenden vorindustriellen, rein handwerklichen Herstellungsweise. Jeder bauliche Eingriff hat seine zeittypischen Spuren im Bauwerk hinterlassen.
Die Umstände, unter denen heutzutage umgebaut, repariert oder saniert wird, bergen, sofern die Arbeiten nur umfangreich und gründlich genug ausfallen, die Gefahr des maßlosen und dokumentzerstörenden Technik- und Materialeinsatzes in sich.
Der SFB will in mehreren Teilprojekten Reparatur- und Sanierungstechniken entwickeln, die in der Summe das Überleben auch des handwerklichen Details ermöglichen sollen.

2   Sindelfingen, Fachwerkhaus, 15. Jahrhundert

**Problem der Bauschäden durch
Bewegungen im Baugrund**
(Abb. 3) Ehningen, Lkr. Böblingen. Putzbau,
19. Jahrhundert

Aus den unterschiedlichsten Gründen kann es
zu Bewegungen im Baugrund kommen, die
dann zu setzungsbedingten Bauschäden führen.
Die Bewegungen können stetig, seit Baube-
ginn, oder akut durch plötzliche Veränderungen auftreten.
Der SFB will Möglichkeiten zur substanzschonenden Sicherung im Fundamentbereich historischer Bauwerke erforschen.

3   Ehningen, Putzbau, 19. Jahrhundert

**Problem der begrenzten Nutzungsdauer von
Eisenkonstruktionen**
(Abb. 4) Waldshut, Lkr. Waldshut, Eisenbahn-
brücke, 1859

Alle dynamisch belasteten Eisenkonstruktionen, nicht nur die des 19. Jahrhunderts, haben

eine materialbedingte, begrenzte Nutzungsdauer. Aber auch statisch belastete Bauteile
wie Stützen sind in ihrer Tragfähigkeit neu zu
bestimmen, wenn sich die Lasten umbaube-
dingt ändern. Mangelnde Kenntnisse über die
Materialeigenschaften der im 19. Jahrhundert
hergestellten Eisenprodukte führen häufig
»aus Sicherheitsgründen« zu einem vorzeiti-
gen Totalaustausch der Konstruktion, zu überzogenen Verstärkungs- oder ungeeigneten Re-
paraturmaßnahmen.
Der SFB wird die Eisenkonstruktionen des
19. Jahrhunderts auf sein Materialeigenschaften untersuchen und will Methoden entwik-
keln, die dem Bestand angemessen sind und
dennoch zu sicheren Reparaturen führen.

**Problem der überzogenen
Nutzungsvorstellungen an ursprünglich
intakte Altbauten**
(Abb. 5) Bondorf, Lkr. Böblingen. Fachwerkhaus, 17. Jahrhundert

Alte Bauwerke sind unterschiedlichen Ge-
fährdungen ihrer Substanz ausgesetzt: der natürliche Verfall ist ein Faktor, die mehr oder
weniger umfangreichen Maßnahmen zur Behebung der Verfallsschäden ein zweiter. Ein
weiterer, für die Denkmalpflege ganz wesentli-
cher Punkt der Gefährdung rückt, ironischer-
weise als Auswirkung der Zuwendung zum
Denkmal, in den letzten Jahren immer stärker
in den Vordergrund. Es ist die Auffassung, daß
nur ein genutztes Denkmal auch gepflegt und
damit langfristig erhalten bleibe.
So richtig der Gedanke im Ansatz ist, so falsch
wird er, wenn die neuen Nutzungsvorstellungen dem historischen Bauwerk nicht mehr angepaßt sind, wenn vielmehr das Bauwerk auf
die neuen Nutzungen hin »zugerichtet« wird.
Der SFB wird in Zukunft versuchen, die Ge-
fahren der Übernutzung von Altbauten methodisch anzugehen und zu einer Abschätzung einer altbauverträglichen Umnutzung zu
kommen.

4 Waldshut, Eisenbahnbrücke über den Rhein (erbaut 1859)

5 Bondorf, Fachwerkhaus, 17. Jahrhundert

ZUSAMMENFASSUNG

Das Arbeitsprogramm des Teilprojektes A 1 beginnt also mit der Benennung von geeigneten Objekten für die Forschungsarbeiten der übrigen Teilprojekte, verläuft abhängig von den Fortschritten dieser Teilprojekte als Forschungsmitarbeit bezogen auf konkrete Objekte und endet schließlich in der Auswertung der Ergebnisse als Entscheidungshilfe für ähnlich gelagerte Fälle.

Sofern es sich als sinnvoll erweist, wird das Teilprojekt A 1 darüber hinaus in Zusammenarbeit mit anderen Projekten einzelne Aspekte von denkmalpflegerischer Relevanz als eigene Forschungsarbeit angehen. Schließlich wird das Teilprojekt A 1 bemüht sein, die Aufgaben und Probleme, die Denkweise und Fragestellungen der Denkmalpflege, kurz: die denkmalpflegerischen Gesichtspunkte bei der Erhaltung historisch bedeutsamer Bauwerke den übrigen Teilprojekten nahezubringen.

STELLUNG DES PROJEKTES INNERHALB DES SFB

Aus den Kernaufgaben des Teilprojektes (Benennen und Zugänglichmachen von geeigneten Objekten, begründende Darstellung des erhaltenswerten Baubestandes, Mitarbeit an den Untersuchungen der anderen Projekte am Bauwerk und innerhalb der Universität, insbesondere im Hinblick auf die Denkmalverträglichkeit technischer Lösungen) ergibt sich eine zwangsläufige Verzahnung mit allen anderen Teilprojekten, die besonders eng ist mit dem Teilprojekt A 2 (Baugeschichtliche Forschungen zur Baukonstruktion und Bautechnik), A 3 (Ingenieurmäßige Bestandsuntersuchungen an sanierten Bauwerken) sowie C 3 (Eisen- und Stahlkonstruktionen des 19. Jahrhunderts; hier auch im Hinblick auf den noch »jungen« Forschungsstand in diesem Denkmalbestand).

Aber auch die Teilprojekte B 1 (Feuchteschutz), B 3 (Baugrundprobleme), B 2 / C 1 (Holzkonstruktionen), C 2 (Ein- und mehrschaliges altes Mauerwerk) und C 4 (Eingriffe in Baugrund und Gründung, die im Hinblick auf wichtigen Spurenbestand im historischen Boden denkmalpflegerisch belangvoll sein können) machen ein z.T. unmittelbares Zusammenwirken erforderlich.

Teilprojekt A 2

Baugeschichtliche Forschungen zur Baukonstruktion und Bautechnik

Leiter:	Prof. Dr.-Ing. Wulf Schirmer
Dienstanschrift:	Institut für Baugeschichte
	Universität Karlsruhe
	Englerstr. 7
	7500 Karlsruhe
Telefon:	(07 21) 608-21 77
Mitarbeiter:	Dr.-Ing. Immo Boyken
	– Adresse wie oben –

EINFÜHRUNG UND ÜBERBLICK

Das Erhalten historisch bedeutsamer Bauwerke, hier der authentischen Substanz ihrer Baugefüge, Baukonstruktionen und Werkstoffe, macht nicht nur eine gründliche Beschäftigung mit dem jeweiligen Bauwerksbestand, sondern auch mit dem Konstruktionsverständnis des Baumeisters und seiner Zeit notwendig. Ein entsprechender Einblick ist sowohl über schriftliche Überlieferung – soweit diese vorhanden ist – als auch und besonders über das vergleichende Studium an einer größeren Zahl von Bauwerken zu gewinnen. Wir besitzen durchaus Kenntnisse von Baukonstruktionen und Werkstoffen historischer Gebäude, dieses Wissen ist aber bei den verschiedenen Konstruktionen bzw. Konstruktionsteilen und Werkstoffen unterschiedlich groß.

Wenn sich der Sonderforschungsbereich »Erhalten historisch bedeutsamer Bauwerke« besonders den Fragen von »Baugefüge, Konstruktionen und Werkstoffen« widmet, dann ist nicht nur die baugeschichtliche Forschung ganz selbstverständlicher Bestandteil des Son-

derforschungsbereiches, sondern sie wird sich hier auch in erster Linie mit Aspekten der Geschichte von Baukonstruktion und Bautechnik befassen. Das ist nun natürlich keine neue Ausrichtung baugeschichtlicher Forschung oder gar eine neue Forschungsrichtung, wie gelegentlich zu lesen ist, sondern es bedeutet lediglich, daß in diesem Sonderforschungsbereich ihr Schwerpunkt auf konstruktions- und technikgeschichtliche Fragen des Bauens ausgerichtet sein soll.

Es mag erlaubt sein, an dieser Stelle Herkunft und Ansatz baugeschichtlicher Forschung, so wie sie sich seit den 20er Jahren an den Technischen Hochschulen in Deutschland herausgebildet hat und wie sie auch heute noch an mehreren Instituten Technischer Hochschulen bzw. Universitäten verstanden wird, mit einigen wenigen Sätzen zu umschreiben: Baugeschichtliche Forschung setzt sich mit allen Bedingungen auseinander, unter denen Bauwerke entstehen und insbesondere mit den Verflechtungen und gegenseitigen Einflüssen dieser Bedingungen. Auf Idee, Programm und Aufgabe, Entwurf und Planung, sowie schließlich auf die Ausführung eines Bauwerkes richtet sich baugeschichtliche Forschung. Material und Konstruktion, räumliche und ästhetische Vorstellungen der Architekten und auch ihre Abhängigkeit von Zwängen, denen so gut wie jede Bauaufgabe unterliegt, von rechtlichen und finanziellen Bedingungen oder gar von menschlichem Willen und menschlichen Schwächen, sind Fragen, denen sich baugeschichtliche Forschung zuwendet. Vor allen Dingen aber ist wichtig festzuhalten, daß sie sich mit den vielfältigen gegenseitigen Abhängigkeiten dieser einzelnen Faktoren und Bedingungen des Bauens auseinanderzusetzen hat. Es sind eben jene Faktoren und Bedingungen, die der bauende Architekt zu berücksichtigen bzw. zu bewältigen hat und die – kaum nötig zu sagen – sich natürlich ständig wandeln.

So geht die traditionelle baugschichtliche Forschung davon aus, daß die Ausbildung zum Architekten die beste Grundlage für den Bauhistoriker ist, daß mit dieser Ausbildung zugleich das ganze Feld seiner Arbeit umschrieben ist.

Dies ist denn auch der Kern eines programmatischen und folgenreichen Aufsatzes, den Armin von Gerkan, einer der Großen baugeschichtlicher Forschung, 1924 publizierte, bezeichnenderweise im Zentralblatt der Bauverwaltung (Jg. 44 (1924) S. 375 ff) also an die Architektenschaft gerichtet. In jenen Jahren haben sich die Architekturabteilungen der Technischen Hochschulen der von Architekten getragenen historischen Bauforschung angenommen, haben Lehrstühle für Baugeschichte geschaffen. Und gleichzeitig wird eine Vereinigung für baugeschichtliche Forschung gegründet, die Koldewey-Gesellschaft, in der sich die historische Forschung treibenden Architekten zusammenschließen, benannt nach Robert Koldewey, dem Architekten und Ausgräber von Babylon.

Nun muß hier natürlich noch darauf hingewiesen werden, daß die verschiedenen, oben genannten Faktoren und Bedingungen bei unterschiedlichen Bauaufgaben auch unterschiedliche Bedeutung haben, daß also auch baugeschichtliche Forschung entsprechende Schwerpunkte in ihren Fragestellungen setzt. Sie können auf Planungsabläufe und ökonomische Zwänge ebenso gerichtet sein wie auf die sozialen Bedingungen des Massenwohnungsbaues, auf ästhetische ebenso wie auf architekturtheoretische und eben auch auf Fragen von Baukonstruktion und Baumaterial.

Stand der Forschung

Ist das Arbeitsfeld des Teilprojektes »Baugeschichtliche Forschungen zu Baukonstruktion und Bautechnik« zunächst sehr weit umschrieben, dann lassen sich auch zum Forschungsstand nur einige allgemeine Aussagen machen. Bei der Vielzahl von Fragestellungen zur Geschichte von Baukonstruktionen und Bautechnik liegt es auf der Hand, daß unsere Kenntnis zu einzelnen Fragestellungen relativ gut, zu anderen so gut wie nicht vorhanden ist, während zu wieder anderen Fragen der Vergangenheit vieles publiziert wurde, jedoch häufig einseitig ausgerichtet oder nicht genügend fundiert.

Erst mit der Bestimmung einzelner Arbeitsvorhaben aus den Anliegen anderer Teilprojekte – hierzu sind im nächsten Absatz einige Gedanken dargelegt – lassen sich konkretere Aussagen zum jeweiligen Forschungsstand erarbeiten.

ZIELE UND METHODEN

Im Sonderforschungsbereich "Erhalten histo- risch bedeutsamer Bauwerke", der auf Be- stand und Zustand von Baugefüge, Konstruk- tion und Werkstoffen gerichtet ist und der überwiegend von Ingenieuren und Naturwis- senschaftlern getragen wird, sind der bauge- schichtlichen Forschung zwei Aufgaben ge- stellt:
Die erste Aufgabe ist durch ein Anliegen eines jeden Sonderforschungsbereiches vorgezeich- net: Es geht um die Zusammenarbeit der ein- zelnen Teilprojekte, um die gegenseitige Hilfe- stellung. Baugeschichtliche Forschung soll sich aus den Untersuchungen der anderen Teilprojekte ableiten, soll auf die Bauten ge- richtet sein, an denen andere Teilprojekte ihre Untersuchungen vornehmen. Dabei bezieht sich die baugeschichtliche Forschung dann so- wohl auf das entsprechende Objekt als Ganzes als auch auf spezielle konstruktions- und ma- terialgeschichtliche Eigenheiten in ihrem hi- storischen Kontext. Erste baugeschichtliche

Arbeiten, die durch Fragestellung anderer Teil- gebiete angeregt wurden, sollen weiter unten noch kurz dargestellt werden.

Ein zweites Aufgabenfeld zeichnet sich nach dem Beginn der Arbeit anderer Teilprojekte deutlicher ab. Aus den an die Baugeschichte herangetragenen Fragestellungen bilden sich, neben kürzerfristig zu bearbeitenden und auf jeweils ein Objekt bezogenen Projekten, nun solche mit übergreifenden konstruktionsge- schichtlichen Aspekten heraus. Daraus ablei- tend will das baugeschichtliche Teilprojekt versuchen, zu einigen begrenzten und genau definierten baukonstruktions- und bautech- nikgeschichtlichen Fragen an konkreten, in der Regel im südwestdeutschen Raum liegen- den Objekten baugeschichtliche Beiträge zu liefern, die zu generellen Aussagen sowohl über eine entsprechende Konstruktion bzw. Technik als auch über das Konstruktions- und Technikverständnis einer Zeit führen sollen.

ARBEITSPROGRAMM

Folgende Arbeitsvorhaben sind begonnen worden bzw. sollen in Angriff genommen wer- den:
1. Eisenkonstruktionen des 19. Jahrhunderts in Südwestdeutschland. Es soll die Weite der Anwendung des Materials Eisen im Hochbau sowie die Änderung der Anwen- dungsgebiete und Konstruktionen mit fortschreitender Zeit an konkreten Objek- ten und in der genannten räumlichen Be- grenzung untersucht werden. Hier ist Zu- sammenarbeit und Abstimmung mit dem Teilprojekt C3 – Eisen- und Stahlkonstruk- tionen des 19. Jahrhunderts – vereinbart. Eine schrittweise Schwerpunktbildung in- nerhalb des Themas soll sich z.B. bezie- hen auf Brückenbauten, auf Hallen- und Dachbauten, auf Turmbauten sowie auf ei- serne Stützen im Massivbau.

2. Historische Sicherungstechniken. Es soll an Hand historischer Bauschadenserörte- rungen und Bausicherungen ein Beitrag geliefert werden zur Häufigkeit bestimm- ter Schäden, zum Verständnis der Zeit von den Ursachen solcher Schäden und zu den mehr oder weniger erfolgreichen Siche- rungsmaßnahmen.
   Hinweise auf frühere Sicherungsmaßnah- men an historischen Bauten sind in der bauhistorischen Literatur häufiger anzu- treffen, gelegentlich auch umfassendere Darlegungen. Sie beziehen sich jedoch im- mer auf einzelne Objekte. Eine zusam- menhängende Erörterung der historischen Bemühungen, auftretende Bauschäden zu beheben, und der Versuch, über systemati- sche Vergleiche der angewandten Mittel und ihrer Begründungen zu einem Bau-

schadens- und Bausicherungsverständnis einzelner Epochen der Geschichte zu kommen, sind aber noch nicht unternommen worden.

Zu zahlreichen Bauten existiert umfangreiches Quellenmaterial in den zuständigen Archiven, das der Auswertung und der Zusammenschau harrt. Die Forschungen zu diesem Thema erfolgen in Zusammenarbeit mit mehreren Teilprojekten, insbesondere mit dem Teilprojekt A3 – Ingenieurmäßige Bestandsuntersuchungen an sanierten Bauwerken –.

3. Beiträge zur Geschichte der Baugründung. An zahlreichen historischen Bauten sind einzelne Beobachtungen zu deren Gründung angestellt worden; auch gibt es Baugründungszeichnungen z. B. des 18. Jahrhunderts und Darstellungen von angenommenen Baugründungen. Aber eine zusammenfassende Darstellung historischer Baugründungen oder eine entsprechende Erörterung eines Baugründungsverständnisses einer Epoche ist m.W. noch nicht versucht worden. Hierzu soll ein Beitrag geliefert werden. Die Abstimmung der Arbeiten erfolgt mit den Teilprojekten B3 und C4 des Institutes für Bodenmechanik und Grundbau.

4. Historische Fachwerkbauten über massiven Bauteilen früherer Zeit. Dieses Forschungsvorhaben geht selbstverständlich von einer Reihe ganz konkreter Beispiele aus, an denen zweierlei Beobachtungen anzustellen sind. Einmal richtet sich der Fachwerk-Neubau in seinen Abmessungen nicht nach den vorhandenen Fundamenten bzw. Kellern, was zu einer teilweisen und auch andersgearteten Ergänzung der Fundierung führt, mit entsprechenden Folgen unterschiedlicher Setzung. Zum anderen geht die Fachwerkkonstruktion schon beim Neubau teilweise auf dieses Hinausgehen über die vorhandene Fundierung ein, oder sie erfährt bestimmte Ergänzungen bzw. Reparaturen. Das Forschungsvorhaben fragt nach dem Konstruktionsverständnis des Zimmermanns sowohl im Hinblick auf die Baugründung als auch auf die nachfolgende Schadensreparatur. Die Bauten, an denen die Untersuchungen angestellt werden, befinden sich in der Altstadt von Durlach; ihre konstruktive Eigenart ist in einem veränderten Wiederaufbau der zerstörten Stadt zu Beginn des 18. Jahrhunderts begründet.

Teilweise gemeinsame Arbeit findet mit den Teilprojekten B2 und C1 (Ingenieurholzbau) einerseits sowie B3 und C4 (Grundbau) andererseits statt.

Alle diese Vorhaben werden sich natürlich über viele Jahre erstrecken, jedoch sind sie so angelegt, daß Teilergebnisse in sich geschlossen sind und entsprechend vorgestellt werden.

STAND DER ARBEITEN

Erste konkrete Arbeitsergebnisse liegen zu den gemeinsam mit dem Teilprojekt B3 und dem Landesdenkmalamt Baden-Württemberg angestellten Untersuchungen an den Pfahlgründungen des Salmansweiler Hofes vor (Grabungsleitung Judith Oexle), einer Niederlassung der Mönche des ehemaligen Zisterzienserklosters Salem auf dem Gelände des Fischmarktes in Konstanz.

Durch die Expansion der Stadt im ausgehenden 12. und 13. Jahrhundert war es notwendig geworden, auch seenah gelegene Feuchtgebiete zu erschließen, und aus dem Jahre 1217 ist die Erlaubnis für die Salemer Mönche urkundlich belegt, auf dem heutigen Gelände des Fischmarktes den See aufzufüllen und einen Stadthof zu bauen. Mitte des 19. Jahrhunderts wird das Hauptgebäude abgebrochen, die Fundamente aber bleiben erhalten und haben sich, bedingt durch den hohen Grundwasserspiegel, ideal konserviert.

Die Gründungen bestehen im wesentlichen aus zwei bis drei Meter langen Nadelholzpfählen mit daraufliegendem Holzrost aus Ei-

1   Konstanz, Salmansweiler Hof, Fundament unter der Südsüdost-Ecke des Gebäudes. (1) Pfahlgründungen aus Nadelhölzern (2) Ausgleichsschüttung aus schwach mörteldurchsetztem Kleinwackenmaterial (3) Eichenholzschwellbalken (4) Zweischalenmauerwerk aus Bruchsteinen und Rorschacher Sandsteinen.

2   Konstanz, Salmansweiler Hof, Blick auf die Umfassungsmauer des Anwesens mit den Eichenholzschwellbalken des Fundamentunterbaues.

3   Konstanz, Salmansweiler Hof, Blick auf die Südwestecke. Der Aufbau der Gründung entspricht dem der Südsüdostecke (Vgl. Abb. 1)

Abb. 1

Abb. 2

Abb. 3

chenholzstämmen, Durchmesser 20 – 40 cm, auf denen die Grundmauern errichtet sind (Abb. 1-3).

Die etwa gleichlangen Eichenholzstämme sind nicht im Verbund verlegt, sondern mit durchlaufender Fuge stumpf gestoßen, was zu Setzungen im Mauerwerk führen mußte. Diese Beobachtung ist umso bemerkenswerter, als die Baumeister imstande waren, den Eichenholzrost mit einer Niveautoleranz von nur zwei bis drei Zentimetern auf 20 Meter Länge zu verlegen.

Die Auswertung weiterer Beobachtungen, besonders hinsichtlich der Setzungen, sind Gegenstand laufender Untersuchungen.

Abgeschlossen ist eine Studie des Projektmitarbeiters Immo Boyken zur Klosterkaserne in Konstanz, dem Mannschaftsgebäude des 6. Badischen Infanterieregiments Nr. 114 auf dem Gelände des ehemaligen Klosters Petershausen, die, 1878 fertiggestellt, im Jahre 1977 nach dem Abzug französischer Truppen an das Land Baden-Württemberg zurückfiel und zur Neunutzung anstand.

Durch die Auswertung wiedergefundener Ori-

ginalpläne, die als verloren galten, und verschiedener Archivalien, durch Berücksichtigung politischer Ereignisse sowie durch stilkritische Überlegungen konnten nicht nur der Architekt, sondern auch die geistige Herkunft der Kasernen-Konzeption, die sich bis in den Kreis um Karl Friedrich Schinkel zurückverfolgen läßt, herausgefunden und damit Charakteristika des Kasernenbaus wie die Einbündigkeit der Anlage mit den gewölbeüberdeckten Korridoren, die besonders ausgestatteten Großräume, die Putzquaderung der Fassaden oder die Fensterteilung erkannt werden (Abb. 4-6). Gleichzeitig ließen sich aus Revisionsplänen sowie einem zugehörigen Briefwechsel aus den Jahren bald nach der Fertigstellung mögliche Schadensursachen für verstärkte Setzungen an bestimmten Stellen herauskristallisieren, die vielleicht nicht nur auf dem bekannt schlechten Baugrund des seenah gelegenen Klosterkasernengeländes beruhen, sondern – zusätzlich – auf Bodenqualitäten, die auf die ehemalige Klosteranlage zurückzuführen sind. (vgl. Jahrbuch des SFB 315 (1986) und architectura 16 (1986) S. 181-206).

4   Konstanz, Klosterkaserne, Ansicht von Nordost (Zustand Sommer 1986)

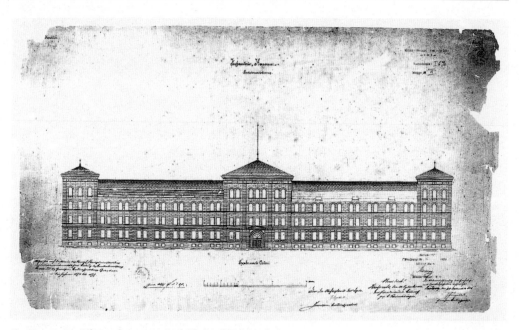

5 Konstanz, Klosterkaserne, Aufriß der Ostfassade

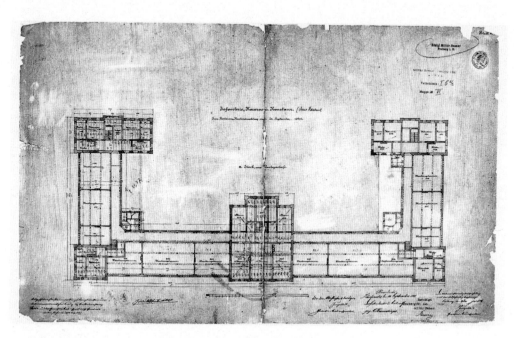

6 Konstanz, Klosterkaserne, Grundriß des dritten Obergeschosses

1   Freigelegte Verankerungsstelle mit Spannankern und Mauerwerksnadeln

2   Rostbildung an einer freigelegten Mauerwerksnadel (Ausschnitt aus Abb. 1)

Teilprojekt A 3

Ingenieurmäßige Bestandsuntersuchungen an sanierten Bauwerken

Leiter: Prof. Dr.-Ing. Fritz Wenzel

	Arbeitsgruppe Karlsruhe	Arbeitsgruppe Münster
	Prof. Dr.-Ing. Fritz Wenzel	Prof. Dr.-Ing. Michael Ullrich
	Institut für Tragkonstruktionen	Fachbereich Architektur
	Universität Karlsruhe	Fachhochschule Münster
	Englerstr. 7	Corrensstr. 25
	7500 Karlsruhe	4400 Münster
Telefon:	(07 21) 608-21 83	(02 51) 83 42 85
Mitarbeiter:	Dipl.-Ing. Helmut Maus	Dipl.-Ing. Adnan Al-Kabbani
	– Adresse wie oben –	Dipl.-Ing. Christel Rechmann

EINFÜHRUNG UND ÜBERBLICK

Über Schadensfälle und Sanierungsmaßnahmen an historisch bedeutsamen Bauwerken gibt es Berichte. Nachuntersuchungen darüber, wie wirksam die Methoden und Techniken, mit denen alte Baugefüge und Konstruktionen gesichert wurden, nach einer Reihe von Jahren noch sind, wie dauerhaft also, sind dagegen nur selten bekannt geworden. Die in diesem Teilprojekt vorgesehenen systematischen Bestandsuntersuchungen an sanierten Bauwerken sollen dazu verhelfen, die Stärken und Schwächen derzeitiger Sicherungstechniken herauszufinden, so daß anhand der Ergebnisse wissenschaftlich gezielt auf Verbesserung und Weiterentwicklung hingearbeitet werden kann.

Dem Sonderforschungsbereich sind Bauwerke zugänglich, an denen der Erfolg früherer Sanierungen studiert werden kann. Darunter sind Bauten, die bereits vor 50 bis 60 Jahren auf heute noch übliche Art und Weise ingenieurmäßig gesichert wurden. Vorhandene Gutachten- und Planunterlagen erleichtern die Auswahl der Objekte. Konzentration und Vertiefung ist insbesondere in zwei Fragestellungen vorgesehen:

– Vor- und Nachteile von Reparaturhilfen aus Eisen und Stahl im Mauerwerk (Korrosionsgefahr)
– Welches Injektionsgut verträgt sich mit welchem Mauerwerk?

Dem ingenieurmäßig erkennbaren Nutzen der Bewehrung und eines geschlossenen Mauerwerkgefüges stehen Vorbehalte und Bedenken von Denkmalpflegern gegenüber, die auf Schäden aus Korrosion und ungeeignetem Injektionsgut verweisen können.

Geplant ist für die ersten zweieinhalb Jahre eine gründliche Inaugenscheinnahme gezielt ausgesuchter, sanierter Bauwerke samt Dokumentation des Befundes in den Sanierungszonen. Indem zwei Arbeitsgruppen gebildet werden, die Objekte in industriereichen und industriearmen Gebieten bearbeiten, soll versucht werden, auch dem Einfluß der Umweltbelastung Augenmerk zu schenken.

In den folgenden drei Jahren (2. Bewilligungszeitraum) sollen an Bauwerken, die nach der
Inaugenscheinnahme dafür besonders geeignet erscheinen, ergänzende Untersuchungen
vorgenommen werden. Durch Freilegen, Ausbohren und Herausziehen von Ankern sowie
durch Entnehmen von Stein- und Mörtelproben bis hin zu Kleinprüfkörpern sollen Kenntnisse über den inneren Zustand und das Materialverhalten der Sanierungskonstruktionen
gewonnen werden.
Innerhalb des Teilprojektes sollen noch folgende zum Thema gehörende Forschungsaktivitäten wieder aufgenommen bzw. weiterge-
führt werden:
Das Zusammentragen von Meßdaten über den
Verlauf, d. h. das Nachlassen oder Anwachsen
der Kräfte in Sicherungskonstruktionen mit
der Zeit, sowie über Verformungen und Bewegungen von sanierten Bauwerken, jeweils
durch Fortsetzen früherer Messungen mittels
reaktivierter Meßstellen.

Das Teilprojekt A 3 ist mit den meisten anderen Teilprojekten des SFB als Abnehmer bzw.
Zulieferer von Hilfeleistungen verknüpft. Ein
tabellarischer Überblick über das Forschungsvorhaben vgl. S. 44

STAND DER FORSCHUNG

Über Methoden und Verfahren zum Sanieren
alter Baugefüge und Konstruktionen sowie
über ausgeführte Beispiele wird jetzt häufiger
berichtet als früher [1, 2]. In Fachtagungen
[3, 4, 5] wird allerdings deutlich, daß es, abgesehen von Kurzzeiterfahrungen im Einzelfall,
erst wenige Erkenntnisse gibt, die durch wissenschaftliche Untersuchung als längerfristig
abgesichert und übertragbar angesehen werden können [6]. Systematische Bestandsuntersuchungen an sanierten Bauwerken, mit
deren Hilfe die bisherigen Sicherungstechniken auf ihre Stärken und Schwächen überprüft werden können, sind so gut wie noch gar
nicht bekannt.
Um nicht auszuufern, soll sich das Teilprojekt,
jedenfalls in seiner Vertiefung, auf die The-
menkreise »Reparaturhilfen aus Eisen und
Stahl im Mauerwerk« sowie »Welches Injektionsgut verträgt sich mit welchem Mauerwerk« konzentrieren. Ferner ist das Weiter-
führen früherer Messungen über längere Zeiträume geplant. Zu diesen Problemen wird
nachfolgend der Stand der Forschung dargestellt.
Eisen diente seit eh und je als Verbindungsmittel im Stein- und Mauerwerksbau, sei es als ur-
sprünglicher Bestandteil der Konstruktion,
z.B. als Zuganker bei Bögen und Gewölben,
sei es als nachträgliches Hilfsmittel in Repara-
turfällen, z.B. in Form von Schlaudern. Mit
der Entwicklung vom Eisen zum Stahl stieg die
Korrosionsgefahr. An Bauwerken, in deren
Wände Verankerungs- und Konstruktionsglie-
der aus Eisen und Stahl ohne genügenden Korrosionsschutz eingebaut wurden, kam es zu
Sprengungen des Mauerwerks infolge der Volumenvergrößerung des korrodierenden Metalls [7, 8]. Berichte von Schäden an weltbe-
kannten antiken Bauten, etwa auf der Akropo-
lis in Athen [9], wo die Korrosion des Metalls
wertvollste Steinsubstanz zerstört (und außerdem die vor rund 50 Jahren eingesetzten Stein-
verklebungen aus Kunststoff versagen), sind
allgemein bekannt. Auf vielen weniger promi-
nenten antiken Stätten gibt es ähnliche Probleme. Insoweit bestehen die zum Teil heftigen
Bedenken von Denkmalpflegern gegen die
Verwendung von Reparaturhilfen aus Eisen
und Stahl im Mauerwerk zu Recht. Die Vorbehalte werden aber auch gegenüber den bei uns
gebräuchlichen ingenieurmäßigen Sicherungstechniken erhoben: dem Verwenden von
Betonstahl als Nadeln zur Aufnahme von
Querzugkräften bei der Sanierung von Mauerwerk und dem Einziehen von Spannstahl zum
Vorspannen zerrissener Wände [10]. Andererseits steht, ingenieurmäßig und durch For-

schungsarbeiten belegt, der Nutzen nachträglicher Bewehrung alten Mauerwerkes außer Zweifel, wenn es nur die Alternative Erhalten und Ertüchtigen anstelle von Abreißen und Wiederaufbauen gibt [11, 20]. Darüber, ob der gewählte Korrosionsschutz (allseitige Ummantelung mit Injektionsgut, neuerdings Abstandshalter zwischen Stein und Stahl, entsprechender Stirnseitenverschluß) in den Bauwerken tatsächlich genügt, gibt es kaum Erfahrungen. Bei der Klosterkirche Neresheim wurde ein zu Reparaturzwecken in Mauerwerk eingezogener Spannanker samt umhüllendem Injektionsmörtel nach einigen Jahren wieder ausgebohrt; an ihm konnten keine schädlichen Korrosionswirkungen festgestellt werden. Weitere Untersuchungen an ingenieurmäßig einwandfrei, d. h. mit Injektionsgut allseitig und nach bisherigem Kenntnisstand ausreichend ummantelten, nachträglich eingezogenen Stählen zur gezielten Ertüchtigung alter Pfeiler und Wände sind nicht bekannt.

Das Injizieren alten Mauerwerkes hat, abgesehen vom Korrosionsschutz eingebauter Stähle und dem Herstellen des Verbundes zwischen Stahl und Mauerwerk, die Vergütung des Mauerwerkgefüges zum Ziel. Klüfte und Hohlräume sollen verfüllt, ausgewaschene oder ausgesandete Fugen geschlossen, die oftmals verlorene Bindekraft alten Kalkmörtels ersetzt werden. Injiziert wird in der Regel mit Zement, hochhydraulischem Kalk oder Kunststoffen. Zusammenfassende Darstellungen finden sich u. a. in [12, 13]. Auch gegen das Injizieren bestehen in denkmalpflegerischen Kreisen Vorbehalte, insbesondere was das Einpressen von Zement oder von Kunststoffen angeht [10]. Allgemein wird eine bessere Abstimmung des Injektionsgutes auf das vorhandene Mauerwerksmaterial, insbesondere den alten Mörtel, gefordert. Als abschreckendes Beispiel für Spätschäden aus bedenkenlosem Injizieren wird seit einigen Jahren eine Gruppe von etwa 30 Kirchenbauten in Niedersachsen angeführt, bei denen es, z. T. trotz der Verwendung sogenannten hochsulfatbeständigen Zementes als Injektionsgut, zur Ettringitbildung im gipshaltigen Mauer-

mörtel und damit zu Treibwirkungen und schweren Schäden am Mauerwerk gekommen ist. Abhilfe vom Injektionsgut her wollen hier Arbeiten an den Technischen Hochschulen in Aachen und Braunschweig schaffen [14, 15]. Eine systematische Bestandsuntersuchung, in der die durchaus mannigfaltigen Schadensursachen mehr differenziert erkundet und dargestellt wären, fehlt jedoch. Daß ähnlich gelagerte Schäden auch in anderen Teilen Deutschlands (und im Ausland) aufgetreten wären, ist nicht bekanntgeworden, muß aber erst noch erhärtet werden, wozu das Teilprojekt durch die geplanten Bestandsuntersuchungen beitragen will. Abseits dieses Spezialproblemes fehlt es aber überhaupt an ausreichenden Kenntnissen, um so grundsätzliche Fragen beantworten zu können wie diejenigen nach dem beim Injizieren im Bauwerk tatsächlich erreichten Grad der Verfüllung, nach der Vermengung bzw. Verträglichkeit neuen und alten Mörtels im Mauerwerk, nach stattgefundenen Beeinträchtigungen von Putz und Malereien durch die mit dem Injektionsgut eingebrachte Feuchte sowie nach sonstigen bauphysikalischen Beeinträchtigungen des Mauerwerkes durch das Injektionsgut (gefragt wird z. B. nach der Wirkung als Dampfbremse). Um im SFB später zu Aussagen darüber kommen zu können, welches Injektionsgut sich mit welchem Mauerwerk verträgt, sind die Bestandsuntersuchungen des hier dargestellten Teilprojektes A 3 Voraussetzung.

Literatur:

[1] K. PIEPER, Sicherung historischer Bauten. Berlin 1983

[2] IABSE Symposium Venezia 1983. Verstärkung von Bauwerken – Diagnose und Behandlung. Einführungsbericht Heft 45, Schlußbericht Heft 46 IABSE, ETH-Hönggerberg, Zürich, Zürich 1983

[3] Sicherung historischer Bauten. Dokumentation der Fachtagung im Juni 1977 in Karlsruhe (= Aus Forschung und Lehre, Heft 5) Institut für Tragkonstruktionen, Universität Karlsruhe, Karlsruhe 1986

[4] Sicherung historischer Bauten. Dokumentation des Fachseminars im September 1978, Split Jugoslawien (= Aus Forschung und Lehre, Heft 10) Institut für Tragkonstruktionen, Universität Karlsruhe, Karlsruhe 1980

[5] Sicherung historischer Bauten. Dokumentation der Fachtagung im April 1981 in Bad Homburg v. d. H. (= Aus Forschung und Lehre, Heft 13) Institut für Tragkonstruktionen, Universität Karlsruhe, Karlsruhe 1981

[6] K. PIEPER und F. WENZEL, Gedanken von Ingenieuren zu Fragen der Denkmalpflege. In: Denkmalpflege in Baden-Württemberg 9 (1980) Heft 4, S. 173 – 178

[7] Portikus der Friedhofskapelle in Leimen. Gutachten zur statisch-konstruktiven Sicherung des Bauwerkes. Büro für Baukonstruktionen Wenzel Frese Pörtner Haller, Karlsruhe, Karlsruhe 1983, unveröffentlicht

[8] Wasserturm an der Bökenförder Straße in Lippstadt. Gutachten zur statisch-konstruktiven Sicherung des Bauwerkes. Büro für Baukonstruktionen Wenzel Frese Pörtner Haller, Karlsruhe, Karlsruhe 1983, unveröffentlicht

[9] H. KIENAST, Der Wiederaufbau des Erechtheion. In: architectura 13 (1983) Heft 2

[10] G. KIESOW, Einführung in die Denkmalpflege. Darmstadt 1982

[11] W. DAHMANN, Untersuchungen zum Verbessern von mehrschaligem Mauerwerk durch Vernadeln und Injizieren. Diss. Karlsruhe 1983. Institut für Tragkonstruktionen, Universität Karlsruhe (Druck in Vorbereitung)

[12] G. RUFFERT, Sanieren von Baudenkmälern: Techniken und Beispiele. Düsseldorf 1981

[13] G. STIESCH, Geräte und Verfahren für die Sicherung historischer Bauten. In: [4]

[14] U. LUDWIG u.a., Schäden am Turmmauerwerk von Kirchen und Vorschläge für eine Konzeption von Mörteln für Sanierungsarbeiten. In: Kolloquium über Steinkonservierung vom 9. – 11. 4. 1984 in Münster, Westfälisches Amt für Denkmalpflege Herausgeber H.J. OEL. Erlangen 1984, S. 289-313

[15] K. PIEPER und R. HEMPEL, Probleme bei der Sicherung historischer Bauten aus mittelalterlichem Gipsmörtel. (Zwischenbericht über das Forschungsvorhaben, Lehrstuhl für Hochbaustatik, TU Braunschweig) Braunschweig 1983

EIGENE VORARBEITEN

Sachverständigen- und Berateraufgaben bei Schadensfällen und Sanierungen historisch bedeutsamer Bauwerke gaben Gelegenheit, Kenntnisse über die Probleme des alten Baubestandes zu erwerben sowie Vorgehensweisen und Techniken der Bestandsuntersuchung zu entwickeln und zu erproben [16, 17, 18]. Die Assistenten des Instituts für Tragkonstruktionen waren an diesen Aufgaben beteiligt, so daß über die Grundausstattung eine erfahrene Mitarbeitergruppe in das Forschungsvorhaben eingebracht werden kann. Die Ergebnisse der seit 1963 durchgeführten Bestandsuntersuchungen sind für die einzelnen Bauwerke in Gutachten niedergelegt, die hier nur pauschal benannt werden können [19], die dem Teilprojekt zu Forschungszwecken aber vollständig zur Verfügung stehen. Zunächst ist von ihnen Hilfe bei der Auswahl der für systematische Bestandsuntersuchungen geeigneten Objekte zu erwarten. Sind die Objekte dann ausgewählt, kann auch auf die in den Gutachten zusammengetragenen Daten und Kenntnisse über die Bauwerke und den Baugrund sowie auf die Berechnungs- und Planunterlagen der nach den Gutachten ausgeführten Sanierungen zurückgegriffen werden.

Die Sachverständigen- und Berateraufgaben wurden auch deshalb zuerst genannt, weil die dabei aufgetauchten, ungelösten wissenschaftlichen Fragestellungen früher schon Anlaß zu Forschungsarbeiten am Institut gaben, die jetzt Vorarbeiten für das hier beschriebene Teilprojekt »Bestandsuntersuchungen an sanierten Bauwerken« darstellen:

In periodischen Abständen wurden Messungen an Spannstählen durchgeführt, die bei der Sanierung historisch bedeutsamer Bauwerke in Wände aus Ziegel- und Sandsteinmauerwerk eingezogen worden waren, und die Spannkraftverluste mit der Zeit verfolgt [2o]. Inzwischen liegen Daten von 5 Bauwerken vor, die ältesten über einen Zeitraum von 9 Jahren. Ein Teil der Meßstellen läßt sich für die Wiederaufnahme und Fortsetzung der Messungen im Rahmen des Teilprojektes reaktivieren. Untersucht wurden auch die Zusammenhänge zwischen Wandabsenkungen infolge nachträglicher Unterfangungen und daraus resultierenden Spannkraftverlusten [21].

Methoden und Techniken, mit denen gebrochene Säulen und Architrave wieder zusammengeführt werden, wurden bei antiken Bauten auf archäologischen Grabungsstätten des Mittelmeerraumes erkundet [22]. Die Mitarbeit des Institutes an den Arbeiten zum Wiedererrichten solcher Bauteile beim Trajan-Heiligtum in Pergamon [23] und beim Apollon-Tempel in Kourion auf Zypern führte zu Kenntnissen auf diesem Gebiet, an die angeknüpft werden kann. Den Erfahrungen, die mit metallischen und nichtmetallischen Verbindungsmitteln, Zement und Kunststoff gemacht wurden, gilt dabei besonderes Augenmerk.

Untersuchungen über das Gewölbetragverhalten [24, 25] erstreckten sich auch auf die Inaugenscheinnahme sanierter Konstruktionen. An gotischen Hallenkirchen wurden ebenfalls Bestandsuntersuchungen durchgeführt [26]. Auf die Wirksamkeit früherer Sanierungen wurde bei allen drei Arbeiten nicht weiter eingegangen.

Untersuchungen an der Vierungskuppel der Abteikirche Neresheim [27] und an den Decken der ehemaligen Augustinerkirche Oberndorf [28] führten, was den Bestand ausgeführter Sanierungen angeht, zu Erfahrungen über die Haftfestigkeit wiederbefestigten Freskoputzes, auch im Hinblick auf die Erschütterungen aus Überschallknallen.

Bestandsaufnahmen vor und nach der Sanierung des gotischen Dachwerkes über dem Mittelschiff des Freiburger Münsters [29] und des Ständer- und Stockwerkgefüges eines mehrgeschossigen großen Fachwerkgebäudes aus dem Jahr 1515/16 in Bad Hersfeld [30] verhalfen zu differenzierten Kenntnissen über die Auswirkungen unsachgemäßer früherer Reparaturen und über den Prozentsatz originalen Konstruktionsholzes, der in kritischen Grenzfällen noch erhalten werden kann.

Literatur:

[16] F. WENZEL, Baustatische Probleme bei den Restaurierungs- und Verstärkungsarbeiten. In [2]

[17] F. WENZEL, Zur Arbeit des Bauingenieurs in der Denkmalpflege. In: Bauwelt (1982) Heft 31/32

[18] F. WENZEL, Schonende Hilfe für die historischen Bauten. In: Forschung – Mitteilungen der DFG 1/83

[19] F. WENZEL u. a., Gutachten über den Bestand und die Sanierung historisch bedeutsamer Bauwerke. 1963 bis 1984, unveröffentlicht

[20] J. HALLER, Untersuchungen zum Vorspannen von Mauerwerk historischer Bauten. Diss. Karlsruhe 1981. (= Aus Forschung und Lehre, Heft 9) Institut für Tragkonstruktionen, Universität Karlsruhe. Karlsruhe 1982

[21] J. HALLER Sicherung von gerissenem Mauerwerk durch Vorspannen. In: [2]

[22] U. STAROSTA, Arbeitsmaterialien 1984, unveröffentlicht, Institut für Tragkonstruktionen, Universität Karlsruhe

[23] W. RADT, Vorberichte über die Kampagnen 1980 bis 1983. In: Archäologischer Anzeiger (1981 bis 1984)

[24] F. WENZEL und R. PÖRTNER, Das Zusammenwirken von Rippen und Gewölben im Tragverhalten mittelalterlicher Kreuzrippengewölbe, Abschlußbericht, unveröffentlicht, Institut für Tragkonstruktionen, Universität Karlsruhe

[25] F. WENZEL und R. BARTHEL, Tragverhalten historischer Kreuzgewölbe und Kreuzrippengewölbe unter Berücksichtigung von Schalen- und Faltwerkswirkung. Institut für Tragkonstruktionen, Universität Karlsruhe

[26] W. POSER, Schlanke Pfeiler in gotischen Hallenkirchen. Diss. Karlsruhe 1986. Institut für Tragkonstruktionen, Universität Karlsruhe. (Druck in Vorbereitung)

[27] M. ULLRICH, Untersuchungen zum Tragverhalten barocker Holzkuppeln am Beispiel der Vierungskuppel in der Abteikirche Neresheim. Diss. Karlsruhe 1974. (= Aus For-

schung und Lehre, Heft 3) Institut für Tragkonstruktionen, Universität Karlsruhe. Karlsruhe 1974

[28] F. WENZEL und M. ULLRICH, Ingenieurmäßige Sicherungsarbeiten bei der baulichen Sanierung der ehemaligen Augustinerkirche
Oberndorf. In: Festschrift zur Eröffnung der
renovierten Klosterkirche. Oberndorf 1978.

[29] J. VOGELEY, Die gotische Dachkonstruktion
über dem Langhaus des Freiburger Münsters.
Diss. Karlsruhe 1981. Institut für Tragkonstruktionen, Universität Karlsruhe (Druck in
Vorbereitung)

[30] Sanieren des historischen Forstamtsgebäudes
in Bad Hersfeld durch Reparatur der Holz-
konstruktion in situ oder durch Instandset-
zung in der Zimmerei? Gutachten, unveröffentlicht. Büro für Baukonstruktionen Wenzel Frese Pörtner Haller, Karlsruhe 1983

ZIELE

Mit dem Teilprojekt werden hauptsächlich zwei Ziele verfolgt:

– Kenntnisse über die Wirksamkeit und Dauerhaftigkeit von Sicherungstechniken an solchen historisch bedeutsamen Bauwerken zu gewinnen, die bereits vor einer Reihe von Jahren saniert worden sind. Insbesondere geht es um Eisen und Stahl im Mauerwerk sowie um die Frage, welches Injektionsgut sich mit welchem Mauerwerk verträgt. Es sollen die Stärken und Schwächen der derzeitigen Techniken herausgefunden werden, damit später im SFB wissenschaftlich gezielt an einer Verbesserung und Weiterentwicklung gearbeitet werden kann.

– Meßstellen, die an sanierten Bauwerken noch vorhanden sind, zu reaktivieren, frühere Messungen zur Kontrolle der Kräfte in Konstruktionsgliedern wieder aufzunehmen und Beobachtungen der Bewegungen und Verformungen von Bauwerken und Baugrund weiterzuverfolgen.

METHODEN

Es ist geplant, dem Teilprojekt Bauwerke, an denen der Erfolg früherer Sanierungen studiert werden kann, auf mehrfache Art und Weise zugänglich zu machen:

– Durch das Landesdenkmalamt im Rahmen des Teilprojektes A 1,

– durch den ausgesprochenen Glücksfall, daß uns Gutachten, Planungs- und Konstruktionsunterlagen der Altmeister in der Sicherung historischer Bauten, Professor Georg Rüth, Dresden, und Professor Klaus Pieper, Braunschweig, sowie begleitender Rat des letzteren zur Verfügung gestellt werden (Von beiden wurden in den 20er bis 70er Jahren 250 historische Bauten sa-

niert. Erhalten gebliebene Unterlagen erlauben ein gezieltes Auswählen von Bauwerken, die zur Nachuntersuchung besonders geeignet sind),

– durch Auswahl anhand der eigenen gutachterlichen Vorarbeiten,

– durch Kontakte mit Baubehörden, einschlägigen Architekten- und Ingenieurbüros, Spezialfirmen u.a.

Nach dem Auswählen der zu untersuchenden Bauwerke sollen erfolgen:

– Vorbereitende Absprachen mit den Besitzern der Bauobjekte bzw. den für den Baubestand Verantwortlichen, um eine gründliche Begehung bewilligt zu bekommen

und zusätzliche Auskünfte zu erhalten,
- die Inaugenscheinnahme der ausgewählten Bauwerke insgesamt und ihrer sanierten Konstruktionsbereiche im besonderen,
- die Dokumentation der dabei erkennbaren Sanierungsergebnisse positiver oder negativer Art,
- schließlich auch, soweit an diesen Bauwerken möglich, das Zusammentragen und Weitergeben solcher Bestandsdaten, die schon jetzt von den anderen Teilprojekten der Projektbereiche B und C im Hinblick auf Feuchteschäden, Holz, Metall, Baugrund und Gründung angefordert werden.

Gezielte Untersuchungen, die über eine gründliche Inaugenscheinnahme hinausgehen, sind hinsichtlich der Verwendung von Eisen und Stahl bei der Mauerwerksanierung und im Blick auf die Verträglichkeit von Injektionsgut und Mauerwerk vorgesehen. Hier soll insbesondere den Bedenken der Denkmalpflege nachgegangen werden. Für die exemplarischen Untersuchungen, die allerdings erst im 2. Bewilligungszeitraum stattfinden sollen, ist erforderlich bzw. geplant:
- Die Selektion entsprechend geeigneter Objekte aus der Menge der in Augenschein genommenen Bauwerke,
- das Einholen der Genehmigung zu Probenentnahmen,
- das Ausbohren von Nadelankern und, wenn möglich, ein stichprobenhaftes Freilegen kurzer Abschnitte von Nadel- und

Spannankern, um die Überdeckung mit Injektionsgut und den Grad der Korrosion prüfen zu können,
- möglichst auch das Prüfen des Verbundes von Nadelankern durch Ausziehversuche am Bauwerk,
- das Entnehmen von Stein- und Mörtelproben, wenn möglich auch das Ausbrechen einzelner Kleinprüfkörper aus Steinen und Mörtel.

Die letzten drei Punkte stehen auch im Zusammenhang mit dem Teilprojekt C2 »Ein- und mehrschaliges altes Mauerwerk«. Für die Untersuchungen an den entnommenen Proben im Labor ist die Hilfe der Abteilung Baustofftechnologie, der Versuchsanstalt für Stahl, Holz und Steine und des Mineralogischen Institutes notwendig.

Für das Reaktivieren von Meßstellen, die an sanierten, historisch bedeutsamen Bauwerken noch vorhanden sind, und das Wiederaufnehmen bzw. Weiterverfolgen der Messungen liegen alle erforderlichen Unterlagen am Institut für Tragkonstruktionen bereit. An frühere Messungen an Spannankern im Mauerwerk kann angeknüpft werden. Für die Bewegungs- und Verformungsmessungen stehen im Zusammenhang mit Vorarbeiten genügend Bauwerke zur Verfügung, bei denen die Genehmigung zum Wiederaufnehmen bzw. Weiterverfolgen früherer Messungen vorliegt oder ohne Schwierigkeiten zu erhalten ist.

ARBEITSPROGRAMM

Das Auswählen von Objekten, an denen die wichtigsten bisherigen Sanierungstechniken auf ihre Stärken und Schwächen überprüft werden können, steht am Anfang des Teilprojektes.

Um eventuelle Einflüsse stärkerer oder schwächerer Umweltbelastung (Verunreinigung von Luft, Regen, Bodenwasser) zu erkennen, sollen vergleichbare Bauwerksgruppen in unterschiedlichen Regionen untersucht werden: Die eine in den Industriezonen des westdeut-

schen Raumes, die andere in (hoffentlich) weniger belasteten Gebieten Süddeutschlands. Für ihre Untersuchung, die nach einem gemeinsamen Plan ablaufen soll, konnte für Westdeutschland Herr Professor Dr.-Ing. Michael Ullrich von der Fachhochschule Münster gewonnen werden, der aus dem Institut für Tragkonstruktionen der Universität Karlsruhe hervorgegangen und durch Forschungsarbeiten [27, 28] sowie gutachterliche Tätigkeiten entsprechend ausgewiesen ist. Unter seiner Anleitung sollen ein Forschungsmitarbeiter und zwei studentische Hilfskräfte arbeiten. Herr Ullrich verfügt über Kontakte zur Denkmalpflege in Nordrhein-Westfalen; die Bearbeitung von Münster aus vermindert außerdem den Aufwand für Reisen. Die Untersuchungen im süddeutschen Raum, von Karlsruhe aus vorzunehmen, werden sich auf Baden-Württemberg konzentrieren.

Die Inaugenscheinnahme samt Dokumentation und Weitergabe von Daten an andere Teilprojekte soll in den ersten zweieinhalb Jahren des SFB abgeschlossen werden. Rechnet man für das Auswählen der Objekte ein halbes Jahr zu Beginn und für das Aufbereiten der Dokumentation und sonstige abschließende Arbei

ten den gleichen Zeitraum, dann verbleiben im ersten Bewilligungszeitraum 18 Monate für die Bauwerksuntersuchungen. Kalkuliert man, einschließlich Vor- und Nacharbeiten, vier bis sechs Wochen pro Objekt, dann können mit zwei Gruppen etwa 30 Bauwerke gründlich durch Augenschein untersucht werden.

Die anschließenden gezielten Untersuchungen mit den Eingriffen in die Objekte sind, wie schon erwähnt, voraussichtlich erst im zweiten Bewilligungszeitraum möglich. Auch das Zusammentragen von Meßdaten aus reaktivierten Meßstellen über längere Zeiträume ist eine Arbeit, die sich über zwei Bewilligungszeiträume erstrecken wird.

ZEITPLAN

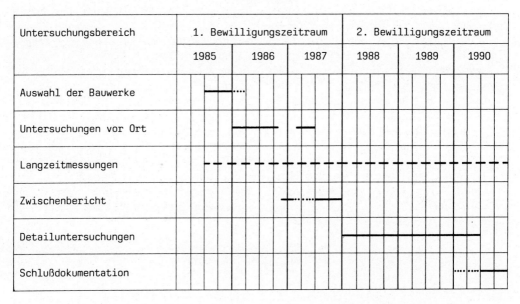

Untersuchungsbereich	1. Bewilligungszeitraum			2. Bewilligungszeitraum		
	1985	1986	1987	1988	1989	1990
Auswahl der Bauwerke						
Untersuchungen vor Ort						
Langzeitmessungen						
Zwischenbericht						
Detailuntersuchungen						
Schlußdokumentation						

STELLUNG DES PROJEKTES INNERHALB DES SFB

Das Teilprojekt A 3 ist im ersten Bewilligungszeitraum auf die Hilfe des Landesdenkmalamtes (Teilprojekt A 1) angewiesen. Selbst soll es Daten für die Teilprojekte der Projektgruppen B (Werkstoffe) und C (Konstruktionen) liefern.

Im zweiten Bewilligungszeitraum ist beim Teilprojekt A 3 Zusammenarbeit mit der Abteilung Baustofftechnologie, der Versuchsanstalt für Stahl, Holz und Steine und dem Mineralogischen Institut notwendig. Hier sind Ansätze für spätere gemeinsame Teilprojekte erkennbar.

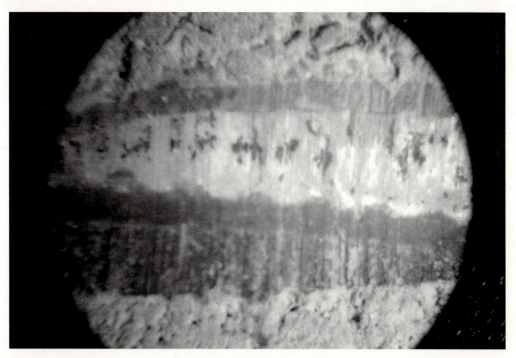

3 Endoskopaufnahme eines Bohrlochs. In der Bildmitte Stahlnadel mit Verpreßgut

4 Endoskopaufnahme, Bohrlochrundblick

Oberblick über das Forschungsvorhaben "Ingenieurmäßige Bestandsuntersuchungen an sanierten Bauwerken"

	Vorarbeiten	Innerhalb des SFB geplant	Zeitraum
Feststellen des heutigen Zustandes von Bauwerken, über deren frühere Sanierung genaue Unterlagen vorliegen			
im süddeutschen Bereich,	Zusammentragen von Planunterlagen über sanierte Bauwerke und angewendete Sanierungstechniken	Bestandsuntersuchungen an sanierten Bauwerken durch Inaugenscheinnahme und äußerlich anwendbare Untersuchungsmethoden.	1985 - 1987
im westdeutschen Industriegebiet	Untersuchung von Einzelproblemen, wie Haftfestigkeit wiederbefestigten Freskoputzes, Anteil originalen Konstruktionsholzes nach Sanierungen u.a.	Ergänzende, mit Eingriffen verbundene Untersuchungen, konzentriert auf die Verwendung von Eisen und Stahl bei der Mauerwerkssanierung und auf die Verträglichkeit von Injektionsgut und Mauerwerk.	1988 - 1990
Wiederaufnehmen und Fortsetzen früherer Messungen an sanierten Bauwerken			
zur Kontrolle der Kräfte in Konstruktionsgliedern	Periodische Dehnungsmessungen an Spannstählen im Mauerwerk (bis zu 9 Jahren). Kontrolle der Kräfte in Kuppelaufhängungen und Zugbändern.	Reaktivieren der Meßstellen, Wiederaufnehmen und periodisches Fortführen der Messungen.	ab 1985
zur Beobachtung der Bewegungen und Verformungen von Bauwerken und Baugrund	Zusammentragen von geodätischen Meßdaten für verschiedene Bauwerke.	Weiterverfolgen noch stattfindender Messungen. Wiederaufnehmen eingestellter Messungen im Rahmen des SFB.	ab 1985

STAND DER ARBEITEN

Die Bearbeitung des Teilprojektes A3 »Ingenieurmäßige Bestandsuntersuchungen an sanierten Bauwerken« von zwei getrennten Standorten aus, Karlsruhe und Münster, erweist sich als außerordentlich nützlich. Die unterschiedliche Bauweise von Ziegel- und Bruchsteinmauerwerk im nord- und süddeutschen Raum findet Eingang in die Untersuchungsergebnisse. Regional bedingte Unterschiede der Sanierungsmethoden und -techniken, des Klimas, möglicherweise auch der Umweltbelastung können erkannt werden. Eine Vielzahl bekannter Baudenkmäler, insbesondere norddeutsche Ziegelbauten, die in der Frühzeit der heutigen Sicherungstechniken saniert wurden, ist von Münster aus leichter zu erfassen als von Karlsruhe. Die Arbeitsprogramme der beiden Gruppen wurden aufeinander abgestimmt, die Zusammenarbeit hat sich sehr gut eingespielt, an einzelnen Objekten finden gemeinsame Untersuchungen statt. Eine Literaturrecherche brachte relativ wenig Informationen über Bauwerke, deren Mauerwerk mit Hilfe von Injektionen und Stahlankern saniert worden ist. Eine Fragebogenaktion bei der Denkmalpflege, staatlichen, kommunalen und kirchlichen Bauämtern, bei Bauaufsichtsbehörden, schließlich bei Ingenieurbüros und Baufirmen brachte einen guten Rücklauf und verhalf zu Daten über gut zweitausend sanierte Bauwerke. Damit liegt ein ausreichender Grundstock an Informationen für die nähere Auswahl solcher Objekte vor, an denen örtliche Bestandsuntersuchungen vorgenommen werden sollen.

Alle erfaßten Objekte und die zugehörigen Informationen wurden in eine Bauwerksdatei eingegeben. Ein Rechnerprogramm verwaltet die Dateikarten, sie lassen sich nach vorgegebenen Stichworten sortieren und ausgeben.

Von sehr großem Wert sind die Planunterlagen über rund hundert sanierte Mauerwerksbauten, die von einigen Ämtern und Büros, besonders aber von den Baufirmen zur Verfügung gestellt und von den beiden Arbeitsgruppen ausgewertet wurden. Ansichtszeichnungen der Gebäude mit früheren Schadensbildern sowie Vernadelungs- und Spannankerpläne mit Verpreßdaten machen ein gezieltes Vorgehen bei den weiteren Bestandsuntersuchungen möglich, von denen einige bereits erfolgt sind.

In vier Fällen ergab sich die Gelegenheit, Untersuchungen des Wandinneren vorzunehmen, wie sie eigentlich erst für die Zeit nach 1987 vorgesehen waren. Dadurch, daß früher sanierte Bauwerke – in Oberndorf, Bad Wimpfen, Hotteln und Lüneburg – jetzt wieder saniert werden mußten, waren sie über die Gerüste zugänglich. Es konnten Stein- und Mörtelproben entnommen, Ausbohrungen von Ankernadeln und Ausspiegelungen von Bohrlöchern vorgenommen sowie Messungen der Kräfte in alten Spannankern durchgeführt werden. Die Ergebnisse über die Wirkung des Verpreßgutes und der eingelegten Bewehrung – positive und negative – sind umfangreich und vielfältig, sie sollen im Jahrbuch 1986 des SFB veröffentlicht werden. Insgesamt vermögen sie noch nicht mehr als erste Erkenntnisse wiederzugeben; Untersuchungen an weiteren sanierten Bauwerken müssen folgen.

Bei den Arbeiten des Teilprojektes A3 kam es zur Zusammenarbeit mit den Gruppen A1 (Denkmalpflege), A2 (Baugeschichte), A4 (Mineralogie), C2 (Mauerwerk) und D (Dokumentationsstelle).

5   Freigelegter Spannanker

6   Bohrgut aus einer Fangbohrung

Teilprojekt B 1

Feuchteschutz in Baukonstruktionen aus mineralischen Baustoffen

Leiter:	Prof. Dr.-Ing. Hubert K. Hilsdorf
	Dr.-Ing. Jörg Kropp
Dienstanschrift:	Institut für Massivbau
	und Baustofftechnologie
	– Abt. Baustofftechnologie –
	Universität Karlsruhe
	Kaiserstr. 12
	7500 Karlsruhe 1
Telefon:	(07 21) 608-38 90
Mitarbeiter:	Dipl.-Ing. Harald Garrecht
	Simone Reißle
	– Adresse wie oben –

EINFÜHRUNG UND ÜBERBLICK

Seit Jahrhunderten werden Versuche unternommen, Bauwerke gegen Feuchte zu schützen oder bereits durchfeuchtete Bauteile trokken zu legen, um erneute Durchfeuchtung zu verhindern und Schäden durch Feuchteeinwirkung zu vermeiden. Nahezu alle diese Methoden versagten unter bestimmten Bedingungen vor allem deswegen, weil die Verfahren meist empirisch und ohne Kenntnis der physikalischen Zusammenhänge entwickelt wurden.

Endziel des Teilprojektes ist es zwar, wirksame Methoden zum Feuchteschutz historischer Bauwerke zu entwickeln. Als erster Schritt müssen dazu aber erst die erforderlichen physikalischen Grundlagen des Feuchtetransports und der Schädigung als Folge einer Feuchteeinwirkung erarbeitet werden.

Die in historischen Bauwerken eingesetzten mineralischen Baustoffe wie Natursteine oder künstliche Mauersteine und Mörtel sind gekennzeichnet durch eine poröse Struktur. An der hohen inneren Oberfläche dieser Baustoffe wird aus der umgebenden Luft Wasser adsorbiert bzw. in feinen Porenräumen kondensiert, bis sich ein spezifischer Eigenfeuchtegehalt einstellt, der mit den äußeren Umgebungsbedingungen im Gleichgewicht steht. Treten die Baustoffe in direkten Kontakt zu freiem Wasser, so wird über kapillare Saugwirkung jedoch eine weitgehende Wassersättigung des Porensystems eintreten. In kapillar aufsteigender Feuchte werden häufig im Wasser gelöste Salze in die Baustoffe eingeführt, die sich in der Verdunstungszone des Wassers anreichern. Ein hoher Salzgehalt führt zu einer weitreichenden Änderung des Feuchtegleichgewichts des Baustoffes mit der Umgebung, da aufgrund der hygroskopischen Eigenschaften der Salze verstärkt Wasser angelagert wird. Osmotische Effekte führen zu einer weiteren Erhöhung der Baustoffeuchte.

Um den Feuchtehaushalt von porösen Baustoffen unter gegebenen Randbedingungen zu beurteilen, muß die Kenntnis der spezifischen Eigenfeuchte und der verschiedenen Transportparameter für Wasser vorausgesetzt werden. Diese Werkstoffparameter sind sowohl für die Abschätzung der Wirksamkeit einer Feuchteschutzmaßnahme als auch für die Trockenlegung feuchtegeschädigter Bauteile von großer Bedeutung. Mit Hilfe experimentell bestimmter Kenngrößen wie Sorptionsisothermen und Transportparametern soll der Feuchtehaushalt poröser Baustoffe mathematisch formuliert werden, um Befeuchtungs- und Austrocknungsvorgänge in Bauteilen durch Modellrechnungen zu erfassen und damit eine wissenschaftliche Grundlage für Feuchteschutzmaßnahmen von Bauwerken zu schaffen.

STAND DER FORSCHUNG

In den zahlreichen Dokumentationen wird über große Anstrengungen im In- und Ausland berichtet, historisch wertvolle Bausubstanz durch Restaurierung und **präventive** Schutzmaßnahmen der Nachwelt als Kulturgut zu erhalten (z.B. [1, 2]). Ein Schwerpunkt konservierender Maßnahmen konzentriert sich auf die Problematik der Verwitterung der eingesetzten Baustoffe, die vorwiegend die Natursteine unterschiedlichster mineralogischer Zusammensetzung und Provenienz betreffen, aber auch die künstlich hergestellten Mauersteine wie Ziegel und die mineralischen Fugenmörtel umfassen [3, 4,]. Die geleisteten Forschungsarbeiten zeigten, daß in der überwiegenden Mehrzahl der bekannten Verwitterungsmechanismen dem Feuchtegehalt des betreffenden Baustoffes eine entscheidende Bedeutung zukommt. Um die fortschreitende Zerstörung der Werkstoffe zu verhindern, beinhalten konservierende Maßnahmen stets auch den Schutz des Werkstoffes gegen eine hohe Feuchtebelastung [3, 6, 7, 8, 9, 10].

1. Verwitterung mineralischer Baustoffe

In der folgenden Zusammenstellung sollen die wichtigsten Mechanismen der Verwitterung mineralischer Baustoffe aufgezeigt werden, welche nur im Zusammenhang mit hohen Feuchtegehalten des Baustoffes auftreten bzw. durch Feuchtebewegungen ausgelöst werden.

Schwinden und Quellen

Die hygrischen Längenänderungen, die durch Trocknen bzw. Aufnahme von Wasser aus der Umgebung entstehen, können besonders bei solchen Natursteinen zu einer starken Beanspruchung führen, die Tonminerale enthalten. In Langzeitversuchen an verschiedenen Sandsteinen konnte eine Beziehung gefunden werden zwischen dem zeitlichen Verlauf des Quellens und der Verwitterungsbeständigkeit des Materials. Die durch die Wasseraufnahme reduzierte innere Kohäsion konnte durch eine deutlich reduzierte Druckfestigkeit »wasserempfindlicher« Sandsteine bei der Prüfung im feuchten Zustand beobachtet werden [11].
Besonders starke Verwitterungen an Natursteinen wurden jeweils in Bereichen wechselnder Durchfeuchtung beobachtet. Obwohl zusätzliche Einflüsse wie Salzkristallisation oder Frostbeanspruchung auch dazu beitragen können, muß eine Ermüdungsbeanspruchung durch wiederholte Befeuchtung und Trocknung angenommen werden [12].
Schwind- und Quellvorgänge treten jedoch nicht nur auf bei Natursteinen, die Tonminerale enthalten. Über Kapillardrücke und Veränderungen der Oberflächenspannungen werden feuchteabhängige Dehnungen bei allen porösen Materialien hervorgerufen, die wechselnden Feuchtebedingungen unterliegen [13].

Frostbeanspruchung

Beim Phasenübergang vom flüssigen Wasser zum Eis tritt eine Volumenexpansion um ca. 9,1 % ein. Bei fehlendem Expansionsraum während der Eisbildung werden auf das umgebende Material hohe Drücke ausgeübt, die zu Absprengungen führen.

Die Schädigung von mineralischen Baustoffen durch Frosteinwirkung, von der nicht nur die Natursteine, sondern auch Ziegel und Mörtel betroffen sind, ist direkt mit dem Wassergehalt des porösen Stoffes verknüpft. Steht dem in den unterschiedlichen Porenräumen adsorbierten oder kondensierten Wasser noch ausreichend Expansionsraum zur Verfügung, wird i. a. keine Schädigung durch Eisbildung eintreten. Weniger durch die Aufnahme von Wasser aus der Umgebungsluft als vielmehr durch Kontakt mit flüssigem Wasser, wie direkte Beregnung, oder durch aufsteigende Bodenfeuchte infolge von Kapillarkräften, kommt es jedoch zunehmend zur vollständigen Sättigung des verfügbaren Porenraumes mit Wasser auch bei größeren Poren. Bei einsetzendem Frost bewirkt die Eisbildung in den Porenräumen dann eine Sprengwirkung, die als typisches Schadensbild zu schalenförmigen Ablösungen führt.

Über die Kondensation des Wassers in den Porenräumen steht der Widerstand gegen eine Frostbeanspruchung in enger Beziehung zu der Porenstruktur der mineralischen Baustoffe. Untersuchungen an Natursteinen zeigten, daß sowohl Steine mit überwiegend sehr feinen Poren als auch Steine mit vorwiegend groben Poren durch Frostbeanspruchung gefährdet sind. Eine gute Frostbeständigkeit konnte dagegen bei Steinen mit einem breiteren Porenspektrum beobachtet werden [3].

Sulfatangriff

Die mit der Industrialisierung stetig angewachsene Belastung der **Atmosphäre** mit Schadstoffen führte zu einer verstärkten chemischen bzw. chemisch/physikalischen Beanspruchung der Baustoffe in Bauwerken, die direkt der freien Bewitterung ausgesetzt sind. Für viele Natursteinarten und die mineralischen Fugenmörtel kommt den schwefelhaltigen Verbindungen in der Atmosphäre besondere Bedeutung zu. Durch Austauschreaktionen mit kalziumhaltigen Bestandteilen der Baustoffe können als sog. Sulfatisierung Kalziumsulfate in den oberflächennahen Porenräumen gebildet werden. Aufgrund der dabei eintretenden Volumenvergrößerung des Feststoffes treten Treiberscheinungen auf, die das Gefüge des Baustoffes auflockern [14].

Untersuchungen über die Transportmechanismen des Sulfates haben gezeigt, daß der überwiegende Anteil des auf die Bauwerke einwirkenden Sulfates gasförmig oder durch die Luft als Feststoff transportiert wird (Aerosol); sehr viel geringer dagegen ist der in den Niederschlägen gelöste Anteil (saurer Regen) [12].

Für die Schädigung von Baustoffen muß neben dem angelieferten Sulfat jedoch noch eine ausreichende Menge an Feuchtigkeit vorhanden sein. Beobachtungen an Bauwerken haben gezeigt, daß trotz einer hohen Sulfatkonzentration an den Oberflächen der Baustoffe keine gravierende Schädigung auftrat, wenn das Bauteil nicht der direkten Beregnung ausgesetzt war bzw. nicht im Bereich kapillar aufsteigender Bodenfeuchte lag. Bei gleichzeitiger Einwirkung von Feuchte und Sulfat traten jedoch bis tief unter die Oberfläche Gefügeauflockerungen und Ablösungen auf, die durch die Bildung expansiver Gipsphasen verursacht wurden. Der Feuchtegehalt des Baustoffes führte somit durch Lösung und Verteilung des Sulfates im Baustoff erst zu den beobachteten Schäden [12].

Salzbelastung

In der Literatur werden als häufig auftretende bauschädliche Salze Natriumkarbonat, Natriumchlorid, Natriumsulfat, Magnesiumsulfat und Calciumnitrat aufgeführt [14, 15].

Die Wechselwirkung der Salze mit der Bauwerksfeuchte führt zu zwei Mechanismen, die zu unterscheiden sind. Im Bereich niedriger

relativer Luftfeuchte (Wasserdampfpartial-
druck) wird bei wechselnden Feuchtebedingungen zunächst Wasser in die Kristallstruk-
tur der Salze eingebaut bzw. ausgelagert, indem verschiedene Hydratstufen gebildet werden. Nachdem in einem vorliegenden Salz die
höchste Hydratstufe erreicht wurde, geht bei
weiterem Feuchteangebot das Salz in Lösung,
wobei zunächst eine gesättigte Lösung mit Bodenkörper vorliegt. Solange der Wasserdampf-
partialdruck der Lösung kleiner ist als der
Dampfdruck der Umgebung, wird die hygroskopische Wasseraufnahme des Salzes fort-
schreiten, wobei zunächst der verbliebene Bodenkörper aufgelöst wird. Die Anlieferung des
Wassers wird dabei durch osmotische Effekte
unterstützt. Wird dem Baustoff Wasser durch
scharfe Trocknungsbedingungen entzogen,
laufen die Vorgänge in umgekehrter Reihenfolge ab.

Die Löslichkeit der verschiedenen Salze ist
weiterhin von der Temperatur abhängig. Lösen bzw. Auskristallisieren kann somit auch
bei konstanten Feuchtebedingungen, jedoch
wechselnder Temperaturbeanspruchung erfolgen.

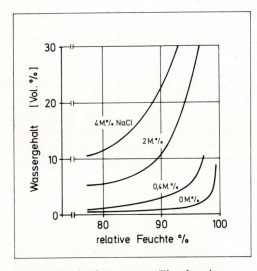

1   Sorptionsisothermen von Ziegeln mit
unterschiedlicher Salzbelastung nach
WINKLER [26]

Die Folgen einer hohen Salzbelastung liegen
zunächst darin, daß die Gleichgewichtsfeuchte des Baustoffes um ein Vielfaches über der
natürlichen Gleichgewichtsfeuchte des Baustoffes liegt, so daß eine ständige Durchfeuchtung des Baustoffes beobachtet wird.

Als Beispiel werden in Abb. 1 die Sorptionsisothermen von Ziegeln gezeigt, die mit unterschiedlichen Gehalten an löslichem Natriumchlorid (NaCl) belastet wurden. Mit zunehmendem Salzgehalt wird demnach der mit
den äußeren Feuchtebedingungen im Gleichgewicht stehende Wassergehalt der Ziegel
stark erhöht.

Oberflächen zeigen an, daß bei Trocknungs-
vorgängen Salze an der Oberfläche bzw. in den
Randzonen auskristallisierten. Laufen in den
Porenräumen im Innern des Baustoffes Kri-
stallisationsvorgänge bzw. Umwandlungen in
den Hydratstufen ab, kann schließlich der
Werkstoff durch die dabei auftretenden hohen
Kristallisationsdrücke, die bis zu 200 N/mm^2
betragen können, zerstört werden [3, 15, 16].

Neben der Einführung der Salze in den Baustoff aus der Umgebung können wasserlösliche bzw. austauschfähige Salze häufig Bestandteil der Baustoffe, z. B. von Ziegeln sein.
Besonders gefährdet erscheinen Ziegel, die bei
niedriger Brenntemperatur hergestellt wurden.

Organismen

Der Befall von Baustoffen durch Organismen
niedriger und höherer Ordnung setzt einen
Mindestgehalt an dauernd vorhandener Eigenfeuchte des Baustoffes voraus. Nach
TADA [17] liegt die Mindestfeuchte zur Schim-
melbildung bei einer Ausgleichsfeuchte mit
ca. 70 % rel. Luftfeuchte, während für das
Wachstum von Hefe- und Bakterienkulturen
ca. 85 - 90 % rel. Luftfeuchte angegeben werden. Pflanzen höherer Ordnung erfordern einen Wassergehalt, der sich erst bei Ausgleich
mit einer Luftfeuchte ≥ 99 % bzw. bei Kontakt
mit flüssigem Wasser einstellt.

Bei der Ausbreitung des Wurzelgeflechtes von
Pflanzen in den Baustoff werden punktuell

hohe Drücke auf den Baustoff ausgeübt, vorhandene Spalten und Risse können verbreitert und damit das Gefüge aufgelockert werden. Der Pilz- oder Bakterienbefall kann über die Stoffwechselprodukte bzw. Zersetzungsprodukte dieser Organismen durch Freisetzung von Schwefelverbindungen den Baustoff schädigen.

2. Der Feuchtehaushalt poröser mineralischer Baustoffe

Poröse mineralische Baustoffe streben ein hygrisches Gleichgewicht mit den äußeren Umgebungsbedingungen an, indem je nach Höhe des Wasserdampfpartialdruckes der umgebenden Atmosphäre Wasserfilme an der inneren Oberfläche des Baustoffes adsorbiert bzw. desorbiert werden. Das sich einstellende Gleichgewicht ist eine Funktion des Wasserdampfpartialdruckes, der Temperatur und der Porenstruktur des Feststoffes.

Ein wesentlich höherer Wassergehalt als die natürliche Gleichgewichtsfeuchte kann durch den direkten Kontakt des Baustoffes mit flüssigem Wasser verursacht werden, indem Kapillarkräfte das Wasser in den Baustoff aufsaugen. Enthält das aufgenommene Wasser Verunreinigungen, z. B. gelöste Salze, wird als Folge auch die hygrische Gleichgewichtsfeuchte des Baustoffes gestört.

Adsorption und Desorption

An den freien Oberflächen von Festkörpern wirken Kräfte, die zu einer Belegung der Oberfläche mit Molekülen aus dem umgebenden Gasraum führen. Bei der sogenannten Physisorption sind dabei die schwachen van-der-Waalskräfte für die Adsorption verantwortlich. Die Menge der an der Oberfläche angelagerten Teilchen hängt ab von der Konzentration (bzw. dem Partialdruck) der betreffenden Phase im Gasraum. Während ein niedriger Partialdruck zur Anlagerung weniger Teilchen führt, werden mit zunehmender Konzentration schließlich geschlossene Filme mit einer

Dicke von mehreren Moleküllagen gebildet, bis in engen Porenräumen schließlich Kapillarkondensation eintritt [18]. Die auf die adsorbierten Teilchen wirkenden Kräfte nehmen dabei mit zunehmendem Abstand von der Festkörperoberfläche ab [13].

Die reine Physisorption ist ein reversibler Prozess, der ohne nennenswerte Energiezufuhr ablaufen kann. Eine Reduzierung der Konzentration einer Phase im Gasraum führt dabei zur Desorption. Die an den Oberflächen des Festkörpers angelagerten Teilchen treten wieder in den Gasraum über, bis sich ein neues dynamisches Gleichgewicht zwischen Gasraum und den adsorbierten Teilchen eingestellt hat. Die Desorption kann auch durch eine Energiezufuhr, z. B. eine Temperaturerhöhung, eingeleitet werden. Bei gegebenem Partialdruck des Adsorbates ist die Menge der adsorbierten Teilchen somit auch vom jeweiligen Temperaturniveau abhängig. Wird die an einen Feststoff angelagerte Adsorbatmenge bei einer gegebenen Temperatur über der Konzentration des Adsorbates aufgetragen, so erhält man die Sorptionsisotherme. Bei gegebener Konzentration des Adsorbates im Gasraum und fester Temperatur ist die von einem Feststoff aufgenommene Adsorbatmenge dann eine Funktion der inneren Oberfläche und der Porenstruktur des Feststoffes. Die Sorptionsisotherme ist somit ein charakteristisches Merkmal eines porösen Feststoffes.

Die porösen mineralischen Baustoffe stehen in Kontakt mit der natürlichen Atmosphäre, die als Adsorbat Wasserdampf enthält. Entsprechend den äußeren klimatischen Bedingungen sind im Inneren der porösen Baustoffe somit stets gewisse Mengen an Wasser vorhanden. Dieser, mit der natürlichen Atmosphäre im Gleichgewicht stehende Feuchtegehalt wird als Eigenfeuchte des Baustoffes bezeichnet. In Form von Sorptionsisothermen ist dieser Eigenfeuchtegehalt für verschiedene Sandsteine in Abb. 2 dargestellt [11].

Bei einer Veränderung der klimatischen Umgebungsbedingungen wird der Gleichgewichtszustand im Inneren des Baustoffes gestört, und ein neuer Gleichgewichtszustand wird angestrebt. Um dieses neue Gleichgewicht zu erreichen, müssen überschüssige Wassermengen nach außen abgegeben, bzw. Wasser aus der Umgebung in das Innere des Baustoffes aufgenommen werden. Der Transport dieses Wassers erfolgt durch zusammenhängende Porenräume im Feststoff auf dem Wege der Diffusion von Wassermolekülen. Die Geschwindigkeit dieses Diffusionsprozesses hängt primär von dem Gradienten der Feuchtekonzentration und der Porenstruktur des Feststoffes ab. Mit Hilfe des Difffusionskoeffizienten, der als Materialparameter die Stoffleiteigenschaften des Baustoffes beschreibt, können die Feuchtebewegungen im Baustoff durch das 2. Fick'sche Diffusionsgesetz mathematisch beschrieben werden:

$$(1) \quad \frac{\partial C}{\partial t} = \frac{\partial}{\partial x} \left(D\ (c)\ \frac{\partial c}{\partial x} \right)$$

mit   C = Feuchtekonzentration
       D = Diffusionskoeffizient
       x = Wegkoordinate
       t = Zeit

Der Diffusionskoeffizient D ist für Wasser als transportiertes Medium häufig eine Funktion der Feuchtekonzentration C, und ist bei inhomogenem Aufbau des Baustoffes, z. B. bei geschädigten Randzonen, darüber hinaus auch von der Wegkoordinate x abhängig. Zusätzlich sind Diffusionsvorgänge temperaturabhängig.

Die Diffusionsvorgänge beanspruchen i. a. große Zeiträume zur Einstellung von Gleichgewichtsbedingungen, insbesondere dann, wenn es sich um dicke Bauteile handelt. Die Baustoffe reagieren daher träge auf wechselnde Umgebungsbedingungen. Zur Beurteilung einer durchgeführten Feuchteschutzmaßnahme ist daher zu beachten, daß Trocknungsprozesse auch nach mehreren Jahren noch nicht abgeschlossen sind.

Kapillaraktivität

Stehen poröse Baustoffe in direktem Kontakt mit flüssigem Wasser, z. B. Fundamente in Grundwasser führenden Schichten, kann das Wasser in ein vorhandenes kontinuierliches Porensystem aufgenommen werden. Neben einer Permeation des Baustoffes, die sich aufgrund eines hydrostatischen Druckes ergibt, steigt das Wasser auch in engen Porenräumen über Kapillarkräfte auf. Die Steighöhe des Wassers und die Geschwindigkeit der Wasseraufnahme hängen ab von der Benetzbarkeit des Baustoffes und dem Durchmesser der kontinuierlichen Porenräume. Dieser Zusammenhang wird mathematisch in der Washburn-Beziehung zum Ausdruck gebracht [20]:

$$(2) \quad V = \frac{r \cdot \sigma \cdot \cos \Theta}{4 \cdot \eta \cdot x}$$

bzw.

$$(3) \quad x = \sqrt{\frac{r \cdot \sigma \cdot \cos \Theta}{2\eta}} \cdot \sqrt{t}$$

mit   v = Eindringgeschwindigkeit
       r = Kapillarradius
       σ = Oberflächenspannung
       Θ = Benetzungswinkel
       η = Viskosität
       x = Wegkoordinate
       t = Zeit

Gleichung (3) drückt dabei die bei Aufsaugversuchen beobachtete   Abhängigkeit der Wasseraufnahme von kapillarporösen Stoffen aus.

Die maximale Steighöhe x_{max} wird erreicht, wenn die Kapillarkräfte mit der Masse der aufgesogenen Wassersäule im Gleichgewicht stehen:

$$(4) \qquad x_{max} = \frac{2\,\sigma \cdot \cos\Theta}{r \cdot \rho \cdot g}$$

mit ρ = Dichte von Wasser
       g = Erdbeschleunigung

Nach Gleichung (4) wächst die kapillare Steighöhe mit fallendem Porenradius. Bei den in porösen Baustoffen vorliegenden engen Porenräumen ergeben sich theoretisch mögliche Steighöhen von mehreren Metern. In der Praxis wurden aber nur Steighöhen bis 2 m beobachtet, da sich ein Gleichgewicht einstellt zwischen der kapillar aufsteigenden Feuchte und einer Austrocknung des befeuchteten Bauteiles über die freien Außenflächen [8]. Werden im Zuge von Sanierungsmaßnahmen die Außenflächen mit einer Überzugsschicht versehen, z. B. dichte Putze oder Anstriche, so wird die Austrocknung behindert und es stellen sich wesentlich höhere kapillare Steighöhen ein.

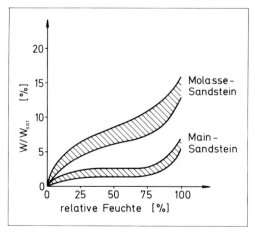

2 Sorptionsisothermen für Sandsteine nach FELIX [11]

Osmose

Über die Kapillaraktivität können wasserlösliche Salze in den porösen Baustoff eingeführt werden, indem anstelle reinen Wassers Lösungen kapillar im Baustoff aufsteigen. In der Verdunstungszone der aufsteigenden Feuchte tritt eine Anreicherung des Baustoffes mit den gelösten Salzen ein, da das Wasser nach außen abgeführt werden kann, die ursprünglich gelösten Salze jedoch im Baustoff zurück bleiben. Die in den Baustoff eingeführten Salze stören nachhaltig das hygrische Gleichgewicht mit der Umgebung, da sie beträchtliche Mengen an Wasser anlagern können. Oben wurde bereits über den Einbau von Wasser in die verschiedenen Hydratstufen berichtet. Für den absoluten Feuchtegehalt des Baustoffes ist jedoch die Löslichkeit der Salze in Wasser von Bedeutung.

Nach der Bildung von Hydratstufen mit dem höchst möglichen Wassergehalt wird bei weiterem Feuchteangebot das Salz in eine wässrige Lösung übergehen, wobei zunächst eine gesättigte Lösung mit Bodenkörper vorliegt. Die Aktivität der Wassermoleküle in der Salzlösung ist dabei i. a. wesentlich kleiner als in reinem Wasser ($p/p_s = 1$). Aus Bereichen höherer Aktivität der Wassermoleküle wird das Wasser in die Salzlösung transportiert, um die Lösungskonzentration zu reduzieren. Über die Bildung von Salzlösungen führt ein hoher Salzgehalt des Baustoffes somit gleichzeitig zu einem hohen absoluten Wassergehalt [15]. Der Transport der Wassermoleküle erfolgt i. a. über Diffusion. In nachfolgender Tabelle 1 sind einige wichtige, in Bauwerken häufig anzutreffende hygroskopische Salze zusammengestellt, wobei für jedes Salz der Dampfdruck über der gesättigten Lösung p/p_s sowie die Löslichkeit des Salzes in Wasser angegeben sind [21]. Die angegebenen Löslichkeiten geben Anhaltswerte für eine mittlere Temperatur im Bereich von 20 - 30 °C.

Salz	Dampfdruck über der gesättigten Lösung	Löslichkeit g/100 cm^3 Wasser
NaCl	0,753	35
CaCl$_2$· 6H$_2$O	0,31	540
NH$_4$Cl	0,72	40
MgSO$_4$· 7H$_2$O	0,886	71
Na$_2$SO$_4$· 10 H$_2$O	0,93	92
(NH$_4$)$_2$SO$_4$	0,75	80
Ca(NO$_3$)$_2$· 4H$_2$O	0,505	660
Na$_2$CO$_3$· 10H$_2$O	0,92	100

Feuchteschutzmaßnahmen

Die Sanierung von Bauwerken und Bauteilen, die einen dauernd einwirkenden hohen Durchfeuchtungsgrad aufweisen, umfaßt die Abführung der bereits im Bauwerk vorhandenen Feuchte und den Schutz vor einer erneuten Durchfeuchtung.

Der Feuchteschutz von Bauwerken ist seit vielen Jahren Gegenstand von Sanierungs- und Konservierungsmaßnahmen, wobei eine Vielzahl von verschiedenartigen Maßnahmen in der Praxis eingesetzt wurden. Anhand der von VOGELEY [2] zusammengestellten Untersuchung über Arbeitstechniken, die im Laufe von 8 Jahrzehnten an einem einzigen geschädigten Objekt erfolglos eingesetzt wurden, wird deutlich, daß derzeit der Feuchteschutz noch mit erheblichen Unsicherheiten behaftet ist und Mißerfolge fast den Regelfall darstellen. Ohne im Detail auf die einzelnen, auch in der Literatur ausführlich dargestellten Verfahren einzugehen, soll die noch bestehende Unsicherheit am Beispiel der Elektrophorese als Instrument der Mauerwerksentfeuchtung aufgezeigt werden. Während von RICHTER und SCHIMMELWITZ [22] die elektrokinetischen Verfahren als wirksame Schutz- und Entfeuchtungsmaßnahmen dargestellt werden, zeigte WITTMANN [23] aufgrund von theoretischen Überlegungen und eigenen Versuchen die Untauglichkeit dieser Technik auf.

Auch der in jüngerer Zeit eingesetzten Technik, hygroskopische Salze in Baustoffen in wasserunlösliche Verbindungen zu überführen [24], stehen noch Vorbehalte gegenüber, die sich auch aus der Toxizität der Produkte ergeben.

Die noch bestehenden erheblichen Unsicherheiten auf diesem Gebiet der Bauwerkssanierung sind vornehmlich auf die in der Vergangenheit geübte empirische Vorgehensweise zurückzuführen. Systematische Untersuchungen über den Feuchtehaushalt der in historischen Bauwerken eingesetzten Baustoffe sowie eine theoretische Behandlung von Transportvorgängen bei der Be- und Entfeuchtung sind nur in geringem Umfang durchgeführt worden (z. B. [25]).

Literatur:

[1] K. PIEPER, Sicherung historischer Bauten. Berlin 1983

[2] Sicherung historischer Bauten – Dokumentation der Fachtagung in Bad Homburg – (= Aus Forschung und Lehre, Heft 13) Institut für Tragkonstruktionen, Universität Karlsruhe. Karlsruhe 1981

[3] P. ROSSI-DORIA, Pore structural analysis in the field of conservation: State of the art and future developments. RILEM-Symposium »Principals and application of pore structure characterization«. Milan 1983

[4] G. BARONIO und L. BINDA, Sulla durabilità dei laterizi in ambiente aggressivo. Proc. 6. th. I B Mac. Rom 1982

[5] W. GRIMM, Naturwerksteine und ihre Verwitterung an Münchener Fassaden und Denkmälern. Internationales Kolloquium »Werkstoffwissenschaften und Bausanierung«, TA Esslingen 1983

[6] D. KNÖFEL, Bautenschutz mineralischer Baustoffe. Wiesbaden und Berlin 1979

[7] D. KNÖFEL, Imprägnierung poröser mineralischer Baustoffe. In: Das Baugewerbe (1980) H. 5

[8] H. WEBER, Trockenlegung historischer Gebäude. In: Bautenschutz und Bausanierung 4 (1981) H. 1

[9] G. RUFFERT, Sanieren von Baudenkmälern. Düsseldorf 1981

[10] Feuchtigkeitsschutz und Feuchtigkeitsschäden an Außenwänden und erdberührten Bauteilen. Aachener Bausachverständigentage 1983

[11] C. Felix, Sandstone linear swelling due to isothermal water sorption. Internationales Kolloquium »Werkstoffwissenschaften und Bausanierung«, TA Esslingen 1983

[12] V. Furlan und F. Girardet, Consideration on the rate of accumulation and distribution of sulphorous pollutants in exposed stones. Internationales Kolloquium »Werkstoffwissenschaften und Bausanierung«, TA Esslingen 1983

[13] M. J. Setzer, Einfluß des Wassergehaltes auf die Eigenschaften des erhärteten Betons. DAfStb, Heft 280, Berlin

[14] D. Knöfel, Schäden und Oberflächenschutz an Fassaden. Aachener Bausachverständigentage 1983

[15] H. Weber, Die Bestimmung der hygroskopischen Feuchtigkeitsaufnahme an Ziegeln. Internationales Kolloquium »Werkstoffwissenschaften und Bausanierung«, TA Esslingen 1983

[16] M. Buil, Thermodynamic and experimental study of the crystallization pressure of water soluble salts. Internationales Kolloquium »Werkstoffwissenschaften und Bausanierung«, TA Esslingen 1983

[17] S. Tada, Moisture and microstructure characterization of porous building materials. Internationales Kolloquium »Werkstoffwissenschaften und Bausanierung«, TA Esslingen 1983

[18] K. Haufe und R. Morrison, Adsorption – Eine Einführung in die Probleme der Adsorption. Berlin und New York 1974

[19] H. Klopfer, Wassertransport durch Diffusion in Feststoffen. Wiesbaden und Berlin 1974

[20] H. Dorner, Beton-Imprägnierungen und Frost-Tausalzbeständigkeit von jungem Luftporenbeton. In: Forschung Straßenbau und Straßenverkehrstechnik, H. 312, 1980

[21] Handbook of Physics and Chemistry. Boca Raton [63] 1982

[22] H. Richter und P. Schimmelwitz, Untersuchung von Verfahren zur Trockenlegung von Mauerwerk. In: Bauphysik (1980) H. 6

[23] F. H. Wittmann, Zeta-Potential und Feuchtigkeitstransport durch poröse Werkstoffe. Internationales Kolloquium »Werkstoffwissenschaften und Bausanierung«, TA Esslingen 1983

[24] H. G. Meier, Untersuchung der Möglichkeit der Umwandlung leicht löslicher baustoffschädigender Salze in praktisch unlösliche Verbindungen, um die Salzeinwanderung in frisch angebrachte hydrophobe Porenputze zu behindern. Internationales Kolloquium »Werkstoffwissenschaften und Bausanierung«, TA Esslingen 1983

[25] A. N. Kalimeris und C. Hall, Absorption and desorption of water by porous building materials. Internationales Kolloquium »Werkstoffwissenschaften und Bausanierung«, TA Esslingen 1983

[26] E. M. Winkler, Stone: Properties, Durability in Man's Environment. Wien und New York [2] 1975

EIGENE VORARBEITEN

In der Abteilung Baustofftechnologie des Institutes für Massivbau und Baustofftechnologie wurden der Dauerhaftigkeit zementgebundener Werkstoffe umfangreiche experimentelle und theoretische Untersuchungen gewidmet, die sich auf den Transport von Wasser und wässrigen Lösungen durch kapillarporöse Baustoffe konzentrierten.

Experimentelle Untersuchungen zeigten, daß die Karbonatisierung von zementgebundenen Baustoffen zu einer weitreichenden Veränderung der Porenstruktur der Zementsteinmatrix führte. Die eingetretenen Strukturveränderungen wirkten sich auf den Feuchtehaushalt der Werkstoffe aus, indem die spezifische Eigenfeuchte deutlich reduziert wurde. Auch die Transportkoeffizienten für die Diffusion (Diffusionskoeffizient) und die Permeation (Permeabilität) von Wasser wurden i. a. durch die eingetretene Strukturverdichtung reduziert und damit die Feuchtebewegungen behindert. Mit Hilfe experimentell bestimmter Werkstoffkennwerte wie Sorptionsisothermen und den konzentrationsabhängigen Diffusionskoeffizienten wurden Austrocknungsverläufe von Betonproben mit FE-Berechnungen theoretisch nachvollzogen [27].

Weitere Forschungsarbeiten befassen sich mit der Wechselwirkung von Oberflächendichtungen auf porösen mineralischen Baustoffen mit dem Feuchtehaushalt. Spezielle Beachtung in diesen Untersuchungen finden kapillare Transportvorgänge und osmotische Effekte. Zur mathematischen Modellierung von Korrosionsvorgängen in zementgebundenen Werkstoffen werden derzeit Transportvorgänge in Zementstein und Mörtel für Wasser und Salzlösungen untersucht. Das Ziel der experimentellen Untersuchungen liegt in der Bestimmung von Transportkoeffizienten für die Diffusion, Permeation und Kapillaraktivität, mit deren Hilfe der Korrosionsfortschritt durch Massenbilanzgleichungen beschrieben werden soll. Weitere Arbeiten befassen sich mit der Verfestigung von oberflächennahen

Randbereichen von Beton und Mörtel durch eine anorganische alkalische Imprägnierung [28].

Über die Wirksamkeit von Imprägnierungen als Schutzmaßnahmen wurden Literaturstudien durchgeführt [29].

Seit Jahren ist das Institut mit der Analyse und Sanierung von Feuchteschäden in Bauwerken betraut.

Literatur:

[27] J. Kropp, Karbonatisierung und Transportvorgänge in Zementstein. Diss. Universität Karlsruhe, 1983

[28] B. Allers, Verdichtung von Betonrandzonen durch Karbonatisierung. Diplomarbeit am Institut für Baustofftechnologie. Universität Karlsruhe, 1982

[29] J. Kropp und H. K. Hilsdorf, Imprägnieren von Betonrandzonen. Bericht zum BMFT-Forschungsvorhaben »Spätschäden an Spannbetonbauteilen – Prophylaxe, Früherkennung, Behebung«. Karlsruhe 1982

ZIELE, METHODEN, ARBEITSPROGRAMM UND ZEITPLAN

Das Ziel des ersten Arbeitsabschnittes, der sich über den Zeitraum von 2 1/2 Jahren erstreckt, liegt in der realistischen Beschreibung des Feuchtehaushaltes von mineralischen Baustoffen in ihrer natürlichen Umgebung. Um Feuchtebewegungen im Bauteil rechnerisch nachzuvollziehen, müssen daher für verschiedene Baustoffe die spezifische Eigenfeuchte sowie die Transportkoeffizienten für Diffusion, Permeation und Kapillaraktivität experimentell bestimmt werden. Diese Untersuchungen müssen auch explizit den Einfluß von gelösten Salzen im Baustoff beinhalten. Bei Kenntnis dieser Materialparameter soll dann der Feuchtetransport rechnerisch nachvollzogen werden. Durch solche Berechnungen kann die Wirksamkeit verschiedener Feuchteschutzmaßnahmen theoretisch beurteilt werden, bevor weitreichende Eingriffe am tatsächlichen Bauwerk durchgeführt werden.

1. Bestimmung der spezifischen Eigenfeuchte

Für verschiedene mineralische Baustoffe wie Wandbausteine und Fugenmörtel werden Sorptionsisothermen für Wasserdampf aufgezeichnet. Dazu werden dünne Probenscheiben über verschiedenen gesättigten Salzlösungen gelagert. Nach Einstellung der Gleichgewichtsfeuchte wird der absolute Wassergehalt gravimetrisch bestimmt. Aufgrund der häufig auftretenden Hysterese der Sorptionsisothermen muß der Eigenfeuchtegehalt sowohl bei Adsorption als auch bei Desorption ermittelt werden.

Die Auswahl des Probenmaterials erfolgt anhand der dem Sonderforschungsbereich zur Verfügung stehenden historischen Bauten als Untersuchungsobjekte. Soweit möglich, sollen aus diesen Objekten die zu untersuchenden Proben entnommen werden. Zur Beurteilung ihrer Eigenfeuchte müssen die aus Bauwerken entnommenen Proben auch bezüglich der Salzbelastung analysiert werden. Es wird daher versucht, vom gleichen Werkstoff sowohl salzbeladene Proben als auch solche ohne Salze zu gewinnen.

Der Umfang der Prüfungen richtet sich nach der Vielzahl der vorliegenden Baustoffe. Geplant ist die Einbeziehung von ca. 6 verschiedenen Steinarten und ca. 3 Mörteln.

2. Bestimmung von Transportkoeffizienten

Für die ausgewählten Baustoffe werden Koeffizienten, die den Feuchtetransport beschreiben, experimentell bestimmt. Als Transportmechanismen werden die Diffusion, die Permeation und die kapillare Saugfähigkeit untersucht.

Bestimmung von Diffusionskoeffizienten

Die Diffusionskoeffizienten für Wasserdampf werden in Anlehnung an DIN 52 615 bestimmt [30], wobei zwei unterschiedliche Klimate durch den zu untersuchenden Baustoff getrennt werden.

Dazu wird eine scheibenförmige Baustoffprobe auf eine Schale aufgeklebt, in der eine gesättigte Salzlösung mit Bodenkörper die Feuchtekonzentration an der Probenunterseite reguliert. An der Probenoberseite liegt eine vom Innern des Gefäßes abweichende Feuchtekonzentration an. Der im Konzentrationsgefälle durch den Baustoff hindurchtretende

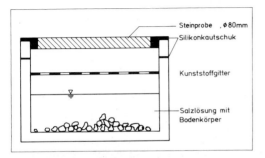

3 Versuchsanordnung zur Bestimmung der Diffusionskoeffizienten für Wasserdampf

Wasserdampfdiffusionsstrom wird gravimetrisch erfaßt. Abb. 3 zeigt eine Prinzipskizze des Versuchsaufbaues.

Da der Diffusionskoeffizient für Wasserdampf insbesondere bei feinporösen Baustoffen eine ausgeprägte Abhängigkeit von der örtlichen Feuchtekonzentration zeigt, müssen die Diffusionskoeffizienten in verschiedenen, eng gestaffelten Feuchteintervallen bestimmt werden. Die experimentelle Vorgehensweise wurde von WINKLER [26] ausführlich beschrieben.

Aufgrund von vorliegenden Konzentrationsunterschieden werden auch gelöste Salze durch Diffusionsvorgänge im Baustoff transportiert. Für verschiedene, häufig in Bauwerken vorkommende Salze sollen daher auch die Diffusionskoeffizienten des Salztransportes bestimmt werden. Dazu wird die Salzmenge bestimmt, die durch eine scheibenförmige, zwei Lösungen mit unterschiedlicher Konzentration trennende Baustoffprobe hindurchtritt.

Bestimmung der Permeabilität

Im Gegensatz zur Diffusion des Wassers, bei der die Wassermoleküle im Gasraum der Poren bzw. in dünnen Wasserfilmen entlang den Porenwandungen transportiert werden, wird bei der Permeation eines porösen Stoffes nach D'ARCY ein gesättigter Kapillarfluß in den kontinuierlichen Porenräumen vorausgesetzt.

Zur experimentellen Bestimmung von Permeabilitätskoeffizienten werden Baustoffproben so mit Druckwasser beaufschlagt, daß ein Druckgefälle über die Probendicke aufgebaut wird. Der bei stationären Strömungsverhältnissen durch die Querschnittsfläche der Probe hindurchtretende Volumenstrom wird zur Berechnung des Permeabilitätskoeffizienten herangezogen. Der Versuchsaufbau ist von KROPP [27] ausführlich beschrieben.

Neben reinem Wasser als transportiertes Medium werden auch unterschiedliche Salzlösungen verschiedener Konzentration in diese Untersuchungen einbezogen. Vorgesehen ist die Prüfung von ca. 5 verschiedenen wässrigen Lösungen.

Bestimmung der Kapillaraktivität

Die kapillare Aufnahme von Wasser und wässrigen Lösungen durch einen Baustoff ergibt sich in Abhängigkeit von der Porenstruktur des Baustoffes und der Benetzbarkeit des Feststoffes durch Wasser bzw. die wässrige Lösung. Zur Beurteilung der Kapillaraktivität wird der zu untersuchende Baustoff mit der Probenunterseite in Kontakt mit Wasser bzw. einer wässrigen Lösung gebracht und das Aufsteigen der Lösung im Baustoff beobachtet. Entsprechend der Washburn-Beziehung ergibt sich die Steighöhe x in einer $\sqrt{t}$- Abhängigkeit; die Kapillaraktivität wird dabei durch einen Proportionalitätsfaktor a beschrieben.

$$x = a \sqrt{t}$$

Der Proportionalitätsfaktor a wird als Wasseraufnahmekoeffizient bezeichnet und stellt einen Werkstoffparameter dar.
An den ausgewählten Baustoffen wird die Kapillaraktivität gegenüber Wasser und ca. 5 verschiedenen Salzlösungen geprüft. Zu verschiedenen Zeitpunkten wird die Salzverteilung über die Probenhöhe untersucht.

3. Strukturuntersuchungen

Die hygrischen Eigenschaften der Baustoffe und die Transportkoeffizienten hängen in hohem Maße von der Porenstruktur der Baustoffe ab. Um die untersuchten Baustoffe bezüglich ihrer Struktur zu charakterisieren, werden die Gesamtporosität sowie die Porenradienverteilung mit verschiedenen Prüfverfahren ermittelt. Die Gesamtporosität kann z. B. mit Hilfe der Wasseraufnahme bzw. durch Druckwassersättigung und anschließende Ofentrocknung bestimmt werden. Bei leicht löslichen Bestandteilen, bzw. wenn Strukturveränderungen bei dieser Vorgehensweise zu beachten sind, bietet sich das Heliumpyknometer als Analyseninstrument an.

Die Porenradienverteilung wird mit Hilfe der Quecksilberdruckporosimetrie und durch Stickstoffadsorption nach dem BET-Verfahren ermittelt.
Durch die Korrelation von Strukturparametern mit den hygrischen Materialkennwerten soll schließlich ein vergleichsweise schnell zu ermittelndes Beurteilungskriterium für die Transportkoeffizienten geschaffen werden. Ein solches Beurteilungskriterium kann durch Kennwerte der Porosität, z. B. den Anteil einzelner Porengrößen an der Gesamtporosität, abgeleitet werden.

4. Theoretische Beschreibung des Feuchtehaushaltes von Bauteilen

Mit Hilfe der experimentell bestimmten Materialkennwerte wie der Feuchtespeicherkapazität ($\triangleq$ Sorptionsisotherme) und den einzelnen Transportparametern der Baustoffe sollen Befeuchtungs- und Austrocknungsvorgänge mathematisch formuliert und Modellrechnungen für einfache Bauteilgeometrien, z. B. Wände, durchgeführt werden.
Die Formulierung der Feuchtebilanz soll aufbauen auf der als 2. Fick'sches Diffusionsgesetz bekannten Differentialgleichung, für die bereits ein FE-Computerprogramm für zweidimensionale Transportprobleme vorliegt. Diese Gesetzmäßigkeit ist zu erweitern um den Feuchtetransport aufgrund einer gesättigten Kapillarströmung (Permeation und Kapillaraktivität) und Diffusionsvorgänge, die von osmotischen Effekten aufgrund unterschiedlicher Salzkonzentration im Baustoff ausgelöst werden.
Durch die Wahl der FE-Methode können vielseitige Randbedingungen und inhomogene Querschnitte, z. B. Wandbausteine und Mauerfugen, berücksichtigt werden.
Als Fernziel wird angestrebt, Feuchteschutzmaßnahmen als Teil von Sanierungsarbeiten durch Modellrechnungen auf ihre Tauglichkeit zu überprüfen.

[30] DIN 52 615 Bestimmung der Wasserdampfdurchlässigkeit von Bau- und Dämmstoffen,
     Ausgabe Juni 1973

ZEITPLAN

Untersuchungsbereich	1. Bewilligungszeitraum		
	1985	1986	1987
Aufnahme der Sorptionsisothermen			
Diffusion			
Permeation			
Kapillaraktivität			
Strukturanalysen			
Entwicklung des Rechenmodells			

STELLUNG DES PROJEKTES INNERHALB DES SFB

Im Teilprojekt B1 werden Probleme der Bauwerksfeuchte durch grundlegende Untersuchungen über die Feuchtebewegung in den porösen Baustoffen behandelt. Dazu werden an Proben, die aus historischen Bauwerken entnommen wurden, verschiedene Transportparameter experimentell bestimmt. Besondere Beachtung findet in diesen Untersuchungen der Einfluß hygroskopischer Salze. Als unmittelbares Ziel dieser Untersuchungen wird angestrebt, Feuchtebewegungen und Feuchtegleichgewichte von Bauteilen für verschiedene Randbedingungen rechnerisch nachzuvollziehen, indem die experimentell bestimmten Transportparameter als Eingabegrößen herangezogen werden. Durch das zu erarbeitende Rechenmodell können auch die unterschied-lichsten Sanierungs- und Feuchteschutzmaßnahmen theoretisch überprüft werden.

Die Ergebnisse dieses Teilprojektes liefern somit grundlegende Erkenntnisse für alle Teilprojekte, die sich mit der Schädigung, Sanierbarkeit und Sanierung historischer Bauwerke befassen bis hin zu den Fragen der Baugrundbeeinflussung durch Grundwasserabsenkung. In der ersten Phase des Gesamtprojektes sollen als Beispiele enger Zusammenarbeit die Projekte A 2, A 3, B 3 und B 4 herausgestellt werden. Das Teilprojekt B 1 wird weiterhin für alle Anschlußprojekte, die sich mit Korrosionsvorgängen, der Verfestigung von Baustoffen und prophylaktischen Maßnahmen befassen, notwendige Erkenntnisse liefern.

STAND DER ARBEITEN

Die experimentellen Untersuchungen wurden begonnen mit der Bestimmung von feuchtetechnischen Materialkennwerten an Natursteinen, die noch nicht im Bauwerk einer natürlichen Bewitterung bzw. Alterung durch chemisch physikalische Einflüsse ausgesetzt waren. Für diese Untersuchungen wurden uns verschiedene, ca. 1 m³ große Steinblöcke zur Verfügung gestellt, die aus bekannten und zur Restaurierung bzw. Rekonstruktion historischer Bauten häufig in Anspruch genommenen Natursteinvorkommen in Baden-Württemberg entnommen wurden. Die experimentellen Arbeiten wurden zunächst an den Natursteinen

- gelbbrauner Maulbronner Schilfsandstein
- gelbgeaderter Maulbronner Schilfsandstein
- rotgeflammter Maulbronner Schilfsandstein
- Gauinger Travertin

aufgenommen.

Zur Probenherstellung wurden aus den o. g. Natursteinblöcken Bohrkerne ⌀ 80 mm bzw. ⌀ 35 mm mit einer Länge bis zu 500 mm gezogen, die zur weiteren Probenvorbereitung zu Scheiben mit einheitlicher Dicke bzw. zu Zylindern mit konstanter Länge verarbeitet wurden.

An den verschiedenen Natursteinen wurde mit der Bestimmung folgender feuchtetechnischer Kennwerte begonnen:

- Diffusionskoeffizient für Wasserdampf
- Kapillare Wasseraufnahme
- Permeabilitätskoeffizient
- Sorptionsisothermen

Erste Zwischenergebnisse liegen bereits vor für den Diffusionskoeffizienten, die kapillare Wasseraufnahme und den Permeabilitätskoeffizienten. Zur Aufnahme der Sorptionsisothermen wurden einzelne Probenserien mit häufig in Bauwerken vorliegenden Salzen mit unterschiedlicher Konzentration belastet, um auch den Einfluß der Salzkonzentration auf die Materialfeuchte zu untersuchen. Da die Einstellung der Gleichgewichtsfeuchte lange Zeiträume von mehreren Monaten erfordert, liegen hierzu jedoch noch keine Ergebnisse vor.

Begleitend zu den feuchtetechnischen Materialkennwerten wurde die Porenstruktur der Natursteine untersucht. Dazu wurden die spezifische Oberfläche mit Hilfe der Stickstoffadsorption, die Porenverteilung durch Quecksilberdruckporosimetrie und die Reindichte mit dem Heliumpyknometer bestimmt.

Die theoretischen Arbeiten konzentrieren sich auf die Entwicklung eines Rechenmodells zur Beschreibung von Feuchtebewegungen in Bauteilen, die im Fundamentbereich mit Grundwasser oder Bodenfeuchte in Berührung stehen und über der Geländeoberkante einseitig der natürlichen Bewitterung ausgesetzt sind. In nachfolgender Skizze werden der Aufbau und die Randbedingungen des zu untersuchenden Bauteils dargestellt.

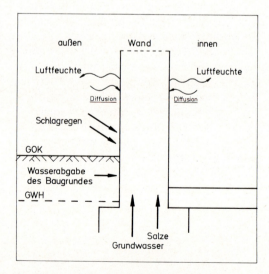

4 Geometrie und Randbedingungen für ein rechnerisch zu analysierendes Bauteil

Derzeit werden mit Hilfe eines Finite Element Programms Proberechnungen für homogene Wandaufbauten durchgeführt, wobei die feuchtetechnischen Materialparameter als Eingabedaten aus der Literatur entnommen wurden. Da entsprechende Materialparameter für Natursteine nicht bekannt sind, konnten diese Modellrechnungen bislang nur für moderne Baustoffe, z.B. Gasbeton durchgeführt werden.

Aus eigenen Versuchen über die kapillare Wasseraufnahme von Natursteinen wurden überschläglich Transportparameter für die Kapillarleitung abgeschätzt. Mit Hilfe dieser Eingabeparameter wurde die im Experiment beobachtete Wasseraufnahme von zylinderförmigen Probekörpern rechnerisch nachvollzogen, wobei verschiedene, in der Literatur veröffentlichte Modellvorstellungen über die Konzentrationsabhängigkeit des Feuchtetransportes überprüft wurden. In nachfolgendem Diagramm werden einige Rechnerergebnisse dem Experiment gegenübergestellt.

In der Fortführung der experimentellen Untersuchungen wird die Bestimmung der feuchtetechnischen Materialparameter auf zwei weitere Natursteinarten sowie Bauwerksproben aus der Schloßanlage Ludwigsburg ausgedehnt. Neben den Natursteinen werden dafür auch Proben des Außenputzes entnommen. Bei allen Proben wird der Einfluß von Salzen auf die Feuchtespeicherung und Feuchtebewegung untersucht, indem die Sorptionsisothermen salzbeladener Proben aufgezeichnet und die kapillare Aufnahme von Salzlösungen bestimmt werden. Für den Transport der Salze selbst müssen zusätzlich noch die Diffusionskoeffizienten für die Salze durch verschiedene Natursteine und mineralische Putze bestimmt werden.

[31] K. KIESSL, Kapillarer und dampfförmiger Feuchtetransport in mehrschichtigen Bauteilen. Diss. Universität Gesamthochschule Essen 1983

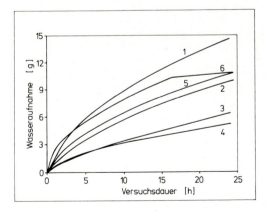

5   Vergleich zwischen experimenteller und rechnerischer Bestimmung der kapillaren Wasseraufnahme
1: nach KIESSL (FKU$_F$/FKU$_0$ = 10^3)   [31]
2: nach KIESSL (FKU$_F$/FKU$_0$ = 10^4)   [31]
3: nach KIESSL (FKU$_F$/FKU$_0$ = 10^5)   [31]
4: nach KALIMERIS und HALL   [25]
5: Modifizierung von KALIMERIS und HALL
6: Versuchsergebnisse

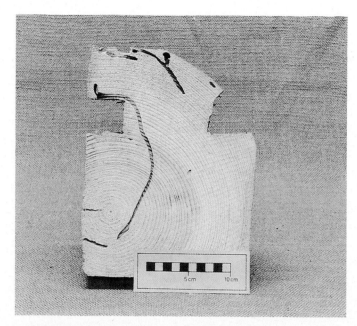

1   Fraßgänge von Hausbocklarven in Kiefernholz

2   Hirnholz eines durch Fäulnis zerstörten Deckenbalkens

Teilprojekt B 2

Trag- und Verformungsverhalten alten Konstruktionsholzes

Leiter:	Dr.-Ing. Günter Steck
Dienstanschrift:	Lehrstuhl für Ingenieurholzbau
	und Baukonstruktionen
	Universität Karlsruhe
	Kaiserstraße 12
	7500 Karlsruhe 1
Telefon:	(07 21) 608-36 46
Mitarbeiter:	Dipl.-Ing. Rainer Görlacher
	– Adresse wie oben –

EINFÜHRUNG UND ÜBERBLICK

Für eine fundierte Entscheidung über Gebrauchsfähigkeit und Sicherheit historisch bedeutsamer Bauwerke ist eine zuverlässige Beurteilung des verwendeten alten Bauholzes zwingend erforderlich. Nach den heutigen Sortiervorschriften sowie den Festlegungen über zulässige Spannungs- und Verformungszustände für Bauschnittholz kann altes Konstruktionsholz aber nur ungenügend zuverlässig oder überhaupt nicht beurteilt werden. Ziel des Teilprojektes ist es, eine Reihe von zerstörungsfreien bzw. zerstörungsarmen Holzprüfmethoden zu entwickeln und bestehende Verfahren weiterzuentwickeln, die am Bau praktikabel eingesetzt werden können und zuverlässige Aussagen über das Trag- und Verformungsverhalten alten Konstruktionsholzes erlauben. Dabei sind die Bearbeitungstechniken an altem Konstruktionsholz (z.B. gebeilt), der Grad der Holzzerstörung durch tierische und pflanzliche Schädlinge (Abb. 1,2) und die Besonderheiten der verwendeten Holzarten zu berücksichtigen.

Um das Ziel des Teilprojektes zu erreichen, sind vorliegende Prüfmethoden auf ihre Tauglichkeit hin zu untersuchen, eventuell zu verbessern und neue Prüfverfahren zu entwickeln. Dazu sind diese Prüfmethoden an Bauten, die für einen Abbruch vorgesehen sind, zu erproben. Anschließend sind an denselben Konstruktionshölzern zum Vergleich und zur Kalibrierung zerstörende Versuche im Labor durchzuführen.

Nach Auswertung dieser Versuche läßt sich ein Katalog von zerstörungsfreien bzw. zerstörungsarmen Holzprüfverfahren erstellen, mit deren Hilfe das Trag- und Verformungsverhalten von eingebautem Konstruktionsholz festgestellt und damit eine wichtige Grundlage für die Beurteilung der Sicherheit und Gebrauchsfähigkeit von Holzkonstruktionen geschaffen werden kann.

Nach dem 1. Bewilligungszeitraum 1985-87 soll das Teilprojekt mit dem systematischen Untersuchen alten Konstruktionsholzes und dem Aufstellen von Beurteilungsregeln fortgesetzt werden. Dabei ist verstärkt auf die Belastungsgeschichte des Materials einzugehen.

STAND DER FORSCHUNG

Die Beurteilung alter Holzkonstruktionen kann z.Z. entweder mit Hilfe der gesammelten Erfahrung des mit der Bauwerkserhaltung und -sanierung betrauten Ingenieurs oder Architekten erfolgen, oder man versucht, die heutigen Sortiervorschriften sowie die Festlegungen über zulässige Spannungs- und Verformungszustände auf das alte Holz anzuwenden. Beide Wege können zu stark unterschiedlichen Ergebnissen führen und werden immer nur für den gerade aktuellen Einzelfall beschritten. Eine systematisch angelegte Erforschung der sonstigen Möglichkeiten, zu zuverlässigen und am Bau praktikablen Beurteilungsmethoden zu gelangen, liegt bisher nicht vor. Es existiert zwar eine Reihe von Prüfmethoden [1, 2, 3, 4,5], die für die Anwendung an eingebautem Holz geeignet erscheinen (Abb. 4), eine systematische und gezielte Untersuchung jedoch steht noch aus.

Hier setzt das Teilprojekt an, um die zerstörungsfreien bzw. zerstörungsarmen Holzprüfmethoden (nondestructive testing (NDT)) auf die Anwendung bei altem Konstruktionsholz zu bündeln, zu verbessern und zu erproben. Da weitgehend nicht vorhanden, müssen Bindeglieder geschaffen werden zwischen der für die heutigen Verwendungszwecke von Holz etablierten zerstörenden Materialprüfung und den NDT-Methoden. Das Teilprojekt bietet die Gelegenheit, mit Prüfmethoden vorab zu experimentieren, um dann mit ausgereiften Verfahren an historisch wertvolle Objekte heranzugehen. Die bisherigen Erfahrungen sollen nicht beiseite geschoben, sondern durch diese NDT-Methoden unterfüttert werden. Gleichzeitig ergibt sich dabei die Möglichkeit bzw. sogar Notwendigkeit, von der deterministischen zur wahrscheinlichkeitsorientierten Betrachtungsweise der Grenzzustände von Trag- und Gebrauchsfähigkeit zu gelangen (Abb. 3). Dadurch kann man dem Ziel näher kommen, alte und neue Bauten hinsichtlich Tragsicherheit und Gebrauchsfähigkeit mit gleichem Maßstab beurteilen zu können.

Literatur

[1] Fourth Nondestructive Testing of Wood Symposium. Proceedings. Vancouver, Washington 1978

[2] H. BECKER, Möglichkeiten der Anwendung von Ultraschall bei der Untersuchung von Holz und Holzspanplatten. In: Holzforschung (1967) H.5, S. 135-145

[3] E. SCHWAB u. a., Bohrkerne zur Beurteilung der Festigkeit hölzerner Rammpfähle. In: Bauen mit Holz (1982) H.9, S. 566-570

[4] M.A. DEAN und J.H. KAISERLIK, Nondestructive screening of hardwood speciality blanks. In: Forest Products Journal (1984) No. 3, S. 51-56

[5] R. GÖRLACHER, Ein neues Meßverfahren zur Bestimmung des Elastizitätsmoduls von Holz. In: Holz Roh-Werkstoff 42 (1984) S. 219-222

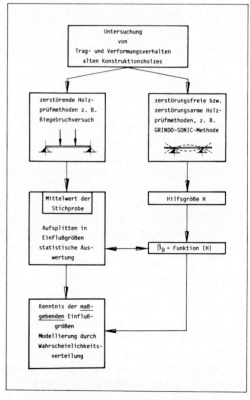

3   Planung der Arbeitsschritte für die Untersuchung alten Konstruktionsholzes

EIGENE VORARBEITEN

Die Bearbeiter des Teilprojektes wenden bei der Erfüllung der Aufgaben, die von der Versuchsanstalt für Stahl, Holz und Steine wahrzunehmen sind, in großem Umfang zerstörende Materialprüfmethoden und auch NDT-Methoden an. Dies trifft sowohl auf den reinen Materialprüfsektor als auch auf den Bereich der Industrie-, der praxisbezogenen und der Grundlagenforschung zu. Nachfolgend werden aber nur einige wissenschaftliche Veröffentlichungen der Teilprojektbearbeiter aufgeführt.

Literatur

[6] K. Möhler und G. Steck, Rißbildung in Brettschichtträgern durch Trocknung oder durch Trocknung nach vorheriger Feuchtigkeitszunahme. Forschungsbericht der VA, Abt. Ingenieurholzbau, Universität Karlsruhe 1977

[7] K. Möhler und G. Steck, Näherungsformeln zur Berechnung von Verbundbauteilen aus Vollholz und Holzwerkstoffen. In: Holz Roh-Werkstoff 37 (1979) S. 221-225

[8] G. Steck, Die Zuverlässigkeit des Vollholzbalkens unter reiner Biegung. Diss. Universität Karlsruhe 1981

[9] J. Ehlbeck und G. Steck (Hrsg.), Ingenieurholzbau in Forschung und Praxis. Karlsruhe 1982

[10] J. Ehlbeck und R. Görlacher, Tragverhalten von Queranschlüssen mittels Stahlformteilen, insbesondere Balkenschuhen, im Holzbau Forschungsbericht der VA, Abt. Ingenieurholzbau, Universität Karlsruhe 1982

[11] J. Ehlbeck und R. Görlacher, Mindestnagelabstände bei Stahlblech-Holz-Nagelung. Forschungsbericht der VA, Abt. Ingenieurholzbau, Universität Karlsruhe 1982

[12] R. Görlacher, Ein neues Meßverfahren zur Bestimmung des Elastizitätsmoduls von Holz. In: Holz Roh-Werkstoff 42 (1984) S. 219-222

[13] G. Steck, Zur wirksamen Verbindungsmittelanzahl in nachgiebigen Anschlüssen und Stößen. In: Bauen mit Holz (1984) H. 5, S. 286-290

[14] G. Steck, Notes of the Effective Number of Dowels and Nails in Timber Joints. Proc. of CIB-W18, Paper No. 17-7-2, Rapperswil 1984

[15] J. Ehlbeck und R. Görlacher, Tragfähigkeit von Balkenschuhen unter zweiachsiger Beanspruchung. Forschungsbericht der VA, Abt. Ingenieurholzbau, Universität Karlsruhe 1984

[16] J. Ehlbeck, F. Colling, R. Görlacher, Einfluß keilgezinkter Lamellen auf die Biegefestigkeit von Brettschichtholz. Forschungsbericht der VA, Abt. Ingenieurholzbau, Universität Karlsruhe 1984

[17] G. Steck, Abbau von Eigenspannungen aus Feuchteänderungen bei Brettschichtholz durch Sägeschnitte. Forschungsbericht der VA, Abt. Ingenieurholzbau, Universität Karlsruhe 1985

ZIELE, METHODEN UND ARBEITSPROGRAMM

Ziele

des Teilprojektes sind es, eine Reihe von zerstörungsfreien bzw. zerstörungsarmen Holzprüfmethoden (nondestructive testing (NDT)) zu entwickeln und bestehende Verfahren weiterzuentwickeln, um sie am Bau praktikabel einsetzen und zuverlässige Aussagen über das Trag- und Verformungsverhalten alten Konstruktionsholzes machen zu können. Diese NDT-Methoden sind an Bauten, die für einen Abbruch vorgesehen sind, zu erproben. Anschließend sind an denselben Konstruktionshölzern zum Vergleich und zur Kalibrierung zerstörende Versuche im Labor durchzuführen. Im einzelnen sollen zunächst folgende **NDT-Methoden** auf ihre Eignung untersucht werden, wobei im Verlaufe des Literaturstudiums Ergänzungen wahrscheinlich sind:

– Schwingungsmessungen mit GRINDO-
  SONIC
– Bohrkernuntersuchungen
– Messen des spezifischen elektrischen Wi-
  derstandes des Holzes, kombiniert mit
  Messung der Holztemperatur
– Messen der elastischen Rückfederung mit
  Prallhammer
– Messen der Oberflächenhärte / Eindring-
  tiefe
– Schall (Ultraschall) Wellendurchgang
– Anwendung von Gammastrahlen (siehe
  GRECOMAT)
– Anwendung von Laserstrahlen
– Messen der Dielektrizitätskonstanten
– Rißbreiten- und Rißtiefenmessungen

Mit diesen Methoden können die für Trag- und
Gebrauchsfähigkeit relevanten Werkstoff-
und Bauteileigenschaften untersucht werden
und zwar in **direkter** Bestimmung:

– Holzfeuchtigkeit
– Rissigkeit
– Rohdichte
– Faserabweichungen, Drehwuchs
– Elastizitätsmodul
– evtl. Schubmodul / Torsionsmodul

und in **indirekter** Bestimmung:

– Biegefestigkeit
– Druckfestigkeit
– Zugfestigkeit
– Scherfestigkeit.

Darüber hinaus sind an den ausgewählten Objekten (Teilobjekten), sowie in Zusammenarbeit mit dem Institut für Baugeschichte, die

– Art der Holzbearbeitung
– Verformungen wie Durchbiegung, Ein-
  drückungen, Aufspaltungen, Verdrehun-
  gen

zu bestimmen. Bei der Bestimmung der Holzarten sowie des Grades der Zerstörung durch
tierische und pflanzliche Schädlinge ist gege-
benenfalls eine Zusammenarbeit mit dem Bo-
tanischen Institut der Universität Karlsruhe
oder dem Institut für Holzforschung der Universität München vorzusehen.

Arbeitsprogramm

Das Arbeitsprogramm des Teilprojektes gliedert sich in fünf Abschnitte:

I   Literaturrecherche auf den Gebieten
–   NDT-Methoden
–   Erhalten, Sanieren von Holzkonstruk-
      tionen
–   Eigenschaften alten Konstruktionshol-
      zes
–   NDT-Methoden im Bereich Metalle,
      Kunststoffe, Beton
–   Transformation der Eigenschaften klei-
      ner Proben in Bauteileigenschaften

II   Laborversuche mit den NDT-Methoden
      zwecks
–   Entwicklung
–   Weiterentwicklung
–   Erprobung für die Anwendung am Bau

III   Einsatz der NDT-Methoden an für den
      Abbruch vorgesehenen Holzkonstruk-
      tionen
–   Besichtigung der Objekte und Aufnah-
      me des Konstruktionsholzes (in Abstim-
      mung mit dem Landesdenkmalamt und
      dem Institut für Baugeschichte)
–   Durchführung der Holzprüfungen
–   Auswertung

IV   Zerstörende Versuche im Labor zum
      Vergleich und zur Kalibrierung mit Aus-
      wertung

V   Schlußfolgerungen, Bericht

ZEITPLAN

Untersuchungsbereich	1. Bewilligungszeitraum		
	1985	1986	1987
Literaturrecherche			
Laborversuche mit NDT-Methoden und zerstörenden Prüfungen			
Einsatz der NDT-Methoden an Konstruktionen			
Zerstörende Versuche			
Schlußfolgerungen, Bericht			→

STELLUNG DES PROJEKTES INNERHALB DES SFB

Eine Zusammenarbeit mit dem Landesdenkmalamt (A1) sowie dem Institut für Baugeschichte (A2) ist für den Abschnitt III des Arbeitsprogrammes – Einsatz der NDT-Methoden an Konstruktionen – vorausgesetzt und erforderlich. Auch auf Vorarbeiten des Instituts für Tragkonstruktionen zum Teilprojekt A3 sollte zurückgegriffen werden können. Eine zwangsläufige Verzahnung wird sich mit dem Teilprojekt C1 ergeben.

STAND DER ARBEITEN

Bisher wurden die Literaturrecherchen abgeschlossen, Laborversuche an sechs NDT-Methoden aufgenommen und darüber hinaus auch zerstörende Prüfungen an ca. 300 Jahre alten Deckenbalken durchgeführt (Abb. 5). Bei den sechs Verfahren, die z. Zt. unterschiedlich intensiv auf ihre Eignung hin untersucht werden, handelt es sich um:

1. Bohrwiderstandsmessung
2. Bohrkernuntersuchung
3. Laufzeitmessung
4. Eindringwiderstandsmessung
5. Ausziehwiderstandsmessung
6. Schwingungszeitmessung

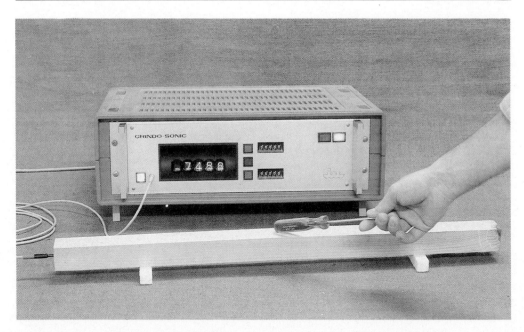

4   Einsatz des GRINDO-SONIC-Meßgerätes zur Bestimmung des Elastizitätsmoduls

5   Biegeprüfung eines etwa 300 Jahre alten Kiefernholzbalkens unter einer 4 x 400 kN –
Prüfanlage

Teilprojekt B 3

Ursachen und Auswirkungen von Baugrund- und Gründungsschwächen bei alten Bauwerken

Leiter:	Dr.-Ing. Michael Goldscheider
Dienstanschrift:	Lehrstuhl für Bodenmechanik und Grundbau
	Universität Karlsruhe
	Richard-Willstätter-Allee
	7500 Karlsruhe 1
Telefon:	(07 21) 608-32 91
Mitarbeiter:	Dipl.-Ing. Thomas Scherzinger
	– Adresse wie oben –

EINFÜHRUNG UND ÜBERBLICK

Gegenstand dieses Forschungsprojektes sind diejenigen Baugrundeigenschaften, Gründungsschwächen und Umwelteinflüsse, die heute noch zu Setzungen und Verschiebungen flach gegründeter historischer Gebäude führen. Die folgenden für alte Gebäude typischen Effekte sollen untersucht werden:

1. Fortdauernde Setzungen hoch belasteter Fundamente auf geologisch unvorbelastetem tonigem Baugrund. (Abb. 1)
2. Fortdauernde Verschiebungen und Verformungen von alten Stützwänden und Gebäuden an tonigen Hängen. (Abb. 2)
3. Neuerdings auftretende Setzungen alter Gebäude auf körnigem Baugrund infolge von Verkehrserschütterungen mit und ohne Grundwasserschwankungen.
4. Fortdauernde und neue Setzungen, Hebungen und Verschiebungen alter Bauwerke auf quellfähigem Boden.

Das Problem Nr. 1 soll in den Jahren bis 1987 bearbeitet werden, da hiermit direkt an eigene Forschungsarbeiten über Tonböden angeschlossen werden kann, und da die Ergebnisse für andere Teilprojekte, insbesondere C4, benötigt werden. Es geht darum, die Setzungen durch volumentreues viskoses Kriechen und durch die sog. sekundäre Konsolidation gemeinsam zu erfassen und die Kriechgeschwindigkeit als Maß für die Sicherheit des Bauwerks einzuführen. Die experimentellen Untersuchungen bestehen in verbesserten Probenentnahmen und Messungen im Baugrund sowie in hochgenauen und gesteuerten Kompressions-, Dreiaxial- und Biaxialversuchen. Mineralogische Veränderungen sollen ebenfalls beobachtet werden. Dazu kommen theoretische Untersuchungen, wie u. a. die Anwendung der Ähnlichkeitstheorie.

Das Problem Nr. 2 ist eine Verallgemeinerung von Nr. 1 für horizontale Lasten infolge nicht

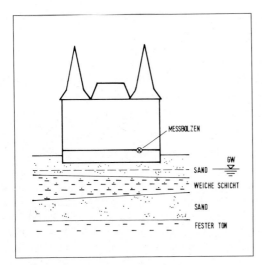

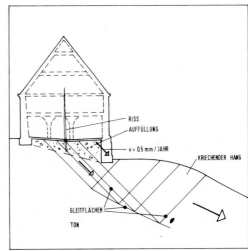

1 Schematische Darstellung eines
historischen Gebäudes auf weichem Baugrund

2 Schematische Darstellung eines
historischen Gebäudes auf einem kriechenden
Hang

horizontaler Geländeoberfläche. Hierzu liegen eigene Vorarbeiten über kriechende Ton-
hänge und deren Sicherung vor. Die Untersuchungen sollen in den Jahren 1986-1988
durchgeführt werden.

Das Problem Nr. 3 ist noch relativ wenig er-
forscht. Lediglich mit zyklisch belasteten Bauwerken in Sandboden gibt es Erfahrungen.
Die Arbeiten, die erst im Zeitraum von 1988
bis 1991 durchgeführt werden sollen, bestehen
in schonenden Untersuchungen am Bauwerk
und im Baugrund und in Laborversuchen. Das
Ziel ist die Prognose der Auswirkungen von
Erschütterungen und die Bemessung von Ab-
schirmungen.

Das Problem Nr. 4 ist aufgrund von Beobachtungen an Bauwerken bekannt, entzieht sich
aber bisher einer bodenmechanischen Analyse. Unsere eigenen jahrelangen Bemühungen,
das Quellen und Schrumpfen mit Hilfe der
Thermodynamik zu erklären, waren leider er-

folglos. Ein neuer Anlauf soll mit Hilfe der Mineralogie gemacht werden. Da im Rahmen des
SFB erst die übrigen genannten Setzungsursa-
chen abzuklären sind, kann dieses Problem
nicht vor 1990 in Angriff genommen werden.
Bei allen Teilprojekten ist die Unterstützung
durch die Institute für Tragkonstruktionen
und Baugeschichte sowie des Landesdenkmalamtes bei der Bestandsaufnahme der Objekte notwendig. Bei Nr. 1, 2 und 4 ist außerdem die Mitwirkung des Instituts für Mineralogie erforderlich.

Die Objekte werden mit Unterstützung der
Dokumentationsstelle des SFB und des Landesdenkmalamtes ausgewählt. Aufwendige
Baugrunduntersuchungen, die nicht aus den
Mitteln des SFB finanziert werden können,
sollen an Bauwerken stattfinden, bei denen so-
wieso Baugrunderkundungen erforderlich
sind und die Kosten von anderer Seite getragen
werden.

STAND DER FORSCHUNG, OFFENE PROBLEME

Es wird hier nur der Stand der Forschung zum Problem (1) ausführlich behandelt. Zu den Problemen (2) bis (4) folgen kurze Hinweise am Ende dieses Abschnittes.

1. Fortdauernde Setzungen hoch belasteter Fundamente auf geologisch unvorbelastetem tonigem Baugrund

PIEPER [1] berichtet in seinem Buch über fortdauernde Setzungen in der Größenordnung von 0,5 mm pro Jahr an mehrere hundert Jahre alten Gebäuden auf tonigem und organischem Baugrund. Die Fundamente dieser Gebäude sollen nach den heutigen Bemessungsregeln fünf- bis zehnfach überlastet sein. Dennoch hat cin Grundbruch nicht stattgefunden und ist wohl auch heute nicht mehr zu erwarten (sofern nicht sehr ungünstige Eingriffe vorgenommen werden). In manchen Fällen ist es gelungen, die Bewegungen durch Lastverminderung zum Stillstand zu bringen. Es gibt aber auch Gebäude, bei denen die Setzungsgeschwindigkeit in jüngster Zeit wieder zugenommen hat. Wegen des langen Bestehens dieser Gebäude und wegen ihrer verformungsempfindlichen Konstruktion sind fortdauernde Setzungen in dieser Größenordnung schädlich und gefährlich – abgesehen von den unklaren Tragfähigkeitsreserven der Fundamente in diesem Fall – und zwingen immer wieder zu Ausbesserungs- und Sicherungsmaßnahmen.

Nach PIEPER sind 80 % der heute zu behebenden Schäden an alten Gebäuden auf zu schwache Fundamente zurückzuführen. Das hat seinen Grund darin, daß sich die Gründungstechnik, weil man die unterirdischen Bauteile und Maßnahmen später nicht mehr sehen konnte, viel langsamer und später entwickelt hat als die Lehre von den aufgehenden Mauerwerks- und Holzkonstruktionen. Zur Zeit von Kaiser Augustus schrieb der Baumeister VITRUVIUS das einzige erhaltene antike Lehrbuch für Architekten [2]. Außer den wenigen Regeln des VITRUV zur Technik des Grund-

und Erdbaus gab es wohl lange Zeit kein schriftliches Werk über den Grundbau. Es ist nicht bekannt, ob gewisse Gründungsregeln mündlich überliefert worden sind; PIEPER bezweifelt das. Die wissenschaftliche Bodenmechanik hat sich etwa ab Beginn des 18. Jahrhunderts durch wenige Einzelleistunggen herausragender Ingenieure und Mathematiker entwickelt, die moderne wissenschaftliche Bodenmechanik erst etwa ab 1910. Eine interessante Geschichte der wissenschaftlichen Bodenmechanik findet man bei A.W. SKEMPTON [3]. Die Geschichte der Gründungstechnik ist auch ein Anliegen dieses Forschungsprojektes. Im folgenden wird aber nur die neueste Literatur zu den zu erforschenden bodenmechanischen Problemen betrachtet, weil es darum geht, gewisse für alte Gebäude typische Phänomene aufgrund neuester Erkenntnisse zu erklären.

[1] K. PIEPER, Sicherung historischer Bauten. Berlin 1983

[2] VITRUV, Zehn Bücher über Architektur, hrsg. von C. Fensterbusch. Darmstadt 1964

[3] A.W. SKEMPTON, Landmarks in early soil mechanics. In: Proc. 7th. Eur. Conf. Soil Mech.. Brighton 1979, 5.Bd, S.1-26

In der jüngeren bodenmechanischen Literatur über weiche Tonböden, über welche die Aufsätze

[4] L. BJERRUM, Problems of soil mechanics and construction on soft clays and structural unstable soils (collapsible, expansive and others). General report Session 4. Proc. 8th Int. Conf. Soil Mech. Found. Eng.. Moscow 1973, Bd.3, S.111-159

[5] A.S. BALASUBRAMANIAM und R.P. BRENNER, Consolidation and settlement of soft clay. In: Soft Clay Engineering, hrsg. von E.W. Brand und R.P. Brenner. Amsterdam 1981, S.479-566

einen Überblick geben, werden die Setzungen von Fundamenten auf wassergesättigten weichen Tonböden in drei Anteile zerlegt (Abb. 3):

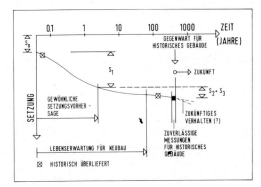

3   Zeit-Setzungsverlauf für ein sicher
gegründetes Gebäude auf Ton

– Die Anfangssetzung s_0 infolge von volu-
  mentreuen Verformungen des undränierten Bodens; hierbei werden ausreichende
  Reserven gegen Grundbruch gleich zu Beginn der Belastung vorausgesetzt.
– Die Setzung s_1 infolge der sog. primären
  Konsolidation, so nennt man in der Bodenmechanik das Auspressen des Porenwas-
  sers bei gleichzeitigem Abbau des Porenwasserdrucks und entsprechender Zunahme der effektiven Spannungen.
– Die Setzung s_2 infolge der sog. sekundären
  Konsolidation, das ist das Auspressen von
  Porenwasser bei gleichbleibenden effektiven Spannungen (auch Volumenkriechen
  oder dräniertes Kriechen genannt).

Es gibt noch einen weiteren Setzungsanteil
s_3, der jedoch in der Literatur bisher nicht im
Zusammenhang mit dem Problem der Funda-
mentsetzung betrachtet wurde: Kriechen des
Bodens unter gleichbleibendem Wassergehalt
(auch undräniertes Kriechen genannt). Dieser
Vorgang unterscheidet sich von der Anfangssetzung dadurch, daß für s_3 die Viskosität die
maßgebende Materialeigenschaft ist, während
die Anfangssetzung s_0 i.d.R. durch geschwin-
digkeitsunabhängige Materialeigenschaften
erklärt wird. Aufgrund der unten genannten
Materialuntersuchungen ist heute bekannt,
daß Sekundärsetzung und undräniertes Kriechen auf den gleichen Materialeigenschaften

beruhen, bei einer allgemeinen Beanspruchung gleichzeitig stattfinden und daher bei
der Analyse nicht voneinander getrennt werden können. Die Unterscheidung zwischen
den beiden Effekten ist vorwiegend historisch
durch die Entwicklung der bodenmechanischen Versuchstechnik und Materialtheorie
bedingt. Nach heutigem Kenntnisstand können beide Effekte unter dem Sammelbegriff
»zeitabhängiges Verhalten« oder (nicht ganz
streng im Sinne der Mechanik) »Kriechen« zusammengefaßt werden.

Die Anfangssetzung s_0 und die primäre Konsolidation s_1 sind bei den historischen Gebäuden, die wir heute zu beobachten und zu be-
treuen haben, abgeschlossen (Abb. 3). Diese
Anteile interessieren lediglich im Hinblick auf
die Bauwerksgeschichte. Als Ursache der fortdauernden Setzungen kommen nur sekundäre
Konsolidation und undräniertes Kriechen in
Frage, sofern andere Ursachen wie z.B.
Grundwasserabsenkung, Nachbarbebauung
oder mineralogische Veränderungen ausge-
schlossen sind. Für die Beurteilung und Erhaltung historischer Gebäude ist die genaue
Kenntnis der Mechanik dieser zeitabhängigen
Setzungen aus folgenden Gründen sehr wichtig:

– Mit Rücksicht auf die setzungsempfindli-
  che aufgehende, historische Konstruktion
  ist es anzustreben, die Setzungsgeschwindigkeit zu reduzieren.

– Aus Materialuntersuchungen (Literatur
  s.u.) geht hervor, daß die Gefahr des sog.
  Kriechbruchs, d.h. der beschleunigten Setzung bis zum völligen Versagen besteht,
  wenn die Setzungsgeschwindigkeit mit der
  Zeit einen Minimalwert durchläuft. Der
  zeitliche Verlauf der Setzungsgeschwindigkeit ist somit ein Kriterium für die
  Dauerstandsicherheit des Gebäudes.

– Da die Kriechgeschwindigkeiten bei alten
  Gebäuden sehr klein sind (i.d.R. unter
  1 mm / Jahr), läßt sich allein anhand von
  gewöhnlichen Setzungsmessungen am Gebäude in den zur Verfügung stehenden

Meßzeiträumen kaum zuverlässig beurteilen, ob und mit welcher Funktion der Zeit die Kriechgeschwindigkeit zu- oder abgenommen oder ein Minimum durchlaufen hat (Abb. 4). Hierzu sind feinere Untersuchungsmethoden mit Laborversuchen, darauf aufbauenden Traglast- und Setzungsanalysen und Vergleiche mit den Ergebnissen von Setzungsmessungen erforderlich.

– Die Methoden zur Verminderung der Setzungsgeschwindigkeit durch Eingriffe in Bauwerk und Baugrund sind abhängig von der Art des Kriechens und dem durch das Kriechen angezeigten Gefährdungsgrad des Gebäudes. Die Kriechanalyse wird daher benötigt, um die Grundlagen für die Planung von schonenden Sanierungsmaßnahmen und von schonenden Baumaßnahmen in der Nachbarschaft zu erhalten (siehe Teilprojekt C4). Hierzu gehört auch die Frage, welchen Einfluß auf das zukünftige Verhalten Sohldruckumlagerungen haben werden, die durch Veränderungen des Tragwerks einerseits durch die Entstehung von Rissen in der Konstruktion, andererseits durch das Vorspannen von Rissen bewirkt werden (siehe Teilprojekt C2 und Nachfolgeprojekte).

Aus den genannten Gründen ist vor allem das Kriechen des Tons (Sekundärkonsolidation und undräniertes Kriechen) Gegenstand dieses Forschungsvorhabens.

Die neue Literatur zum Thema »zeitabhängiges Verhalten von Ton« kann in vier Gruppen unterteilt werden:

– Experimentelle Arbeiten, die sich mit der Sekundärkonsolidation bei eindimensionaler Kompression befassen;
– experimentelle Arbeiten, in denen das zeitabhängige Verhalten von Ton bei zylindrischer Verformung (Dreiaxialversuche) untersucht wird;
– theoretische Arbeiten, die sich mit Stoffgleichungen zur Berücksichtigung des zeitabhängigen Verhaltens befassen;
– theoretische Arbeiten über die Vorhersage von Setzungen bei gegebener Stoffgleichung.

Nachfolgend werden nur die nach unserer Kenntnis wichtigsten Veröffentlichungen genannt.

Dem gegenwärtigen Kenntnisstand über das Verhalten des Tons bei der **eindimensionalen Sekundärkonsolidation** findet man bei BJERRUM [4] sowie bei

[6] G. MESRI und P. M. GODLEWSKI, Time and stress – compressibility interrelationship. In: Journal of the Geotech. Eng. Div. ASCE (1977; 1979) GT5, S. 417-430; GT1, S. 106-113.

BJERRUM [4] erklärt die allmähliche Verfestigung von unvorbelastetem Ton über lange Zeiträume durch Sekundärkonsolidation (sog. Alterung) und die allmähliche Entfestigung von überkonsolidiertem Ton durch sekundäre Schwellung. In diesem Zusammenhang wird auch gezeigt, welchen Einfluß Störungen der Probe durch die Probenentnahme und die anschließende Schwellung haben. Es werden Hinweise zur schonenden Probenbehandlung und zur Durchführung von Kom-

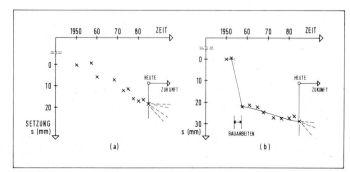

4 Neuere Setzungsmessungen an historischen Gebäuden
(a) ohne bekannte Eingriffe in der Umgebung oder am Gebäude
(b) mit Eingriffen und Änderungen in der Umgebung oder am Gebäude

pressionsversuchen an gealterten Proben gegeben. Bei sorgfältiger Probenentnahme und -konservierung ist es nach den von BJERRUM aufgezeigten Zusammenhängen möglich, die Belastungsdauer und die Größe der Belastung durch das alte Gebäude am Verhalten der Proben in Kompressionsversuchen abzulesen. MESRI und GODLEWSKI [6] berichten über sehr umfangreiche Serien von langdauernden Kompressionsversuchen an verschiedenen Tonen. Die wohl wichtigste Erkenntnis aus diesen Versuchen betrifft den Zusammenhang zwischen Primär- und Sekundärkonsolidation. Danach kann die Sekundärkonsolidation ausreichend genau durch eine einzige Konstante aus der Primärkonsolidation vorhergesagt werden.

Die wichtigsten Veröffentlichungen über das **zeitabhängige Verhalten bei zylindrischer Verformung** sind die folgenden:

[7] A. SINGH und J.K. MITCHELL, General stress-strain-time function for soils. In: Journal of the Soil Mech. and Found. Div. ASCE SM1 (1968) S.21-46

[8] Y.P. VAID und R.G. CAMPANELLA, Time dependent behaviour of undisturbed clay. In: Journal of Geotech. Eng. Div. GT7 (1977) S.693-709

[9] F. TAVENAS und S. LEROUEIL, Effects of stresses and time on yielding of clays. In: Proc. 9th Int. Conf. on Soil Mech. and Found. Eng., Tokyo 1977, Vol.I, S.319-326

[10] F. TAVENAS, S. LEROUEIL, P.LA ROCHELLE und M. ROY, Creep behaviour of an undisturbed lightly overconsolidated clay. In: Canadian Geotech. Journal 15 (1978) S.402-423

[11] Y.P. VAID, P.K. ROBERTSON und R.G. CAMPANELLA, Strain rate behaviour of Saint-Jean-Vianney clay. In: Canadian Geotech. Journal 16 (1979) S.34-42
G. MESRI und Y.K. CHOI, Discussion. In: Ca. Geotech. Journal 16 (1979) S.831-834

[12] H. SEKIGUCHI, Theory of undrained creep rupture of normally consolidated clay based on elasto-viscoplasticity. In: Soils and Foundation 24 (1984) No.1, S.129-147

Mit der Dreiaxialversuchstechnik wurden Kriechversuche mit konstanter Last oder mit konstanter Spannung bei verschiedenen Spannungsverhältnissen sowie Versuche mit gesteuerter Dehnungsgeschwindigkeit durchgeführt. Es wurden auch sprunghafte Änderungen der Spannung bzw. der Dehnungsgeschwindigkeit ausgeführt [8]. Die Proben waren normalkonsolidiert, überkonsolidiert oder gealtert. Die Versuchsdauer betrug bis zu mehreren hundert Tagen. Die Versuchsergebnisse haben viele neue Erkenntnisse über die Materialeigenschaften von Ton geliefert. Es seien hier einige Schlußfolgerungen genannt, die im vorliegenden Zusammenhang besonders wichtig erscheinen:

In Kriechversuchen an undränierten Proben kann die Dehnung je nach der wirkenden Schubbeanspruchung in verschiedener Weise mit der Zeit anwachsen. Es ist z.B. möglich, daß die Dehnung etwa linear mit der Zeit oder etwa linear mit dem Logarithmus der Zeit anwächst. Aufschlußreicher als die Dehnung ist die Dehnungsgeschwindigkeit beim Kriechversuch. Je nach Scherbeanspruchung kann die Dehnungsgeschwindigkeit mit der Zeit monoton abnehmen oder nach Durchlaufen eines Minimalwertes wieder zunehmen und bis zum sog. Kriechbruch anwachsen [8]. Die kleinste zum Kriechbruch führende Deviatorspannung ist wesentlich kleiner als die im üblichen schnellen Scherversuch ermittelte Schubfestigkeit des undränierten Bodens. Die »Lebensdauer« bis zum Kriechbruch wächst mit abnehmender Schubbeanspruchung. SEKIGUCHI [12] erklärt den Kriechbruch durch allmähliches Anwachsen des Porenwasserdrucks; VAID u.a. [11] beobachten dagegen eine Zunahme der effektiven Spannungen unmittelbar vor dem Kriechbruch. Die effektiven Scherparameter sind unabhängig von Zeiteffekten [8].

VAID und CAMPANELLA [8] zeigten anhand ihrer Versuchsergebnisse, daß die Deviatorspannung als Funktion der Dehnung und der Dehnungsgeschwindigkeit dargestellt werden kann. Der Kriechbruch findet bei einer bestimmten Bruchdehnung statt. Anstelle der Dehnung benutzten SINGH und MITCHELL [7] die Zeit als Variable. Für undräniertes Kriechen unter einer sicheren, d.h. nicht zum Kriechbruch führenden Deviatorspannung fanden sie die beiden folgenden Eigenschaften: Unter zeitlich konstanter Deviatorspannung nimmt der Logarithmus der Dehnungsgeschwindigkeit linear mit der Zunahme des Logarithmus der Zeit ab. Für gleiche Zeiten nach Beginn der Belastung wächst der Logarithmus der Dehnungsgeschwindigkeit linear mit der Deviatorspannung. Das von SINGH und MITCHELL aufgrund dieser Ergebnisse vorgeschlagene Stoffgesetz enthält drei Stoffkonstanten, zu deren Ermittlung zwei Kriechversuche ausreichen.

Durch die dränierten Versuche unter verschiedenen vorgegebenen Spannungsverhältnissen von TAVENAS u.a. [10] wurde experimentell der Zusammenhang zwischen Sekundärkonsolidation und undräniertem Kriechen hergestellt.

Die geschilderten Versuche repräsentieren ein sehr hohes versuchstechnisches Niveau. Zu dem besonders schwierigen versuchstechnischen Problem der Abdichtung des Probekörpers bei Langzeitversuchen findet man in den Veröffentlichungen manche Hinweise. Allerdings wurden, wie noch heute bei Dreiaxialversuchen allgemein üblich, schlanke Probekörper (Höhe/Durchmesser 2) mit rauhen Endflächen untersucht, was nach unserer Kenntnis zu inhomogenen Verformungen und somit zu Verfälschungen der Materialfestigkeit durch veränderte Systemfestigkeit geführt haben kann.

Untersucht wurden Tone aus San Francisco, London, Kanada, Mexiko City, Connecticut und Skandinavien. Zum Teil handelt es sich um ausgelaugte Meeresablagerungen, die sich sensitiv, d.h. empfindlich gegen mechanische Störungen verhalten. In Deutschland wurden vergleichbare Untersuchungen des Zeiteinflusses mit Ausnahme der unten genannten eigenen Arbeiten bisher nicht durchgeführt. In der nach unserer Kenntnis jüngsten deutschen Arbeit zu diesem Thema

[13] W. RICHWIEN, Das Formänderungs- und Festigkeitsverhalten weicher bindiger Böden. (Mitt. Inst. Grundbau, Bodenmech. und Energiewasserbau Univ. Hannover H.18) Hannover 1981

wurden vorwiegend bekannte plastische Effekte betrachtet. Zeitabhängige Effekte wurden nur am Rande angedeutet, wobei der Stand der internationalen Literatur auf diesem Gebiet weder berücksichtigt noch erreicht wurde.

Unter den Arbeiten über **Stoffgesetze** zur Beschreibung des zeitabhängigen Verhaltens von Ton sind, außer SINGH und MITCHELL [7] und SEKIGUCHI [12], folgende zu nennen:

[14] E. KAVAZANJIAN und J.K. MITCHELL, Time-dependent behaviour of clays. In: Journal Geotech. Eng. Div. ASCE, GT6 (1980) S. 611-630

[15] F. OKA, Prediction of time-dependent behaviour of clay. In: Proc. X ICSMFE Stockholm 1981. Vol. 1, 1/37, S. 215-218

[16] T. ADACHI und F. OKA, Constitutive equations for normally consolidated clay based on elasto-viscoplasticity. In: Soils and Found. 22 (1982) No.4, s. 57-70

[17] K. YASHUHARA, A practical model for secondary compression. In: Soils and Found. 22 (1982) No.4, S. 45-56

Die Gleichungen von YASHUHARA [17] beschränken sich auf den Spezialfall der eindimensionalen Primär- und Sekundärkonsolidation und sind zur Vorhersage des Setzungsanteils s_3 ungeeignet.

SINGH und MICHELL [7] geben den Typ der Funktion an, die die Zeitabhängigkeit bei undräniertem Kriechen beschreibt. Die mathematische Darstellung gilt nur für zylindrische Kompression, läßt sich aber unter gewissen Annahmen in eine koordinateninvariante (tensorielle) Schreibweise verallgemeinern. Volumenänderungen werden nicht berücksichtigt, so daß der Setzungsanteil s_2 nicht vorhergesagt werden kann. Außerdem ist zu fragen, ob der Ansatz auch für überkonsolidierten Ton geeignet ist, da die effektive Spannung nicht als Variable vorkommt.

KAVAZANJIAN und MITCHELL [14] stellten ein Stoffgesetz vor, mit dem die vier Setzungsanteile s_0 bis s_3 vorhergesagt werden können. Wegen der tensoriellen Schreibweise ist das Stoffgesetz für räumliche Verformungen anwendbar. Die Volumenänderung infolge von primärer und sekundärer Konsolidation (s_1 und s_2) wird auf der Grundlage der Stoffmodelle von BJERRUM [4] bzw. MESRI und GODLEWSKI [6] der zeitunabhängige Anteil (s_0) der Gestaltänderung nach einem quasielastischen Stoffgesetz und der zeitabhängige Anteil (s_3) nach dem Kriechgesetz von SINGH und MITCHELL [7] ermittelt. Die Bestimmung der insgesamt 14 Stoffkonstanten aus den Versuchsergebnissen und die Anwendung des Stoffgesetzes auf die Lösung von Randwertproblemen ist nach dem Aufsatz nicht nachvollziehbar.

OKA [15], ADACHI und OKA [16] und SEKIGUCHI [12] stellen visko-plastische Stoffgesetze vor. Diese Stoffgesetze haben den Vorteil, daß sekundäre Konsolidation und undräniertes Kriechen durch die gleichen Materialeigenschaften erklärt und durch die gleichen Stoffkonstanten beschrieben werden. Die Darstellung in den zitierten Aufsätzen ist jedoch kaum nachvollziehbar.

Zum Problem der **Vorausberechnung von Setzungen** bei gegebenem Stoffgesetz gibt es umfangreiche Literatur [5]. Von Interesse sind hier nur diejenigen Arbeiten, die außer der Primärkonsolidation mindestens die Sekundärkonsolidation einschließlich deren zeitlichem Verlauf berücksichtigen. Ferner sollte ersichtlich sein, daß nicht nur Versuchskurven, sondern auch die Setzungen von wirklichen Gebäuden vorausberechnet werden können. Unter diesen Einschränkungen sind folgende Veröffentlichungen zu nennen:

[18] J. E. GARLANGER, The consolidation of soils exhibiting creep under constant effective stress. In: Géotechnique 22 (1972) Nr. 1, S. 71-78
[19] A. ASAOKA, Observational procedure of settlement prediction. In: Soils and Foundations 18 (1978) No. 4, S. 87-101

GARLANGER stellt die Differentialgleichungen (Dgln.) der eindimensionalen Primärkonsolidation mit gleichzeitiger Sekundärkonsolidation auf der Grundlage des Modells von BJER-

RUM [4] auf. Das Problem wird numerisch gelöst. Unter den getroffenen Voraussetzungen ist das Verfahren zur Vorhersage des zeitlichen Verlaufs von Gebäudesetzungen geeignet, wie die Beispiele zeigen. Der Setzungsanteil s_3 kann voraussetzungsgemäß nicht vorhergesagt werden.

ASAOKA [19] ersetzt die partielle Dgl. der eindimensionalen Primärkonsolidation durch eine gewöhnliche Dgl. in Form einer Reihe und löst diese graphisch. Mit der graphischen Methode ist es möglich, einen beobachteten zeitlichen Setzungsverlauf in die Zukunft fortzusetzen. Es zeigt sich, daß dieses Verfahren auch für eindimensionale Sekundärsetzungen geeignet ist. Bisher läßt sich nicht beurteilen, ob und inwieweit diese Methode auch für Setzungen durch undräniertes Kriechen (s_3) brauchbar ist. Die Anwendung auf Sekundärsetzungen verlangt sehr genaue Meßdaten.

Es ist uns nicht bekannt, ob auf der Grundlage der Arbeiten schon Gebäudesetzungen berechnet worden sind.

Im Zusammenhang mit der Setzungsvorhersage ist eine Frage zu erwähnen, auf die SCHMERTMANN hingewiesen hat, veröffentlicht in

[20] J. H. SCHMERTMANN, A single question about consolidation. In: Journal of Geotech. Eng. 109 (1983) Nr. 1, S. 119-122

Die Frage lautet, ob der Seitendruck bei eindimensionaler Verformung im Laufe der Sekundärkonsolidation abnimmt, zunimmt oder gleichbleibt. Die Frage ist bisher ungeklärt, d. h. man kennt noch nicht einmal für das einfachste Randwertproblem die zeitliche Änderung der unbekannten Spannungskomponente infolge des Kriechens.

Zusammenfassend läßt sich zum Stand der Forschung über fortdauernde Setzungen bei weichen Tonböden folgendes feststellen:

– Es gibt mehrere umfangreiche experimentelle Arbeiten mit sehr hohem Niveau der Versuchstechnik über das zeitabhängige Verhalten von Ton. In diesen Veröffentlichungen finden sich Hinweise zu den speziellen versuchstechnischen Problemen bei Langzeitversuchen sowie zur Erhaltung bzw. Wiederherstellung eines möglichst ungestörten Zustandes der Proben. Die Versuchsergebnisse dürften die wesentlichen zeitabhängigen Materialeigenschaften von Ton erkennen lassen. Jedoch sind die Ergebnisse bisher auf den Sonderfall der zylindrischen Verformung beschränkt, wie sie im Dreiaxialversuch und im eindimensionalen Kompressionsversuch im Idealfall realisiert wird. Wegen der üblichen rauhen Endflächen und schlanken Probekörpern ist mit bisher unkalkulierbaren Verfälschungen der Versuchsergebnisse zu rechnen. In Deutschland wurden derartige Versuche mit Ausnahme mancher eigener Untersuchungen bisher nicht durchgeführt.

– Über Stoffgleichungen mit Berücksichtigung des in Versuchen beobachteten zeitabhängigen Verhaltens von Ton gibt es nur relativ wenige Arbeiten. Manche dieser Arbeiten sind im Detail schwer nachvollziehbar. Es fehlt noch an kontinuumsmechanisch begründeten mathematischen Formulierungen.

– Die wenigen Veröffentlichungen über praktisch anwendbare Methoden zur Vorhersage zeitabhängiger Gebäudesetzungen gehen nicht über die Berücksichtigung der Primärkonsolidation und der eindimensionalen Sekundärkonsolidation hinaus. Über die Spannungsänderungen im Baugrund beim Kriechen unter konstanter Gebäudelast und über die Änderungen der Setzungsgeschwindigkeit und der Spannungen bei Änderung der Gebäudelast ist nichts bekannt.

2. Fortdauernde Verschiebungen von alten Stützwänden und Gebäuden an tonigen Hängen

Dieses Problem ist in den bodenmechanischen Grundlagen verwandt mit dem Problem der fortdauernden Setzungen. Es sind die gleichen Materialeigenschaften des Bodens, die für fortdauernde senkrechte Setzungen eines Gebäudes in der Ebene und für fortdauernde geneigte oder waagerechte Verschiebungen einer Stützwand oder eines Gebäudes an einem Hang maßgebend sind. Der Unterschied liegt vorwiegend in den geometrischen Randbedingungen und somit in den Kräften und Spannungen, welche die Bewegungen bewirken. In beiden Fällen handelt es sich um Kriechverformungen, wie sie oben beschrieben worden sind.

In der Praxis sind jedoch die Untersuchungsmethoden verschieden. Bei Stützwänden, Böschungen und Hängen wird lediglich die Standsicherheit, das ist die Sicherheit gegen Bruch, nachgewiesen. Dabei wird i.d.R. geschwindigkeitsunabhängiges Materialverhalten angenommen. Bei Gebäuden dagegen wird die Sicherheit gegen Grundbruch – d.i. plastisches Versagen des Bodens unter den Fundamenten – und gegen unverträglich große Setzungen nachgewiesen. Als Grundlage für den Standsicherheitsnachweis bei Stützwänden und Böschungen und für den Grundbruchnachweis bei Fundamenten dienen Scherversuche, in denen der Boden – in der Regel ohne Berücksichtigung von Zeiteffekten – bis zu einem plastischen Grenzzustand verformt wird. Die Setzungsanalyse beruht i.d.R. auf Kompressionsversuchen.

Es ist aber seit langem bekannt, daß an Hängen aus tonigen Böden fortdauernde Bewegungen talwärts stattfinden können, auch wenn der rechnerische Sicherheitsbeiwert den Vorschriften genügt. Diese Bewegungen können insbesondere für alte Gebäude mindestens ebenso schädlich sein wie fortdauernde Setzungen (Abb. 2). Bei verankerten Stützwänden werden die Bewegungen durch die Anker behindert, so daß die Ankerkräfte mit der Zeit unzulässig anwachsen können. Es werden daher verbesserte Untersuchungsmethoden benötigt, um die Bewegungsgeschwindigkeiten von alten Gebäuden und Stützwänden an kriechenden Hängen insbesondere nach Eingriffen in den Baugrund oder das Bauwerk zuver-

lässiger vorhersagen zu können. Die Ergebnisse werden als Grundlage für das Projekt C4 benötigt.

Beispiele für die Sicherung kriechender Hänge im Bereich historischer Gebäude findet
man in

[21] C. CASTELLI-GUIDI, Strengthening of building
     structures – therapy. IABSE-Symp. Venezia
     1983.

Über die Probleme des Rutschens und der
Standsicherheit von Hängen gibt es zahlreiche
Veröffentlichungen. Einen aktuellen Über-
blick gibt der Generalbericht

[22] P. LA ROCHELLE und J. R. MARSALL, Slope Sta-
     bility – General Report (Prelimenary). Proc.
     X ICSMFE Stockholm 1981, Session 11,
     General Reports, S. 141-161.

Von insgesamt 49 in diesem Generalbericht
behandelten Tagungsbeiträgen werden jedoch
nur drei dem Thema »Kriechbewegungen« zu-
geordnet. Die Schwierigkeiten und ungelösten
Probleme bei der Vorhersage der Standsicherheit und der Kriechgeschwindigkeit bestehen
vorwiegend in den Materialuntersuchungen,
worauf z. B. in den Aufsätzen von BJERRUM [4]
und

[23] F. TAVENAS und S. LEROUEIL, Creep and fai-
     lure of slopes in clays. In: Can. Geotech. J. 18
     (1981) S. 106-120

hingewiesen wird. Für die Standsicherheits-
vorhersage stehen folgende Annahmen über
die maßgebende Scherfestigkeit zur Verfügung:

– Scherfestigkeit des dränierten überkonsolidierten Bodens (wie hoch überkonsolidiert?);
– Scherfestigkeit des dränierten normalkon-
  solidierten Bodens;

– Scherfestigkeit des undränierten normal-
  konsolidierten Bodens;
– Restscherfestigkeit des dränierten Bodens.

In verschiedenen geologischen Gebieten haben sich verschiedene Annahmen mehr oder
weniger bewährt. Es ergeben sich aber in der
Regel auch mit der jeweils am besten zu be-
gründenden Annahme nicht zu vernachlässi-
gende systematische Abweichungen zwischen Vorhersage und beobachtetem Verhalten im Gelände. Keine der genannten Annahmen erklärt widerspruchsfrei das Kriechen
von Hängen.

3. Neuerdings auftretende Setzungen alter Gebäude infolge von Verkehrserschütterungen

Die meisten historischen Gebäude wurden in
Zeiten gebaut, in denen es Erschütterungen
durch Verkehr und Maschinen kaum gab. Der
Baugrund ist an die zyklischen Beanspru-
chungen infolge der Erschütterungen noch
nicht »gewöhnt«, und vor allem nichtbindiger
Boden setzt sich daher. In der Sprache der
Plastomechanik heißt diese Gewöhnung an
zyklische Beanspruchung Shakedown. Die
aufgehenden historischen Konstruktionen
sind empfindlich sowohl gegen die Erschütterungen selbst als auch gegen die Setzungen infolge der Erschütterungen. Auf die Wirkung
von Verkehrserschütterungen bei historischen Gebäuden wird von CASTELLI-GUIDI
[21] hingewiesen, und es werden einige umfangreiche Schutzmaßnahmen genannt. Über
elastische Baugrunddynamik gibt es umfangreiche Literatur. Sackungen durch Erschütterungen sind aber ein Problem der Plastodyna-
mik, das in der Literatur unseres Wissens bisher nicht behandelt wurde.

EIGENE VORARBEITEN

1. Fortdauernde Setzungen

Materialuntersuchungen

Mehrere experimentelle Arbeiten über das Materialverhalten toniger Böden unter Berücksichtigung des Geschwindigkeitseinflusses wurden bei uns durchgeführt und in folgenden Veröffentlichungen zusammengefaßt:

[24] H.J. LEINENKUGEL, Deformations- und Festigkeitsverhalten bindiger Erdstoffe. Experimentelle Ergebnisse und ihre physikalische Deutung. (= Veröff. Inst. Bodenmech. u. Felsmech. Univ. Karlsruhe, H.66) Karlsruhe 1976

[25] K. KUNTSCHE, Materialverhalten von wassergesättigtem Ton bei ebenen und zylindrischen Verformungen. (= Veröff. Inst. Bodenmech. u. Felsmech. Univ. Karlsruhe, H.91) Karlsruhe 1982

Durch undränierte Biaxialversuche mit abschnittsweise konstanter Dehnungsgeschwindigkeit fand LEINENKUGEL [24] den Zusammenhang zwischen der Scherfestigkeit des undränierten Bodens und der Verzerrungsgeschwindigkeit. Zur Verkürzung der Versuchsdauer und zur Eliminierung der Probenstreuung wurde die Geschwindigkeitsabhängigkeit durch sprunghafte Änderungen der Geschwindigkeit während des Versuches untersucht. LEINENKUGEL fand ferner, daß die Geschwindigkeitsabhängigkeit der Scherfestigkeit und die Geschwindigkeit der Sekundärkonsolidation durch den gleichen Zähigkeitsindex festgelegt werden. Mit dem Stoffgesetz von LEINENKUGEL werden jedoch noch nicht alle oben erwähnten neueren experimentellen Erkenntnisse über das Kriechen berücksichtigt.

KUNTSCHE [25] untersuchte das Verhalten von Ton bei geknickten Verformungspfaden in Dreiaxialversuchen und weggesteuerten Biaxialversuchen. Hierbei wurden u.a. die effektiven Spannungspfade bei zyklischen Verformungen gemessen. Die Brauchbarkeit des Konzepts der effektiven Spannungen wurde bestätigt. Der Plattenvorschub des Biaxialgerätes wurde durch einen Prozeßrechner gesteuert.

Die Versuche von LEINENKUGEL und KUNTSCHE waren aus apparativen Gründen auf Verformungen mit zwei unabhängigen Komponenten beschränkt. Die Verallgemeinerung auf dreidimensionale Verformungen ist durch Vergleich mit den Ergebnissen der Quaderverformungsversuche an Sand möglich. Über dieses und die damit gewonnenen Erkenntnisse wurde u.a. in folgenden Veröffentlichungen berichtet:

[26] M. GOLDSCHEIDER und G. GUDEHUS, Rectilinear extension of dry sand: Testing apparatus and experimental results. Proc. 8th Int. Conf. on Soil Mech. and Found. Eng., Moscow 1973, 1/21, S. 143-149

[27] M. GOLDSCHEIDER, Spannungen in Sand bei räumlicher, monotoner Verformung. (= Veröff. Inst. Bodenmech. u. Felsmech. Univ. Karlsruhe, H.92) Karlsruhe 1972

[28] M. GOLDSCHEIDER, Dilatanzverhalten von Sand bei geknickten Verformungswegen. In: Mech. Res. Comm. 2 (1975) S. 143-148

[29] M. GOLDSCHEIDER, Grenzbedingung und Fließregel von Sand. In: Mech. Res. Comm. 3 (1976) S. 463-468

[30] M. GOLDSCHEIDER, True triaxial tests on dense sand. In: Constitutive Relations of Soils, Results of a Workshop. hrsg. von G. GUDEHUS, I. VARDOULAKIS und F. DARVE Balkema/Rotterdam u.a. 1984, S. 11-56

KUNTSCHE [25] stellte fest, daß sich die geschwindigkeitsabhängigen Materialeigenschaften von Ton und Sand [28,29,30] nur quantitativ unterscheiden. Die Ergebnisse der Quaderverformungsversuche an Sand können daher dazu benutzt werden, die Ergebnisse von Biaxial- und Dreiaxialversuchen an Ton

für räumliche Verformungen zu verallgemeinern.

Von WICHTER [31] und SCHWARZ [32] wurde
das Verhalten von überkonsolidiertem, geklüf-
tetem Ton unter Berücksichtigung des Geschwindigkeitseinflusses an ungestörten
Großproben mittels Dreiaxialversuchen untersucht. Darüber wird berichtet in:

[31] L. WICHTER, Festigkeitsuntersuchungen an
     Großbohrkernen von Keupermergel und An-
     wendung auf eine Böschungsrutschung.
     (= Veröff. Inst. Bodenmech. u. Felsmech.
     Univ. Karlsruhe, H. 84) Karlsruhe 1980
[32] W. SCHWARZ und G. GUDEHUS, Schlußbe-
     richt DFG-Forschergruppe »Felsmechani-
     sche Elemente und Systeme«, Teilprojekt C

In den letzten Jahren wurden in unserem bodenmechanischen Labor alle Dreiaxialversuchsstände für hochgenaue Versuche an Ton
mit Berücksichtigung des Geschwindigkeitseinflusses ausgerüstet, worüber berichtet wurde in:

[33] M. GOLDSCHEIDER, E. BÖSINGER und G. HU-
     BER, Meßtechnische Ausrüstung von Drei-
     axialversuchsständen und des Karlsruher
     Quaderverformungsgerätes. Symp. Meßtech-
     nik im Erd- und Grundbau, München 1983,
     S. 91-98

Messungen im Baugrund

Geländemessungen sind schon seit vielen Jahren ein wichtiges Arbeitsgebiet bei uns. In den
letzten Jahren wurde im Zusammenhang mit
noch zu nennenden Forschungsarbeiten über
Kriechhänge und Stützkonstruktionen die
Methode der Verschiebungsmessung im Baugrund weiterentwickelt und häufig angewendet. Das Meßverfahren wurde in folgenden
Veröffentlichungen diskutiert:

[34] E. BÖSINGER und G. GUDEHUS, A technique
     of borehole measurements in soils and soft
     rocks. Proc. Intern. Symp. on Field Measure-
     ments in Rock Mech., Zürich 1977

[35] E. BÖSINGER, G. HUBER und W. SCHWARZ,
     Fehleranalyse bei Neigungssondierungen.
     Symp. Meßtechnik im Erd- und Grundbau.
     München 1983, S. 151-156

Stoffgleichungen

Die Formulierung von Stoffgleichungen nach
den Regeln der Kontinuumsmechanik gehört
seit einigen Jahren zu den bevorzugten Themen unserer Arbeitsgruppe. Als Beispiel sei
nur eine jüngere Veröffentlichung zu diesem
Thema genannt:

[36] D. KOLYMBAS, A constitutive law of the rate
     type for soils. Position, calibration and pre-
     diction. In: Constitutive Relations of Soils,
     Results of a Workshop, hrsg. von G. GUDE-
     HUS, I. VARDOULAKIS und F. DARVE. Balkema /
     Rotterdam u.a. 1984, S. 419-437

Berechnungsverfahren

In der Arbeit von WINTER wird eine FE-Methode auf der Grundlage des Fließgesetzes von
LEINENKUGEL [24] mit mathematischer Stren-
ge entwickelt. Aus der mathematischen Struktur der Stoffgleichung wird eine Ähnlichkeitstheorie hergeleitet. Die Methode wurde für
das Beispiel des Seitendruckes auf Pfähle angewendet, ist aber auch für andere Randwert-
probleme geeignet.

[37] H. WINTER, Fließen von Tonböden: Eine ma-
     thematische Theorie und ihre Anwendung
     auf den Fließwiderstand von Pfählen. (= Ver-
     öff. Inst. Bodenmech. u. Felsmech. Univ.
     Karlsruhe, H. 82) Karlsruhe 1979

2. Fortdauernde Verschiebungen an tonigen Hängen

Über das Kriechen natürlicher Hänge und die
Sicherung kriechender Hänge aus tonigen Böden wurden in den letzten Jahren bei uns mehrere Forschungsarbeiten durchgeführt. Im

Rahmen des Schwerpunktes Ingenieurgeologie der Deutschen Forschungsgemeinschaft wurden die Ursachen des Kriechens natürlicher Hänge unter verschiedenen geologischen Bedingungen in Südwestdeutschland untersucht. Über die abschließenden Ergebnisse wird berichtet in

[38] G. Gudehus, M. Goldscheider und R. Lippomann, Ingenieurgeologische und bodenmechanische Untersuchungen an Kriechhängen. In: Ingenieurgeologische Probleme im Grenzbereich zwischen Locker- und Festgestein, hrsg. von K.H. Heitfeld, Heidelberg u.a. 1985, S. 316-335

Nach unseren Beobachtungen [38] sind für das Kriechen von Hängen in unserem geologischen Gebiet in der Regel aufgeweichte Scherfugen im sonst überkonsolidierten Boden die Ursache. Diese Scherfugen können mit den üblichen bodenmechanischen Schergeräten nicht untersucht werden. In

[39] I. Vardoulakis und M. Goldscheider, Biaxialgerät zur Untersuchung der Festigkeit und Dilatanz von Scherfugen in Böden. In: Geotechnik (1980) S. 19-31

wird ein Gerät zur Untersuchung von Scherfugen in Sand vorgestellt. Zur Zeit befindet sich ein entsprechendes Gerät für die Untersuchung von Scherfugen in ungestörten Tonproben in Planung.
Weitere Hinweise zu eigenen Vorarbeiten zu diesem Thema finden sich in den Erläuterungen zum Teilprojekt C4.

3. Setzungen infolge von Erschütterungen

Seit einigen Jahren wird bei uns das Verhalten von Gründungskörpern auf körnigem Baugrund unter zyklischer, nicht dynamischer Belastung experimentell untersucht. Aus den Ergebnissen wurden Modellgesetze entwickelt. Über diese Untersuchungen wird in folgenden Veröffentlichungen berichtet.

[40] A. Hettler, Verschiebungen starrer und elastischer Gründungskörper in Sand bei monotoner und zyklischer Belastung. (= Veröff. Inst. Bodenmech. u. Felsmech. Univ. Karlsruhe, H. 90) Karlsruhe 1981
[41] G.Gudehus und A. Hettler, Model studies of foundations in granular soil. In: Developments in Soil Mechanics and Foundation Engineering – hrsg. von P.K. Banerjee. Appl. Science Publ. LTD. England 1984. S. 29-63

Außerdem besteht bei uns eine Arbeitsgruppe, in welcher die Ausbreitung von Erschütterungen im Baugrund theoretisch und experimentell durch Messungen im Baugrund und Laborversuche untersucht wird. Hierzu sei nur folgende Veröffentlichung genannt:

[42] B. Prange, On the dynamic interaction between an inert mass and subsoil wavefields. (= Veröff. Inst. Bodenmech. u. Felsmech. Univ. Karlsruhe, H. 78) Karlsruhe 1978

ZIELE, METHODEN UND ARBEITSPROGRAMM

1. Fortdauernde Setzungen von Fundamenten auf tonigem Baugrund

Die Ziele dieser Untersuchung sind
– die Beurteilung der gegenwärtigen Sicherheit der Gründung aufgrund des bisherigen Verlaufs der Setzungen und aufgrund von Laborversuchen an ungestörten Proben;

– die Prognose des zukünftigen Verlaufs der Setzungen und der Veränderung der Sicherheit, wenn am Bauwerk und am Baugrund keine Eingriffe vorgenommen werden;
– Bereitstellung von Bodenkennwerten und Berechnungsverfahren für Entwurf und Bemessung von Eingriffen in Bauwerk und Baugrund (s. Teilprojekt C4);

– Beitrag zur Erforschung der Geschichte der Gründungstechnik.

Oberster Leitsatz für alle Untersuchungen ist die möglichst schonende Behandlung des historischen Gebäudes und die weitestgehende Erhaltung der denkmalwürdigen Konstruktion, auch wo diese nicht von außen sichtbar ist.

Diese Untersuchungen sollen in folgenden Schritten durchgeführt werden:

– **Auswahl geeigneter Objekte** auf weichem tonigem Baugrund mit Unterstützung durch die Dokumentationsstelle des SFB und das Landesdenkmalamt; Rekonstruktion der Bau- und Gründungsgeschichte und der Setzungen, Bestandsaufnahme des gegenwärtigen Tragwerkes mit Unterstützung durch die Institute für Baugeschichte und Tragkonstruktionen.

– **Baugrunderkundungen und Messungen im Baugrund:** Schonende Aufschlußbohrungen mit Entnahme weitestgehend ungestörter Proben, die sofort bei der Entnahme luftdicht verpackt und möglichst unter die Baugrundspannung gesetzt werden. Grundwasser- und Porenwasserdruckmessung im Baugrund. Falls Baumaßnahmen in der Umgebung geplant sind, Einbau von Neigungsmeßrohren und Durchführung von Neigungssondierungen, hochgenaue Höhenmessungen am Bauwerk zur Setzungskontrolle. Diese Arbeiten sollten teilweise vom Bauherrn finanziert werden.

– **Laborversuche:**
Indexversuche zur Korrelation der Materialeigenschaften.
Begleitende mineralogische Untersuchung durch das Institut für Mineralogie. Langzeitige Kompressionsversuche mit Laststeuerung und mit Steuerung der Stauchungsgeschwindigkeit; dabei Untersuchung des Alterungszustandes der Proben.

Dreiaxialversuche mit konstanter Spannung (Kriechversuche) und mit konstanter Dehnungsgeschwindigkeit zur Untersuchung der Kriecheigenschaften; dabei sollen zunächst die aus der neueren Literatur bekannten Versuchsmethoden und Erkenntnisse über die geschwindigkeitsabhängigen Materialeigenschaften übernommen und geprüft werden. Die Versuchstemperatur soll der Temperatur im Baugrund angepaßt werden.

Biaxialversuche mit abschnittsweise konstanter Dehnungsgeschwindigkeit zur Übertragung der Ergebnisse der Dreiaxialversuche auf ebene Verformungen.

Quaderverformungsversuche mit abschnittsweise konstanter Dehnungsgeschwindigkeit an undränierten Proben zur Verallgemeinerung auf räumliche Verformungen. Bei diesen Versuchen kann auch das geschwindigkeitsabhängige Verhalten nach Knicken im Verformungspfad untersucht werden.

– **Formulierung von Stoffgleichungen**
Aufgrund der Versuchsergebnisse sollen Stoffgleichungen entwickelt werden, die das Materialverhalten mindestens für folgende Prozesse vorhersagen: Dehnungsgeschwindigkeit bei konstanter Spannung (Kriechen), Spannung bei eingeprägter Dehnungsgeschwindigkeit einschließlich dem Sonderfall der Relaxation. Nach Möglichkeit soll auch die Dehnungsverfestigung berücksichtigt werden; dies ist aber für die Anwendung auf alte Bauten nicht unbedingt notwendig. Die Stoffgleichungen sollen koordinateninvariant (tensoriell) nach den Regeln der Kontinuumsmechanik geschrieben werden.

– **Lösung von Randwertproblemen:** Berechnung der Setzungsgeschwindigkeit von Fundamenten; Aussagen über die Standsicherheit. Unter Erweiterung der Methode von WINTER [37] sind FE-Berechnungen für die zuvor ermittelten Stoffgesetze durchzuführen. Das Ziel sind Ähnlich-

keitsgesetze, welche die Verallgemeinerung von Einheitslösungen ermöglichen.
Diese Arbeit kann voraussichtlich nicht
mehr in den ersten drei Jahren abgeschlossen werden.

2. Fortdauernde Verschiebungen von alten Stützwänden und Gebäuden an tonigen Hängen

Es handelt sich hierbei in der Regel um Hänge
aus überkonsolidierten tonigen Böden, die
sich nur sehr langsam bewegen; sich schneller
bewegende Kriechhänge, wie sie heutzutage
bebaut werden müssen, sind für historische
Gebäude nicht in Frage gekommen, oder diese
Gebäude sind bereits eingestürzt. Die Ziele
dieser Untersuchungen sind analog zum Problem der fortdauernden Setzungen:

- Beurteilung der gegenwärtigen Sicherheit
  aufgrund der beobachteten Bewegungen
  und aufgrund von Laborversuchen an Bodenproben;
- Prognose des zukünftigen Verhaltens,
  wenn keine Eingriffe vorgenommen werden;
- Bereitstellung von Bodenkennwerten und
  Berechnungsverfahren für Entwurf und
  Bemessung von denkmalschonenden Sicherungsmaßnahmen zum Zwecke der Erhaltung des Gebäudes oder der Durchführung von Baumaßnahmen in der Nachbarschaft (siehe Projekt C4);
- Beitrag zur Erforschung der Geschichte
  der Grundbautechnik.

Hierfür sind folgende Arbeiten durchzuführen:
- **Auswahl geeigneter Objekte** mit Unterstützung durch die Dokumentationsstelle
  des SFB und das Landesdenkmalamt; Erforschung der Bau- und Gründungsgeschichte und der bisherigen Bewegungen
  sowie Bestandsaufnahme des gegenwärtigen Tragwerkes mit Unterstützung durch
  die Institute für Baugeschichte und Tragkonstruktionen.

- **Baugrunduntersuchungen und Geländemessungen:** Allgemeine geologische Untersuchung, Aufschlußbohrungen mit vol-
  lem Kerngewinn, Grundwasserbeobach-
  tungen, Einbau von Neigungsmeßrohren
  und Durchführung von Neigungssondierungen über einen langen Zeitraum zur
  Bestimmung der Geschwindigkeitsvertei-
  lung im Baugrund, hochgenaue Lage- und
  Höhenmessungen am Bauwerk. Diese Arbeiten sollten teilweise vom Bauherrn finanziert werden.

- **Laborversuche:**
  Indexversuche;
  begleitende mineralogische Untersuchung
  durch das Institut für Mineralogie;
  Dreiaxialversuche in Anlehnung an die
  Versuche zum Problem der fortdauernden
  Setzungen, jedoch an überkonsolidierten
  Proben;
  Biaxialversuche mit einem Biaxialgerät
  mit seitlich verschieblichem Unterteil zur
  Untersuchung von Scherfugen in unge-
  störten Probekörpern [39].

- **Formulierung eines Stoffgesetzes:** Gesucht ist ein Materialgesetz, welches im
  Einklang mit den Geländebeobachtungen
  und Laborversuchen das Kriechen erklärt.
  Diese Arbeit wird in Verbindung mit der
  Ermittlung des Stoffgesetzes zur Vorhersage fortdauernder Setzungen durchgeführt.

- **Lösung des Randwertproblems:** Es soll zunächst versucht werden, das Kriechen des
  Geländesprungs durch Verallgemeinerung
  der von uns entwickelten kinematischen
  Methode zu berechnen, die wir auch angewendet haben [38]. Hierbei wird die bei
  den Geländemessungen beobachtete Ki-
  nematik berücksichtigt. Die Verallgemeinerung besteht in der Anwendung auf
  räumliche Bewegungen und in der bei geschwindigkeitsabhängigen Materialverhalten notwendigen Berücksichtigung der
  Scherfugendicke.
  Diese Arbeit wird in den ersten drei Jahren
  des SFB nicht zum Abschluß kommen.

3. Neuerdings auftretende Setzungen alter Gebäude auf körnigem Baugrund infolge von Erschütterungen

Die Ziele dieses Teilprojektes sind die Erarbeitung von

– Kriterien für den Einfluß von Verkehrserschütterungen auf das zukünftige Verhalten eines alten Gebäudes und auf die Sakkungen des Baugrundes;

– Methoden und Bemessungsverfahren für die Begrenzung von Schäden an alten Gebäuden durch Verkehrserschütterungen.

Ein detailliertes Arbeitsprogramm für dieses Teilprojekt kann noch nicht angegeben werden. Es werden schonende Erschütterungsmessungen an Ort und Stelle, Laborversuche an Bodenproben und Modellversuche erforderlich sein.

ZEITPLAN

Untersuchungsbereich	1. Bewilligungszeitraum		
	1985	1986	1987
FORTDAUERNDE SETZUNGEN AUF TON			
Objektauswahl, Bestandsaufnahme, Bau- und Gründungsgeschichte			
Aufschlußbohrungen, Probenentnahme, Einbau der Meßeinrichtungen			
Messungen am Bauwerk und im Baugrund			→
Aufbau der Versuchseinrichtungen			
Laborversuche			
Formulierung von Stoffgleichungen			
- theoretische Vorarbeiten			
- Anpassen an Versuchsergebnisse, Prüfen von Ansätzen aus der Literatur			
FORTDAUERNDE VERSCHIEBUNGEN VON BAUWERKEN AN HÄNGEN			
Objektauswahl, Bestandsaufnahme, Bau- und Gründungsgeschichte			
Geologische Voruntersuchung, Aufschlußbohrungen, Probenentnahme, Einbau von Meßeinrichtungen			
Messungen am Bauwerk und im Baugrund			→
Laborversuche			→
Formulierung von Stoffgesetzen			
- theoretische Vorarbeiten			
- Anpassen der Versuchsergebnisse			→

5 Konstanz, Wohnbebauung des 19. Jahrhunderts. Beispiel für fortdauernde Setzungen auf weichem, tonigen Baugrund

STELLUNG DES PROJEKTES INNERHALB DES SFB

Die geschilderten bodenmechanischen Probleme wurden zwar schon wissenschaftlich untersucht, jedoch noch nicht oder nur sehr wenig im Zusammenhang mit alten Gebäuden, für welche sie typisch sind. Wenn es um die Erhaltung historischer Gebäude geht, dann müssen diese Probleme behandelt werden; und umgekehrt können die genannten Probleme nur an alten Gebäuden studiert werden. Die Arbeiten können nicht ohne Mitwirkung durch andere Institute innerhalb des SFB durchgeführt werden. Die Geschichte des Gebäudes mit der ersten Errichtung, den ver-

schiedenen Schadensentwicklungen, Sanierungen, Umbauten und Umnutzungen hat sich in der Belastungsgeschichte des Tragwerkes und somit der Fundamente niedergeschlagen. Die Belastungsgeschichte der Fundamente bis hin zur gegenwärtigen Belastung ist bei der bodenmechanischen Beurteilung zu berücksichtigen, weil sich der Boden teilweise daran »erinnert«. Zur Erforschung der Geschichte des Gebäudes sind wir auf die Hilfe des Institutes für Baugeschichte angewiesen. Andererseits hoffen wir, durch unsere Untersuchungen einen Beitrag zur Erforschung der

Geschichte des Grundbaus leisten zu können. Die Geschichte der Tragkonstruktionen kann nur in Zusammenarbeit mit dem Institut für Tragkonstruktionen rekonstruiert werden. Für die Auswahl der als Studienobjekte geeigneten historischen Bauwerke ist die Unterstützung durch das Landesdenkmalamt erforderlich. Die Laborversuche an tonigen Böden sollen in ständiger Verbindung mit dem Institut für Mineralogie durchgeführt werden. Die Arbeitsergebnisse des Projektes B3 dienen als Grundlage für die Projekte A3, C2 und C4.

STAND DER ARBEITEN

Programmgemäß wurde im Herbst 1985 mit den Arbeiten zum Thema »Fortdauernde Setzungen« begonnen. Die erste Aufgabe bestand darin, die Geräte für die vorgesehenen bodenmechanischen Laborversuche zu entwickeln. Außerdem haben wir an den Ausgrabungen einer mittelalterlichen Gründung auf einer jungen Seeablagerung in Konstanz mitgewirkt. Durch Beobachtungen beim Bau einer Tiefgarage in Konstanz hat sich eine zusätzliche bodenmechanische Fragestellung für das Teilprojekt ergeben.

Entwicklung der bodenmechanischen Versuchsgeräte

Folgende Versuchsgeräte wurden entwickelt:
– Transportable Druckzellen zur Konservierung von Sonderproben unter möglichst genau dem Spannungszustand, der im Baugrund geherrscht hat: Zylindrische Probekörper von bis zu 10 cm Durchmesser und 20 cm Länge werden sofort bei der Entnahme aus dem Bohrloch oder der Schürfgrube in die Druckzellen eingebaut und undräniert unter die entsprechenden Axial- und Seitendrücke gesetzt. Eine derartige Konservierung ist eine notwendige Voraussetzung dafür, daß sich die Bodenproben später bei den Dreiaxial- und Kompressionsversuchen noch an ihre Vorgeschichte »erinnern«. Die Vorrichtung nach einem den Anforderungen genügenden und angemessen einfachen und preisgünstigen System wurde fertiggestellt und erprobt.

– Dreiaxialversuchsstände für Kriechversuche und extrem langsame geschwindigkeitsgesteuerte Versuche unter geregelter Baugrundtemperatur: Die strengen und bisher ungewöhnlichen Anforderungen bezüglich der Kleinheit, Gleichmäßgkeit und Regelbarkeit der Verformungsgeschwindigkeiten führten an die Grenzen des technisch Möglichen im modernen Prüfmaschinenbau. Als kleinste Vorschubgeschwindigkeit wurde 3 mm pro Monat gefordert, die größte Geschwindigkeit sollte 1 000 mal so groß sein, die größte Prüflast sollte 80 kN betragen. Stromausfälle dürfen nicht zu einer Entspannung führen, und rechnergesteuerte Langzeitversuche müssen nach einem Stromausfall automatisch weiterlaufen. Nach Verhandlungen mit mehreren Prüfmaschinenherstellern konnte schließlich eine Firma gefunden werden, die sich darauf einließ, in Zusammenarbeit mit uns eine Presse für diese Anforderungen zu entwickeln und zu bauen. Wegen Lieferverzugs einer Zulieferfirma konnte die Prüfmaschine leider noch nicht fertiggestellt werden.
Die Dreiaxialzelle haben wir selbst entwickelt. Sie ist mit einer hochgenauen, langzeitstabilen Kraftmeßdose ausgerüstet und gestattet durch die besondere Konstruktion des Stempels sowohl Kompressions- als auch Extensionsversuche, ohne daß Zugkräfte auftreten. Es sind Zellendrücke bis 20 bar möglich. Das Zellenwasser wird durch eine Kühlschlange mittels einer externen Kühlanlage auf die Bau-

grundtemperatur (8 bis 12° C) thermosta-
tiert. Alle metallischen Teile der Zelle werden aus Edelstahl gefertigt, damit nicht
durch Korrosion chemische Veränderungen bei den Versuchen entstehen.
- Kompressionsgeräte: Es wurden Ödome-
terringe entwickelt, bei denen mittels Deh-
nungsmeßstreifen die Ringspannung gemessen werden kann, ohne daß dabei die
Seitendehnung unzulässig groß wird. Ziel
ist es u.a., die Änderung des Seitendruckes
beim einaxialen Kriechen des Tons zu messen.

Ausgrabungen an einer mittelalterlichen Gründung

Es handelt sich um die Ausgrabungen am Konstanzer Fischmarkt, die von Mai 1984 bis Juli
1986 vom Landesdenkmalamt Freiburg
(J. Oexle) durchgeführt wurden. Wegen des geplanten Baus einer Tiefgarage wurden hier die
Reste des im 19. Jh. größtenteils abgerissenen
Salmansweilerhofes archäologisch ausgegra-
ben. Dieses schwere Gebäude wurde im 13. Jh.
im Flachwasserbereich auf dem weichen See-
grund errichtet, was u.a. gründungsgeschicht-
lich äußerst interessant ist. Im Sommer 1986
konnten wir uns zusammen mit dem Institut
für Baugeschichte an den Ausgrabungsarbei-
ten beteiligen, um die Gründung genauer zu
erkunden, als es ursprünglich vorgesehen war
(Frau Dr. Judith Oexle sei für die freundliche
Unterstützung und gute Zusammenarbeit an
dieser Stelle gedankt). Die Gründung bestand
aus kurzen Holzpfählen und darüber einem
Rost aus Eichenstämmen in Höhe des ehemaligen Seegrundes. Auf den Holzrost waren
Fundamente aus Sandsteinquadern gemauert.
Bei den Ausgrabungen konnte man erkennen,
was an dieser Gründungsmethode, die in Konstanz bis zum 19. Jh. angewandt wurde, gut
war und sich bewährt hat, aber auch, was man
damals falsch gemacht hat und mit den gleichen Mitteln hätte besser machen können.

Wir werden in einer späteren Veröffentlichung ausführlich über die Ergebnisse berichten.

Eine Beobachtung beim Bau einer Tiefgarage in Konstanz

Beim Bau der Erweiterung des Hauptpostam-
tes in der Konstanzer Altstadt zeigte es sich,
daß die jungen Seeablagerungen sehr empfindlich auf Erschütterungen durch den Baubetrieb reagieren. Erschütterungen breiten
sich nicht nur sehr stark in die Umgebung aus,
sondern sie führen manchmal auch zu erheblichen Setzungen an benachbarten alten Gebäuden. Es ist anzunehmen, daß diese Setzungen dadurch entstehen, daß sich durch die Erschütterungen als zyklische Beanspruchung
zunächst ein Porenwasserüberdruck im wassergesättigten Boden aufbaut (sog. Liquefak-
tion), was bei den hoch belasteten Fundamenten alter Gebäude einen Grenzzustand einlei-
ten kann. Anschließend dissipiert der Porenwasserüberdruck, wobei das Korngerüst kon-
solidiert, d.h. Wasser abgibt und sein Volumen
verkleinert. Die extreme Erschütterungsemp-
findlichkeit des Baugrundes stellt nach unserer heutigen Kenntnis eine der größten Gefah-
ren für die historische Bebauung auf den weichen Seeablagerungen durch Tiefbaumaßnahmen in der Umgebung mit schweren Bau-
maschinen dar. Es ergibt sich somit eine zusätzliche, bisher nicht berücksichtigte Fragestellung für die bodenmechanischen Versuche
im Rahmen dieses Teilprojektes: Wie verhalten sich die jungen Seeablagerungen bei zyklischer und anschließend ruhender Belastung.
Die Frage kann durch zyklische Dreiaxialversuche an ungestörten Bodenproben untersucht werden. Der oben beschriebene rechnergesteuerte Dreiaxialversuchsstand ist auch
hierfür geeignet.

1   Schloß Ludwigsburg, Torbau. Feuchteschäden im Sockelbereich

2   Schloß Ludwigsburg. Feuchteschäden, trotz durchgeführter Sanierungsmaßnahmen

Teilprojekt B 4

Auswirkung mineralogischer Prozesse auf Bauwerke und Baugrund

Leiter:	Prof. Dr. phil. Egon Althaus
	Prof. Dr. rer. nat.
	Werner Smykatz-Kloss
Dienstanschrift:	Mineralogisches Institut
	der Universität Karlsruhe
	Kaiserstr. 12
	7500 Karlsruhe
Telefon:	(07 21) 608-33 16 / 29 37
Mitarbeiter:	Dr. rer. nat. Ekkehard Karotke
	Dr. rer. nat. Alexander Faller
	Ulrike Henes
	– Adresse wie oben –

EINFÜHRUNG UND ÜBERBLICK

Viele historische und moderne Baumaterialien sind mineralogische Objekte, entweder direkt (Werksteine) oder indirekt aus solchen hervorgegangen (Backsteine, Bindemittel). Ihre Erforschung mit Hilfe mineralogischer Methoden ist ein Zweig der Angewandten Mineralogie. Von seiten der Mineralogen können in ein Programm zum Erhalten historischer Bauwerke insbesondere zwei Aspekte eingebracht werden: die moderne Untersuchungsmethodik sowie die Kenntnis über das Verhalten von Mineralen und Gesteinen – auch synthetischen wie z. B. im Zement – in bestimmtem Milieu und über längere Zeiträume. Analog verhält es sich mit der Untersuchung von Baugründen: Mineralbestand und Gefüge sind Parameter, die durch mineralogische Untersuchungen zu klären sind und deren Veränderung unter dem Einfluß von inneren und äußeren Variablen mineralogischen Gesetzmäßigkeiten gehorcht. Bei der Erwägung von Sanierungs- und Erhaltungsmaßnahmen für historische Bauwerke sollten diese mineralogischen Gesichtspunkte beachtet werden.

STAND DER FORSCHUNG

Im methodischen Bereich stehen viele Verfahren zur Verfügung, die unmittelbar für die Bestandsaufnahme an historischen Bauwerken benutzt werden können: Der chemische Stoffbestand wird nach modernen Analyseverfahren sowohl an Groß- als auch an Mikroproben bestimmt (mit Röntgenfluoreszenz- und Atomabsorptionsanalyse sowie der Elektronenstrahl-Mikrosonde), der Phasenbestand wird durch Röntgendiffraktometrie oder thermoanalytische Methoden (DTA, TG) sowie mit Hilfe optischer Verfahren (Polarisationsmikroskopie, Raster-Elektronenmikroskopie) erkannt, das Gefüge durch optische Untersuchungen beschrieben. Alle Verfahren sind weit entwickelt und stehen mit hoher Zuverlässigkeit zur Verfügung.

Das Verhalten der Stoffe in bestimmten Milieus muß häufig durch Experimente (z.B. Auslaugungs- und Quellversuche) geklärt werden. Auch hierfür steht in der Mineralogie ein Standard-Instrumentarium bereit.

Mineralogische Methoden sind bereits auf die Fragen der Erhaltung historischer Bauwerke angewandt worden (s. z.B. WINKLER [1]). Der Stand der Forschung auf diesem Gebiet kann jedoch nicht speziell angegeben werden, da er demjenigen in der Allgemeinen Mineralogie entspricht. Die mineralogischen Erkenntnisse müssen auf das jeweilige Projekt bezogen angewandt werden. Baumaterialien verhalten sich als mineralogische Objekte kaum anders als natürliche Gesteine. Die Prozesse der Mineralumwandlung und Verwitterung wirken hier in ähnlicher Weise wie in der Natur. Einige spezielle Probleme kommen hinzu: Beispiele sind Treiben im Zement- oder Kalkmörtel, Quellen von Zuschlagstoffen oder Magerungsmitteln, Deformation von Baugründen durch Wasseraufnahme (Anhydrit-Gipsumwandlung, Quellung von Tonmineralien durch Änderung der Zwischenschicht-Beladung) oder Oxidation (Pyrit-Melanterit). Die Ursachen können durch mineralogische Untersuchungen zumeist leicht erkannt und Gegenmaßnahmen empfohlen werden.

Die mechanischen Eigenschaften von Baugründen hängen stark von der mineralogischen Beschaffenheit des Untergrundes (anstehendes Gestein, Boden), von den in ihm ablaufenden mineralogischen und chemischen Prozessen sowie seiner Porosität, Permeabilität und Verfestigung ab. So wird die Standfestigkeit eines Baugrundes besonders durch das Vorhandensein von quellfähigen und thixotropen Bodenanteilen (quellfähige Tonminerale: Smectite, Vermiculite, Wechsellagerungsminerale; s. z. B. LIPPMANN und SCHÜLE [2] MAC EWAN und RUITZ AMIL [3] MAC EWAN und WILSON [4]) beeinflußt.

In sulfathaltigen Untergründen (z.B. dem in Süddeutschland weit verbreiteten Gipskeuper) kann es durch Rehydratationserscheinungen (z.B. Umwandlung Anhydrit in Gips) zu erheblichen Volumenveränderungen (HENKE und KAISER [5]), auf zu stark belasteten, geneigten tonigen Horizonten zu Rutschungen und Stauchungen kommen. Zwar gibt es eine Reihe von Methoden und Maßnahmen, lockere, sulfathaltige und speziell tonige Baugründe zu stabilisieren (HENKE und HILLER [6] KOHLER [7]), doch müssen dazu sowohl die mineralogische Beschaffenheit des Untergrundes als auch die eintretenden Reaktionen zwischen Bodenmineralen und möglichen Stabilisatoren (z.B. Bitumina, Wasserglas, Phosphorsäuren) genau bekannt sein. Hier sind (s. z.B. KOHLER [7]) noch viele Probleme zu lösen, um in experimentellen Untersuchungen für jeden Baugrund die geeigneten hydraulisch wirkenden Bindemittel zu finden.

Literatur:

[1] E.M. WINKLER, Stone: Properties, Durability in Man's Environment. Applied Mineralogy 4, Wien, New York 1973

[2] F. LIPPMANN und F. SCHÜLE, Mineralogische Untersuchungen an Keupergesteinen unter besonderer Berücksichtigung der Tonminerale.

In: K. F. HENKE (Hrsg.), Sohlhebungen beim Tunnelbau im Gipskeuper, (vgl. [5]) 1975

[3] D. M. C. MAC EWAN und A. RUIZ-AMIL, Interstratified Clay Minerals. In: J. E. GIESEKING (Hrsg.), Soil Components, 2 Bde., Berlin 1975, S. 265-334

[4] D. M. C. MAC EWAN und M. J. WILSON, Interlayer and Intercalation Complexes of Clay Minerals: In G. W. BRINDLEY und G. BROWN (Hrsg.), Crystal Structures of Clay Minerals and their X-ray Identification. Mineralog. Soc. London 1980, S. 197-247

[5] K. F. HENKE und W. KAISER, Zusammenfassung und Deutung der Ergebnisse in bezug auf Sohlhebungen beim Tunnelbau im Gipskeuper. (hrsg. von K. F. HENKE) Veröff. Minist. f. Wirtschaft, Mittelstand und Verkehr Baden-Württemberg 1975

[6] K. F. HENKE und M. HILLER, Gipskeuper als Baugrund. In: Die Bauverwaltung (1982) H. 1

[7] E. E. KOHLER, Mineralreaktionen und Oberflächenveränderungen von Schichtsilicaten bei der Stabilisierung von bindigem Baugrund. Habil.-Schrift, TU-München 1983

ZIELE, METHODEN, ARBEITSPROGRAMM

Ziele

Ziel des Vorhabens ist es, an ausgewählten, auch in anderen Teilprojekten des Sonderforschungsbereiches behandelten Baudenkmälern und deren Baugründen mit Hilfe moderner mineralogischer Methoden zu untersuchen, welche mineralogischen Bestandteile und Prozesse zu den beobachteten Schäden an dem Bauwerk geführt haben und welche mineralogischen und geochemischen Verfahren dazu beitragen können, derartige Schäden zu beheben bzw. die restaurierten Zustände der betreffenden Baudenkmäler zu erhalten. Welche Objekte in Betracht kommen, wird zusammen mit den anderen Teilprojekten festgelegt.

Methoden, Arbeitsprogramm

Nach Besichtigung der zu untersuchenden Objekte wird eine geeignete Methode für die Probenentnahme ausgewählt. Wichtig für die Untersuchungen ist es, zusammenhängende Profile sowohl vom Mauerwerk als auch vom Baugrund zu erhalten. An Mauerwerken werden die Proben mittels Kernbohrung gewonnen, wobei der Durchmesser der Kernbohrung je nach Entnahmemöglichkeit und Material variiert. Proben des Baugrundes werden als Grab-, Schürf- oder auch als Bohrprobe gewonnen.

Alle Proben werden mineralogisch (qualitativer und quantitativer Mineralbestand), chemisch (Haupt- und Spurenelemente) und strukturell (Kernverband, Rißbildung) untersucht. Dazu steht ein umfangreiches Instrumentarium zur Verfügung:

- Automatisches Sequenz-Röntgenspektrometer (RFA)
- Rasterelektronen-Mikroskop (REM)
- Atomabsorptionsspektrometer (AAS)
- Röntgendiffraktometer und Heizguinierkamera
- Optische Mikroskopie mit vielen Zusatzeinrichtungen
- konventionelles chemisches Labor
- Säge-, Schleif- und Polierapparaturen
- Mikro-Differenzthermoanalyse

Im ersten Antragszeitraum sollen folgende Punkte bearbeitet werden:

- Klassifikation und Bewertung der Materialien von historischem Mauerwerk (Natursteine, Ziegelsteine, Mörtel) (Zusammenarbeit mit A3).
- Erfassung der Verwitterungsvorgänge von der Oberfläche her, Eindringtiefen und Veränderungen im Gestein. Kinetik der Wanderung von Umwandlungs- und Lösungsfronten. Prognose der zukünftigen

Beständigkeit (Zusammenarbeit mit C2).
- Erfassung, Beschreibung und Analyse von Entfestigungsvorgängen in porösen Materialien. Erkennen der chemischen Prozesse. Erfassung der Abhängigkeit von Gestalt und Verknüpfung der Porenräume (z.T. mit Hilfe von Licht- und Elektronenmikroskopie). Reaktionen im Baumaterial unter dem Einfluß aufsteigender Feuchte (Zusammenarbeit mit B1).
- Rißbildung im Mauerwerk: Bestimmung der Bewegungsrichtung aus Marken auf den harnisch-ähnlichen Flächen (Strie-

mung). Altersbestimmung aus der Umwandlungstiefe durch Hydratisierung bzw. Carbonatisierung, Umwandlung oder Auslaugung.
- Aufnahme von Mineralbestand, Struktur, Textur, Korngrößenverteilung, Anteil an quellfähigen und hydratisierbaren bzw. dehydratisierbaren Mineralen. Klärung der Ursache von Auslaugungen und Quellungen, Setzungen und Aufwölbungen, Ausarbeitung von Gegenmaßnahmen (Zusammenarbeit mit B3).

STELLUNG DES PROJEKTES INNERHALB DES SFB

In mehreren Teilprojekten (B1, B3, später auch A3, C2) sind Untersuchungen über stofflichen Aufbau und strukturelle Materialeigenschaften notwendig, die mit Hilfe mineralogischer Methodik angegangen werden müssen.

Mit diesen Teilprojekten ist eine intensive Zusammenarbeit angezeigt. Das Mineralogische Institut wird hier die Position eines zentralen Laboratoriums für die Bedürfnisse des SFB einnehmen.

EIGENE VORARBEITEN

Erfahrungen im den SFB interessierenden Bereich wurden bisher im Rahmen von Gutachter- und Auftragstätigkeit erworben. Beispiele sind Untersuchungen zur Anhydrit-Gips-Umwandlung für Fragen des Tunnelbaus bei der Hochgeschwindigkeitsstrecke Mannheim-Stuttgart der DB, Klärung der Ursachen für Fundamentbewegungen bei einem Kran des Containerbahnhofs Karlsruhe, Erkennen der Ursache und Vorschlag von Gegenmaßnahmen bei Sohlbewegungen in einer großen Werkhalle mit Lias ε als Baugrund, Untersuchung des Langzeitverhaltens von Asbestzementplatten beim Einsatz in Kühltürmen. Veröffentlichungen hierüber liegen vor (z.B. ERNST u.a. [8]).
Ausgedehnte Erfahrungen sind vorhanden im Bereich der Wechselwirkungen zwischen Gesteinen und Flüssigkeiten unterschiedlicher Zusammensetzung, die zwar überwiegend bei höheren Temperaturen (50 - 300°C) gewon-

nen wurden, ohne Schwierigkeiten aber extrapoliert werden können auf Bedingungen der Bauwerksbeeinflussung durch Bodenwässer und Niederschläge. Sowohl im Bereich der Sedimente (Tone und Tonminerale) als auch der festen Gesteine (magmatische und metamorphe) sind einschlägige Erfahrungen hinsichtlich der Bearbeitung mit Standard- und modernen Methoden vorhanden. Experimentelle Untersuchungen von Stoffeigenschaften gehören zum Hauptarbeitsgebiet der Teilprojektleiter. Weiterhin wurde im Rahmen des DFG-SP »Ingenieurgeologische Probleme im Grenzbereich zwischen Locker- und Festgesteinen« eine Methode entwickelt, die es erlaubt, den Verwitterungsgrad von Silikatgesteinen schnell und einfach zu bestimmen (SMYKATZ-KLOSS und GOEBELBECKER [9]).

[8] G. ERNST, E. ALTHAUS, E. KAROTKE, H. HEU-
MANN und G. RÜCKERT, Emissionen von As-
bestfasern aus Naturzug-Naßkühltürmen.
Fortschritt – Berichte VDI, Reihe 15: Umwelt-
technik, Nr. 28, 1985
[9] W. SMYKATZ-KLOSS und J. GOEBELBECKER, Der
chemische Verwitterungsgrad von Gesteinen
als Maß für ihre ingenieurgeologische Ver-
wendbarkeit. In: Ingenieurgeologische Probleme im Grenzbereich zwischen Locker- und
Festgesteinen, hrsg. von K.H. HEITFELD. Heidelberg u.a. 1985, S. 163-173

STAND DER ARBEITEN

Die Untersuchungen konzentrieren sich bis
dato auf folgende Objekte (Über die Ergebnisse der Untersuchungen wird im Jahrbuch des
Sonderforschungsbereichs 315, 1986 ausführlich berichtet):

– Karlsruhe, Schloß Gottesau

Im Dezember 1985 wurden wir über Schäden im alten und neuen Mauerwerk des
Schlosses Gottesau informiert, die sich zunächst in Salzausblühungen äußerten,
aber auch tiefere Schichten der Sandsteine
erfassen.
Die oberflächliche Zerstörung der Baustoffe (Zerfall der Buntsandsteine, insbesondere der Zierglieder, Abblättern der
Oberflächenschichten des Ziegelmauerwerks) ist auf verwitterungsaktive Sulfate
Thenardit (Na_2SO_4), Syngenit [$K_2Ca(SO_4)_2$
$\cdot$ H_2O], Glaserit [$K_3Na(SO_4)_2$] und Gips
($CaSO_4 \cdot 2H_2O$) zurückzuführen (Abb.
3, 6). Die Schäden gehen von den neuen
Hochlochziegeln aus, deren Verwendung
als Schadensursache anzusehen ist.

– Baden-Baden, Dreieichenkapelle

Die Kapelle ist aus einem magmatischen
Naturgestein (Leisbergporphyr) aus der
Nähe von Baden-Baden gebaut. An den
Außenwänden werden Absprengungen
der Oberflächenschichten beobachtet
(Abb. 4, 5).
Aufgrund der vorliegenden Resultate ist
diese Schadensform zurückzuführen auf:

1. Mangelhafte Bauunterhaltung, Ansied-
lung von Mikroorganismen
2. Sulfatzufuhr über Regen, Tau und Nebel
aus der verunreinigten Atmosphäre, die
zur Gipsbildung führte

– Ludwigsburg, Schloß

Im Sockelbereich der Außenmauern werden Schädigungen durch aufsteigende

3 Karlsruhe, Schloß Gottesau.
Salzabscheidungen (Syngenit, Glaserit und
Thenardit) an Ziegelwänden im Inneren des
Gebäudes

4   Baden-Baden, Dreieichenkapelle.
Absprengung der Oberflächenschichten des
Leisbergporphyrs

5   Baden-Baden, Dreieichenkapelle.
Abgesprengte Außenkruste

Feuchte bis in Höhen von bis zu zwei Metern beobachtet. Sie äußern sich in Zerstörung der Farbanstriche und Putzoberflächen und führen zum Absanden der Buntsandsteine. Haup, ursache ist der Salzgehalt der aufsteigenden Wässer (Abb. 1, 2).

– **Bad Wimpfen, Blauer Turm**

1970 - 1972 wurde der Blaue Turm durch Zementinjektionen und Verfugen mit einem Spritzmörtel saniert.
Nach der Sanierung traten neue Risse im Mauerwerk auf. Außerdem waren Ausblühungen verschiedener Salze zu finden. Aufwölbungen und Abplatzungen des Mörtels und zum Teil eine völlige Zerstörung des Mörtelgefüges waren offensichtlich.
Mineralogische Untersuchungen ergaben, daß neben üblichen Mineralphasen Neubildungen auftreten, die durch ihren Kristallisationsdruck gefügezerstörend wirken und für die Schäden mitverantwortlich gemacht werden können. Die Arbeiten am Blauen Turm in Bad Wimpfen erfolgten in Abstimmung mit den Teilprojekten A3 und C2.

– **Oberndorf a.N., ehem. Augustinerklosterkirche**

Hier wurden, ebenfalls in Zusammenarbeit mit dem Teilprojekt A3, Untersuchungen von Stein und Mörtel des 1973 durch Zementinjektionen sanierten Mauerwerks begonnen.

– **Konstanz, Baustellen am Fischmarkt**

In der Nachbarschaft einer großen Baugrube sind – bedingt durch Gleitungen im anstehenden, z.T. aus quellfähigen Komponenten aufgebauten Seeton – beträchtliche Schäden an historisch bedeutsamen, z.T. aus dem 13. Jahrhundert stammenden Altstadthäusern entstanden. Tonminera-

logische und bodenmechanische Untersuchungen (zusammen mit dem Teilprojekt B3) wurden begonnen.

6   Karlsruhe, Schloß Gottesau. Ausblühungen von Thenardit, Gips und Syngenit an einer Pilasterbasis aus Buntsandstein

1   Schloß Hohentübingen. Liegender Dachstuhl

2   Schloß Hohentübingen. Hängesprengwerk mit angehängten Deckenbalken

Teilprojekt C 1

Knotenpunkte und Verbindungsmittel alter Holzkonstruktionen

Leiter:	Prof. Dr.-Ing. Jürgen Ehlbeck
Dienstanschrift:	Lehrstuhl für Ingenieurholzbau
	und Baukonstruktionen
	Universität Karlsruhe
	Kaiserstr. 12
	7500 Karlsruhe 1
Telefon:	(07 21) 608-22 11
Mitarbeiter:	Dipl.-Ing. Ronnie Hättich
	– Adresse wie oben –

EINFÜHRUNG UND ÜBERBLICK

Da Ausbildung und Tragfähigkeit von Anschlüssen im Holzbau das Tragverhalten der gesamten Konstruktion maßgebend mitbestimmen, müssen zur Beurteilung der Sicherheit von alten Holzkonstruktionen die Knotenpunkte und Verbindungsmittel besonders untersucht werden. Ausgehend von einer detaillierten Aufnahme der wichtigsten früher gebräuchlichen Knotenausbildungen ist es daher das Ziel dieses Forschungs-Teilprojektes, die Wirkungsweise solcher Punkte bei der Kraftübertragung zu erfassen und zu überprüfen.

Da es gleichzeitig von großer Bedeutung ist, die Resttragfähigkeit alter Verbindungen nach langjähriger Belastungsgeschichte kennenzulernen, sollen alte Knotenpunkte einerseits in Zusammenarbeit mit anderen am SFB beteiligten Instituten ausgebaut, andererseits aber auch mit vorher unbelastetem Holz nachgebaut werden. Es werden an diesen Probekörpern jeweils das Verformungsverhalten unter Last und die Bruchtragfähigkeit in Versuchsserien ermittelt, um statistisch gesicherte Aussagen treffen zu können. Die zur rechnerischen Beurteilung außerdem notwendigen Prüfungen des verwendeten Holzes erfolgen in enger Zusammenarbeit mit dem Teilprojekt B2.

Aufgrund der beschriebenen Untersuchungen sollen Beurteilungskriterien erarbeitet werden, die es erlauben, unabhängig von bestehenden modernen bauaufsichtlichen Bestimmungen die Tragsicherheit von Verbindungen in alten Holzkonstruktionen zuverlässig zu beurteilen, um dann als eine wichtige Grundlage in die später in einem weiteren Teilprojekt zu bearbeitenden Beurteilungskriterien für die gesamte Konstruktion einfließen zu können.

STAND DER FORSCHUNG

Die Tragsicherheit der Knotenpunkte und Anschlüsse alter Holzkonstruktionen kann ge-
genwärtig – wenn überhaupt – nur äußerst
schwierig und unzuverlässig beurteilt werden.
Die einschlägigen technischen Baubestim-
mungen des Holzbaues sind auf moderne Inge-
nieurholzbauwerke ausgerichtet und können
für die Beurteilung kaum herangezogen werden.

Experimentelle und theoretische Untersuchungen an alten Anschlüssen und Verbindungsmitteln wurden bisher nur im Rahmen
von speziellen Sanierungsarbeiten an einzelnen Objekten und in äußerst geringem Um-
fange durchgeführt. PIEPER [1] beschreibt
zwar exemplarisch die Unterschiede zwischen
alten und neuen Knotenpunktausbildungen,
weist aber gleichzeitig darauf hin, daß ein direkter Tragfähigkeitsvergleich kaum möglich
ist. Man geht vielfach davon aus, daß bei alten
Bauweisen die Anschlüsse nur einen geringen
Prozentsatz der eigentlichen Tragfähigkeit des
Holzquerschnittes übertragen können. Zuverlässige Daten fehlen jedoch, da man sich bei
rechnerischen Abschätzungen auf moderne
Betrachtungsweisen abstützt, ohne dabei die
»Schlauheit des Materials« einkalkulieren zu
können.
Am Beispiel der Sanierung der Vierungskuppel in der Abteikirche Neresheim hat ULLRICH
[2] das Tragverhalten barocker Holzkuppeln
analysiert. Im Rahmen dieser Arbeit hat er ba-
rocke Schmiedenägel und daraus gefertigte
Stöße nach modernen Methoden überprüft
und versucht, die Ergebnisse nach derzeitigen
Sicherheitskriterien zu beurteilen.
In der Arbeit von VOGELEY [3] über die Dachkonstruktion über dem Langhaus des Freiburger Münsters werden viele Detailpunkte des
Gespärres ausführlich dargestellt. Die Tatsa-
che, daß Schäden oft ursächlich mit hochbela-
steten Knotenverbindungen in Zusammenhang gebracht werden konnten, unterstreicht
die Notwendigkeit einer systematischen Analyse alter Holzverbindungen und Anschlüsse.
Vogeley entdeckte deutliche Unterschiede im
Tragverhalten von Eichenholznägeln, die über
700 Jahre unter Last standen, im Vergleich zu
solchen, die aus jungem, unbelastetem Holz
hergestellt waren.
DEINHARD [4] weist darauf hin, daß bei den
Holzverbindungen in alten Konstruktionen
der durch Reibung übertragbare Kraftanteil
von Bedeutung sein muß, da andernfalls nach
heutigen Betrachtungsweisen (Reibungsein-
flüsse dürfen rechnerisch nicht in Ansatz gebracht werden!) die alten Anschlüsse den Be-
lastungen nicht gewachsen seien.
Der gegenwärtige Forschungsstand ist also
sehr lückenhaft und bedarf einer systematischen Vervollständigung, wenn für die Beurteilung alter Holzkonstruktionen fundierte
Kriterien und Merkmale geschaffen werden
sollen.

Literatur:

[1] K. PIEPER, Sicherung historischer Bauten.
    Berlin 1983
[2] M. ULLRICH, Untersuchungen zum Tragver-
    halten barocker Holzkuppeln am Beispiel
    der Vierungskuppel in der Abteikirche Ne-
    resheim. (= Aus Forschung und Lehre,
    Heft 3) Institut für Tragkonstruktionen, Uni-
    versität Karlsruhe 1974
[3] J. VOGELEY, Die gotische Dachkonstruktion
    über dem Langhaus des Freiburger Münsters.
    Diss. Universität Karlsruhe 1981. Institut für
    Tragkonstruktionen (Druck in Vorbereitung)
[4] M. DEINHARD, Die Tragfähigkeit historischer
    Holzkonstruktionen. Karlsruhe 1963

EIGENE VORARBEITEN

Die Abteilung Ingenieurholzbau der Versuchsanstalt für Stahl, Holz und Steine ist seit Jahrzehnten mit der experimentellen Erforschung von Verbindungsmitteln und Verbindungstechniken des Holzbaues befaßt. Dabei wurde in früheren Jahren das Hauptaugenmerk auf das Trag- und Verformungsverhalten der klassischen mechanischen Verbindungsmittel (Nägel, Bolzen, Dübel, Holzschrauben) gelegt und in jüngerer Zeit die Entwicklung moderner Verbindungstechniken in Zusammenarbeit mit der einschlägigen Industrie intensiv unterstützt. Auch die von ULLRICH [2] und VOGELEY [3] beschriebenen experimentellen Untersuchungen an Schmiedenägeln und Eichenholznägeln wurden an diesem Institut durchgeführt.

Der Leiter dieses Teilprojektes hat seit vielen Jahren Untersuchungen im Bereich der Verbindungstechnik im Holzbau bearbeitet oder geleitet, sei es im Rahmen von Forschungsvorhaben des Institutes [5 bis 17] oder im Zuge von Verfahren für die Erteilung allgemeiner bauaufsichtlicher Zulassungen des Instituts für Bautechnik, Berlin. Außerdem stellen die von MÖHLER/SIEBERT und MÖHLER/FREISEIS am gleichen Institut durchgeführten Untersuchungen über die Erhöhung der Querzug- und Querdruckbelastbarkeit des Holzes [18 bis 20] Vorarbeiten dar, durch die weitere Erfahrungen in diesem Forschungsbereich gesammelt und geeignete Prüf- und Meßeinrichtungen geschaffen wurden.

Literatur:

[5] K. MÖHLER und J. EHLBECK, Untersuchungen über das Tragverhalten von Sondernägeln bei Beanspruchung auf Abscheren und Ausziehen. (Berichte a.d. Bauforschung, Heft 91) Berlin 1973

[6] K. MÖHLER, J. EHLBECK und P. KÖSTER, Untersuchungen über das Trag- und Verformungsverhalten von Heftklammerverbindungen bei Tafelelementen. Forschungsbericht der VA, Abt. Ingenieurholzbau, Universität Karlsruhe 1974

[7] K. MÖHLER und J. EHLBECK, Untersuchungen über die Anwendung von Sondernägeln im Holzbau. Forschungsbericht der VA, Abt. Ingenieurholzbau, Universität Karlsruhe 1975

[8] K. MÖHLER, T. BUDIANTO und J. EHLBECK, Bestimmung der Lochleibungsfestigkeit und des Kraft-Eindrückungs-Verhaltens von Holzspanplatten (Flachpreßplatten). Forschungsbericht der VA, Abt. Ingenieurholzbau, Universität Karlsruhe 1977

[9] K. MÖHLER, J. EHLBECK und T.K. ONG, Untersuchungen über den Einflaß des Last-Zeit-Ablaufes bei Prüfversuchen für mechanische Holzverbindungsmittel auf Traglast und Verformungsgrößen. Forschungsbericht der VA, Abt. Ingenieurholzbau, Universität Karlsruhe 1978

[10] J. EHLBECK, Nailed Joints in Wood Structures. Virginia Polytechnic Institute and State University, Wood Research and Wood Construction Laboratory, Bulletin No. 166 Blacksburg / Va. (USA) 1979

[11] J. EHLBECK und H.J. LARSEN, Load-Slip-Relationship of Nailed Joints. Proc. of CIB-W18, Paper No. 14-7-3. Warschau 1981

[12] J. EHLBECK, Dauerschwingfestigkeit von Holz und Holzverbindungen. In: Ingenieurholzbau in Forschung und Praxis. Karlsruhe 1982

[13] J. EHLBECK und R. GÖRLACHER, Mindestnagelabstände bei Stahlblech-Holz-Nagelung. Forschungsbericht der VA, Abt. Ingenieurholzbau, Universität Karlsruhe 1982

[14] J. EHLBECK und R. GÖRLACHER, Tragverhalten von Queranschlüssen mittels Stahlformteilen, insbesondere Balkenschuhen, im Holzbau. Forschungsbericht der VA, Abt. Ingenieurholzbau, Universität Karlsruhe 1982

[15] J. EHLBECK und W. SIEBERT, Tragverhalten von Nagelverbindungen bei gleichzeitiger Beanspruchung auf Abscheren und Ausziehen. Forschungsbericht der VA, Abt. Ingenieurholzbau, Universität Karlsruhe 1984

[16] J. Ehlbeck und R. Görlacher, Tragfähigkeit
von Balkenschuhen unter zweiachsiger
Beanspruchung. Forschungsbericht der VA,
Abt. Ingenieurholzbau, Universität Karlsruhe
1984

[17] J. Ehlbeck, R. Freiseis und R. Hättich, Entwicklung und Prüfung neuer Verbindungsmittel aus Hartholz, Preßschichtholz und
ähnlichen holzhaltigen Werkstoffen für tra-
gende Verbindungen im Holzbau. Forschungsbericht der VA, Abt. Ingenieurholzbau, Universität Karlsruhe 1985

[18] K. Möhler und R. Freiseis, Erhöhung der
Querdruckfestigkeit der Auflagerungen von

Vollholz- und Brettschichtholzbauteilen
durch zusätzliche Konstruktionsmaßnahmen.
Forschungsbericht der VA, Abt. Ingenieurholzbau, Universität Karlsruhe 1982/83

[19] K. Möhler und W. Siebert, Erhöhung der
Querzugfestigkeit in gefährdeten Bereichen.
Forschungsbericht der VA, Abt. Ingenieur-
holzbau, Universität Karlsruhe 1983

[20] J. Ehlbeck, Möglichkeiten zur Erhöhung der
Querdruck- und Querzugfestigkeit von Holz.
Dreiländer-Holztagung Augsburg 1984.
Schriftenreihe der Deutschen Gesellschaft
für Holzforschung (DGfH) München 1984

ZIELE, METHODEN UND ARBEITSPROGRAMM

Ziele

Das Ziel des beantragten Teilprojektes ist unmittelbar auf Beurteilungskriterien für die
Tragfähigkeit historischer Verbindungen des
Holzbaues ausgerichtet. Um dies zu erreichen,
sind folgende Teilschritte vorgesehen:

– Dokumentation der wichtigsten, in historischen Bauten auftretenden Knotenpunktausbildungen, d.h. Erfassung der konstruktiven Gestaltung von kraftübertra-
genden Anschlüssen nach Häufigkeit des
Vorkommens, nach der Ausführung und
nach dem gegenwärtigen Zustand.
– Nachbau von Knotenpunkten aus
»neuem« Holz und Prüfung ihres Tragfä-
higkeits- und Verformungsverhaltens nach
heutigen Methoden der Prüfung von Verbindungen des Holzbaues.
– Nachbau von Knotenpunkten aus »altem«
Holz und Prüfung wie vor (vergleichende
Prüfung). Dabei soll Holz mit geringer
oder kleiner Belastungsgeschichte ausgewählt werden.
– Prüfung der Tragfähigkeit und des Verformungsverhaltens historischer Knotenpunkte, die aus Altbauten ausgebaut wurden. Hierzu sollen bevorzugt solche Knotenpunkte ausgewählt werden, über deren
Belastungsgeschichte Aussagen gemacht
werden können.

– Entwicklung von Beurteilungskriterien
über die Tragfähigkeit historischer Knotenpunkte aufgrund einer Auswertung der
vorgenannten Tragfähigkeitsuntersuchun-
gen.

Methoden

Eine Dokumentation über die wichtigen historischen und häufig vorkommenden Knotenpunktausbildungen des Holzbaues (Abb. 1) erfolgt zunächst über ein gezieltes Literaturstu-
dium. Die verfügbaren Schriften über alte
Holzbauwerke werden systematisch ausgewertet. Regionale Unterschiede in den Kno-
tenpunktgestaltungen können auf diese Weise
bereits erkundet werden. Dieser Vorarbeit
schließt sich eine Phase der Bestandsaufnahme an den Bauwerken an. Fotografische Auf-
nahmen (Abb. 2.3, 4), Zeichnungen aufgrund
von Aufmaßen sowie Erläuterungen hinsichtlich des festgestellten Zustandes (Mängel,
Schäden) beenden diese erste Arbeitsphase.
Besondere Bedeutung kommt hierbei der Aufnahme in Bauwerken zu, über die gleichzeitig
Fundstellen in der Literatur vorliegen.
Aus der Dokumentation ergibt sich zunächst
die Notwendigkeit der Erörterung statisch-

konstruktiver Fragen zu diesen historischen Verbindungen. Daraus entwickelt sich ein Programm für eine sinnvolle Untersuchung durch Tragfähigkeitsversuche. Dabei kommt es besonders darauf an, die in den historischen Knoten vorrangig verwendeten Prinzipien der Kraftübertragung zu erfassen (Beanspruchung des Holzes auf Druck in Faserrichtung, auf Abscheren, auf Biegung u.a.).

Der Bau der aufgrund der Voruntersuchungen ausgewählten Knotenpunktsysteme unter Verwendung »neuen« Holzes soll dazu dienen, das Verformungsverhalten solcher noch unbelasteter Verbindungen und ihre Tragfähigkeit durch Versuche festzustellen. Dabei werden die heute üblichen Methoden der Prüfung mechanischer Verbindungen im Holzbau angewendet. Gleichzeitig sollen rechnerische Beurteilungskriterien entwickelt werden. Hierbei ist zu beachten, daß anderes Holz als dasjenige in den historischen Bauten verwendet wird. Versuche mit altem, möglichst wenig belastetem Holz müssen diese Versuche ergänzen, um Erkenntnisse über eine Veränderung der mechanischen Holzeigenschaften im Laufe der Jahrzehnte und Jahrhunderte zu gewinnen.

Werden bei den ausgewählten Knotenpunkten spezielle Verbindungsmittel verwendet (z.B. Holznägel, schmiedeeiserne Stifte), so werden zusätzlich deren Werkstoffkennwerte bestimmt, bevor das Tragfähigkeitsverhalten der damit gefertigten Gesamtverbindung untersucht wird. Dies ist für eine rechnerische Analyse des Tragverhaltens notwendig.

Schließlich ist die Prüfung solcher Knotenpunkte aufzunehmen, die bereits langfristig unter einer Belastung gestanden haben. Hierdurch sollen insbesondere die Auswirkungen der kriechbedingten Materialverformungen auf den Kraftfluß einerseits und die alterungsbedingte Resttragfähigkeit des Materials andererseits erfaßt werden. Methodisch wichtig ist bei dieser Untersuchung, daß die Prüfkörper alten Bauten ungestört entnommen werden. Hierfür kommen natürlich nur solche Bauwerke oder Bauwerksteile in Frage, deren Erhaltung nicht vorgesehen ist.

In der letzten Phase dieses Teilprojektes er-

folgt eine systematische Analyse aller Versuchsergebnisse. Nun kommt es besonders darauf an, die bautechnisch sicherheitsrelevanten Einflußgrößen herauszufiltern, die Möglichkeit von Extrapolationen zu prüfen und daraus Kriterien für die statische Beurteilung historischer Knotenpunkte, losgelöst von den heute für Neubauten geltenden baurechtlichen Bestimmungen, zu formulieren.

Arbeitsprogramm

Entsprechend den Zielen und den Methoden ergibt sich nachstehendes Arbeitsprogramm:

- Literaturauswertung
- Bestandsaufnahme vor Ort
- Rechnerische Analyse des Tragverhaltens
- Erörterung des statisch-konstruktiven Prinzips der Wirkungsweise alter Knotenpunkte
- Herstellung, Prüfung und Auswertung von Versuchskörpern aus »neuem« Holz
- Herstellung, Prüfung, Auswertung von Versuchskörpern aus »altem« Holz
- Prüfung ausgebauter Knotenpunkte
- Analyse und Wertung der Versuche
- Entwicklung von Beurteilungskriterien für Knotenpunkte und Verbindungsmittel alter Holzkonstruktionen

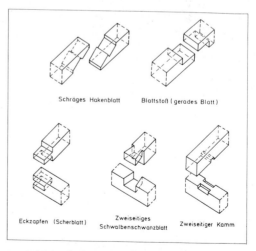

Schräges Hakenblatt   Blattstoß (gerades Blatt)

Eckzapfen (Scherblatt)   Zweiseitiges Schwalbenschwanzblatt   Zweiseitiger Kamm

3 Schematische Darstellung der wichtigsten Knotenpunktausbildungen im Holzbau

ZEITPLAN

Untersuchungsbereich	1. Bewilligungszeitraum		
	1985	1986	1987
Dokumentation der wichtigsten Knotenpunktausbildungen			→
Rechnerische Analyse des Tragverhaltens der Knoten			
Erörterung des statisch-kostruktiven Prinzips und Versuchsprogramm			
Nachbau und Prüfung von Knoten aus "neuem" Holz			
Nachbau und Prüfung von Knoten aus "altem" Holz			
Prüfung ausgebauter Knotenpunkte			
Analyse und Entwicklung von Beurteilungskriterien			→

STELLUNG DES PROJEKTES INNERHALB DES SFB

Das beantragte Teilprojekt ist auf eine enge Zusammenarbeit mit einer Reihe anderer Teilprojekte angewiesen. Vorrangig müssen mit dem Landesdenkmalamt alte Bauwerke zugänglich gemacht werden, um die Bestandsaufnahme alter Knotenpunkte durchführen zu können (Teilprojekt A1). In enger Zusammenarbeit mit dem Institut für Tragkonstruktionen werden die langjährigen Erfahrungen bei der Bestandsaufnahme historischer Bauwerke genutzt. Die Arbeiten des Institutes für Baugeschichte (Teilprojekt A 2) liefern Daten über die Belastungsgeschichte der Holzkonstruktionen und helfen bei der Auswahl solcher Bauteile, die zerstörend geprüft werden können. Schließlich besteht eine enge Verzahnung mit dem Teilprojekt B 2, da zerstörungsfreie oder zerstörungsarme Ermittlungen der relevanten Holzeigenschaften eine wichtige Voraussetzung für die Tragfähigkeitsanalyse der Verbindungen der Holzkonstruktionen sind.

STAND DER ARBEITEN

Die Arbeiten in den einzelnen Untersuchungsabschnitten wurden entsprechend dem Zeitplan begonnen. Für die ersten Versuche wurden als zimmermannsmäßige Verbindungen das Blatt, der Zapfen, der Schwalbenschwanz und der Versatz ausgewählt.

4 Kirchdorf im Schwarzwald. Barockes Dachwerk über dem Kirchenschiff

5 Schloß Hohentübingen. Unterer Detailpunkt einer Hängesäule

1 Schloß Bödigheim (Odenwald). Zweischaliges Buckelquadermauerwerk eines staufischen Bergfrieds

Teilprojekt C 2

Ein- und mehrschaliges altes Mauerwerk

Leiter:	Prof. Dr.-Ing. Fritz Wenzel
Dienstanschrift:	Institut für Tragkonstruktionen
	Universität Karlsruhe
	Englerstr. 7
	7500 Karlsruhe
	Dipl.-Ing. Frithjof Berger
	SFB 315
	Universität Karlsruhe
	Parkstr. 17
	7500 Karlsruhe
Telefon:	(07 21) 60 63 08
Mitarbeiter:	Dipl.-Ing. Ralph Egermann
	Dipl.-Ing. Andreas Nietzold
	– Adresse wie oben –

EINFÜHRUNG UND ÜBERBLICK

Wände, Pfeiler, Säulen und Fundamente aus Mauerwerk stellen den größten Anteil der statisch und baukonstruktiv zu sanierenden Substanz historisch bedeutsamer Bauwerke dar. Bevor Erhaltungsmaßnahmen geplant oder neue Nutzungen mit erhöhten Lasten in ein altes Gebäude eingebracht werden können, ist die Ermittlung der Tragfähigkeit und des Verformungsverhaltens des alten Mauerwerks erforderlich; ferner sind Kenntnisse über mögliche Sicherungstechniken, ihre Wirkungsweise und Wirksamkeit notwendig. Auf beiden Gebieten mangelt es an den wissenschaftlichen Grundlagen, was sich in der Praxis nachteilig auswirkt (wie schon oben bei der Darle-

gung des Forschungsprogramms ausgeführt ist).

Erste Forschungsergebnisse am Institut für Tragkonstruktionen haben gezeigt, daß sich, anknüpfend an neuere theoretische Arbeiten, Vorgehensweisen zur Bestimmung der stark streuenden Festigkeits- und Verformungskennwerte alten Mauerwerkes entwickeln lassen, die aussagekräftiger sind als die Untersuchung getrennter Stein- und Mörtelproben und zerstörungsärmer als das Ausbrechen ganzer Kleinpfeiler. Außerdem konnte festgestellt werden, daß Methoden und Verfahren zum Erhalten und Verbessern alten Mauerwerkes entwickelt bzw. weiterentwickelt werden können, die den Bauwerken mit ihrer authentischen Bausubstanz ihre »Patina« belassen und erkennbar geringere Kosten verursachen als ein Abbruch und Wiederaufbau der gemauerten Wände.

Das Teilprojekt gliedert sich in mehrere Problembereiche (s. Tabelle unten) und wird sich über die ganze Laufzeit des Sonderforschungsbereiches erstrecken müssen. Begonnen werden soll mit denjenigen Themen, die nicht auf Ergebnisse aus dem Teilprojekt A3 (Bestandsuntersuchungen an sanierten Bauwerken) angewiesen sind:

– Bestimmung der Tragfähigkeits- und Verformungskenngrößen alten Mauerwerkes durch möglichst zerstörungsarme Prüfverfahren
– Sicherung zerrissener Mauerwerkswände durch Vorspannen ohne Verbund mit dem Gewinn von Nachspannbarkeit und Reversibilität.

In den folgenden Ausführungen wird im wesentlichen nur auf diese Themen des ersten Bewilligungszeitraumes eingegangen.

STAND DER FORSCHUNG

1. Tragfähigkeits- und Verformungskenngrößen alten Mauerwerks

Die Versuche, das Tragverhalten und Tragvermögen des Mauerwerks schlüssig zu erklären, stammen, im Gegensatz zur jahrtausendealten Tradition dieser Bauweise, erst aus jüngster Zeit. Die in der Literatur auffindbaren Rechenformeln zur Bestimmung der Druckfestigkeit beschränken sich nahezu durchweg darauf, experimentell bestimmte Druckfestigkeiten der beiden Einzelbestandteile, der Steine und des Mörtels, mathematisch miteinander zu verknüpfen. Da bei den herangezogenen empirischen Ergebnissen die Art und Anzahl der Versuche und bei den mathematischen Verknüpfungen die rechnerischen Ansätze zum Teil stark voneinander abweichen, führen die verschiedenen Rechenformeln zu sehr unterschiedlichen Ergebnissen. Die Verwendung derartiger Formeln bei der nachträglichen Bestimmung der Tragfähigkeit alten Mauerwerkes leidet zudem unter den beträchtlichen Unsicherheiten, die besonders den experimentell gefundenen Mörteldruckfestigkeiten $\beta_{D,m}$ anhaften.

Vor etwa 20 Jahren gelang HILSDORF [9,10] eine theoretische Erklärung der Bruchvorgänge im Ziegelmauerwerk, die inzwischen durch zusätzliche Untersuchungen Bestätigung fand und allgemein anerkannt wird, obwohl die darin noch enthaltenen ungeklärten Fragen trotz des Einsatzes modernster Rechenverfahren nicht ausreichend beantwortet werden konnten [11,12,13,14]. KIRTSCHIG [15,16] weist in jüngster Zeit nach, daß die Tragfähigkeit des Mauerwerks vorwiegend von den Querdehnungsmoduln der Ziegel und des Mörtels bestimmt wird. Eine Weiterführung dieser Arbeiten mit dem Ziel, die neuen Erkenntnisse auch bei der Bestimmung der Tragfähigkeit alten Mauerwerks anwenden zu können, steht noch aus. Bislang werden weiterhin Stein- und Mörtelproben aus dem Mauerwerk entnommen, ihre jeweilige Einzelfestigkeit bestimmt (oder nur abgeschätzt) und damit die Mauerwerksdruckfestigkeit errechnet oder nach DIN 1053 festgelegt (z.B.[17]). In selteneren Fällen werden ganze Kleinpfeiler aus einer Wand entnommen und geprüft. Das Ergebnis solcher Untersuchungen ist nicht nur wegen der örtlich unterschiedlichen Verhältnisse in der Wand, sondern auch wegen der Gefügestörungen beim Herausarbeiten der Proben mit großen Unsicherheiten behaftet.

Was das Natursteinmauerwerk angeht, so sind die Kenntnisse und Forschungsergebnisse noch lückenhafter und unvollständiger als beim Ziegelmauerwerk [18,19,20,21]. Die

Tragfähigkeitswerte für Natursteinmauer-werk in DIN 1053 Blatt 1, Abschnitt 7.5 sind wissenschaftlich nicht untermauert, sie bewegen sich, aus praktischer Erfahrung heraus, im unteren Bereich eines möglichen Wertespektrums. In allerjüngster Zeit ist mit dem zunehmenden Interesse an traditionellen Baustoffen und Bauweisen auch das Interesse am Natursteinmauerwerk und an entsprechenden Forschungsergebnissen wieder gewachsen [22]. Besonders MANN [23] ist um die geschlossene Erfassung des Bruchverhaltens von Natursteinmauerwerk bemüht, wobei er auch die neueren Erkenntnisse zum Tragverhalten des Ziegelmauerwerks berücksichtigt. Der von MANN vorgeschlagene rechnerische Ansatz erfaßt das Versagen der Mörtelfugen und liefert gute Ergebnisse bei unregelmäßigem Bruchsteinmauerwerk. Sein Aussagewert nimmt mit zunehmender Regelmäßigkeit des Mauerwerkes ab und ist bei Schichten- und Quadermauerwerk nicht mehr gegeben.

2. Vorspannen ohne Verbund

Für den Spannbetonbau ist der Stand der Forschung beim Vorspannen ohne Verbund in [31,32] behandelt. Langjährige Erfahrungen sind aus der Entwicklung und Anwendung nachspannbarer Bodenanker bekannt, insbesondere über die Ausbildung des Korrosionsschutzes. Aus dem Aufgabengebiet der Mauerwerkssicherung sind vereinzelt Überlegungen zur Führung von Spanngliedern in Hüllrohren, die mit Korrosionsschutzmasse gefüllt werden sollten, bekanntgeworden. Konkrete Erfahrungsberichte liegen nicht vor, über durchgeführte Forschungsarbeiten ist nichts bekannt.

Literatur:

[1] K.G. EKBLAD, Tegel och murbruk samt nurverk av massivtegel. In: Chalmers Tekniska Högskolas Handlingar, H.84. Göteborg 1949

[2] O. BRÖCKER, Die Tragfähigkeit gemauerter Wände. In: Beton-Zeitung 28 (1962) Heft 8

[3] O. GRAF, Über die Tragfähigkeit von Mauerwerk, insbesondere von stockwerkshohen Wänden. (= Fortschritte und Forschung im Bauwesen, Reihe D, Heft 8) Stuttgart 1962

[4] S. SAHLIN, Structural Masonry, Prentice-Hall Intern, Inc., Englewood Cliffs, New Jersey 1971

[5] P.J.H. SCHNACKERS, Mauerwerk und seine Berechnung. Diss., Technische Hochschule Aachen 1973

[6] A. BRENNER, Die Festigkeit von Ziegelmauerwerk in Abhängigkeit von Mörtel- und Ziegelgüte. Verein zur Förderung der Forschung im Rahmen der keramischen Industrie Österreichs. Wien 1973

[7] K. KIRTSCHIG, Zur Tragfähigkeit von Mauerwerk bei mittiger Druckbeanspruchung. (= Mitteilungen aus dem Institut für Baustoffkunde und Materialprüfwesen der Technischen Universität Hannover, Heft 31) 1975

[8] W. MANN, Statistische Auswertung von Druckversuchen an Mauerwerkskörpern in geschlossener Darstellung mit Hilfe von Potenzfunktionen. Vortrag auf der 6. Internationalen Mauerwerkskonferenz in Rom 1982

[9] H. HILSDORF, Untersuchungen über die Grundlagen der Mauerwerksfestigkeit. Materialprüfungsamt für Bauwesen, Technische Hochschule München, Bericht Nr. 40 (1965)

[10] H.K. HILSDORF, Investigation into the Failure Mechanism of Brick Masonry loaded in Axial Compression. Proceedings of International Conference on Masonry Structural Systems. Texas. Nov. 1967

[11] P. PROBST, Ein Beitrag zum Bruchmechanismus von zentrisch gedrücktem Mauerwerk. Diss. TU München 1981

[12] P. SCHUBERT, Zur Druckfestigkeit von Mauerwerk aus künstlichen Steinen. In: Baustoffe (Festschrift K. Wesche), hrsg. vom Institut für Bauforschung RWTH Aachen, Wiesbaden und Berlin 1985

[13] W. SCHULENBERG, Theoretische Untersuchungen zum Tragverhalten von zentrisch gedrücktem Mauerwerk aus künstlichen Steinen unter besonderer Berücksichtigung der Qualität der Lagerfugen. Diss. TH Darmstadt 1982

[14] A. OHLER, Zur Berechnung der Druckfestigkeit von Mauerwerk unter Berücksichtigung der mehrachsigen Spannungszustände in Stein und Mörtel. In: Die Bautechnik (1986) H.5

[15] K. KIRTSCHIG u. W. R. METJE, Tragverhalten
von Mauerwerk mit Leichtmörtel. In: Mauer-
werk-Kalender 1981. Berlin 1981

[16] K. KIRTSCHIG, On the Failure Mechanisme of
Masonry Subjected to Compression. Proceedings of the 7th International Brick Masonry
Conference. Melbourne / Australien Februar
1985

[17] D. THODE, Untersuchungen zur Lastabtra-
gung in spätantiken Kuppelbauten. (= Stu-
dien zur Bauforschung, Nr. 9) Koldewey-Gesellschaft, 1975

[18] Handbuch der Architektur: Die Hochbau-
Constructionen. 1. Band, Constructions-Ele-
mente in Stein-Holz-Eisen. Darmstadt 1891

[19] O. WARTH, Die Konstruktionen in Stein.
Leipzig, 1903 (Nachdruck: Hannover 1981)

[20] E. GABER, Versuche über Elastizität und Festigkeit beim Mauerwerk und Beton aus
hochwertigem Zement. Karlsruhe 1934

[21] E. GABER, Materialzahlen für den Massivbau
in hochwertigem Beton oder Mauerwerk. In:
Die Bautechnik 11 (1936) H. 46

[22] K. STIGLAT, Zur Tragfähigkeit von Mauerwerk aus Sandstein. In: Die Bautechnik 61
(1984) H. 2 und 3

[23] W. MANN, Druckfestigkeit von Mauerwerk
aus Bruchsteinen. In: Mauerwerkskalender,
Berlin 1983

EIGENE VORARBEITEN

1. Tragfähigkeits- und Verformungskennwerte alten Mauerwerks

Zunächst sind die praktischen Erfahrungen
zu nennen, die hinsichtlich der Tragfähigkeits-
einschätzung und Verbesserungsmöglichkeit
alten Mauerwerks bei einer Vielzahl von Sa-
nierungsaufgaben durch gutachterliche Bera-
tung und ingenieurmäßige Bearbeitung gewonnen werden konnten. Dabei aufgetretene
aktuelle Fragestellungen wurden aufgegriffen
und in Forschungsarbeiten untersucht. Insbesondere ging es um Methoden und Techniken
der Verbesserung bestehenden Mauerwerkes
durch Vorspannen [24,25] sowie durch Vernadeln und Injizieren [26] (letzteres im Hinblick
auf später in diesem Teilprojekt folgende Arbeiten erwähnt). Forschungsarbeiten über das
Tragverhalten von Steingewölben [27,28] und
über schlanke Säulen in gotischen Hallenkirchen [29], mehr aber noch die praktische Anwendung der in [24 bis 26] erzielten Forschungsergebnisse, ließen die Frage nach besseren Methoden und Verfahren zur Quantifi-
zierung der Ausgangstragfähigkeit alten
Mauerwerkes zunehmend an Bedeutung gewinnen. Kann es doch nicht ausreichen, einen
relativen, prozentualen Zugewinn an Tragfähigkeit bei der Verbesserung alten Mauerwerkes angeben, nicht aber absolute Tragfähigkeitswerte nennen zu können.

Um über die Schwierigkeiten getrennter
Stein- und Mörtelentnahme zur Bestimmung der Mauerwerksdruckfestigkeit hin-
wegzukommen, insbesondere über diejenigen, ungestörte, repräsentative Mörtelproben
zu gewinnen, wurde vom Institut für Tragkonstruktionen in jüngster Zeit eine Versuchsreihe begonnen, bei der einerseits Bohr-
proben nur aus dem Stein, andererseits solche
über die Lagerfuge und über Teile der beiden
angrenzenden Steine hinweg entnommen werden. Letztere, von uns Fugenbohrkerne genannt, ließen sich selbst bei weichen Mörteln
($\beta_{mö} \sim 0{,}6 \ N/mm^2$) noch entnehmen, ohne
daß sie auseinanderbrachen. Indem beide, die
Steinbohrkerne und die Fugenbohrkerne, im
Labor untersucht werden, wie das anschließend beschrieben wird, lassen sich die festig-
keitsmindernde Wirkung des Mörtels auf den
Stein bestimmen und Aussagen über die
Mauerwerksfestigkeit gewinnen.

2. Vorspannen ohne Verbund

Ein Teil der Forschungsergebnisse von HALLER
[24] über das Vorspannen von Mauerwerk historischer Bauten, bei welchem durch Auspressen der Spannkanäle der Verbund nach
dem Anspannen hergestellt wird, läßt sich
auch auf die Vorspannung ohne Verbund anwenden. Das gilt insbesondere für die Proble-

me der Krafteinleitung und Druckausbreitung im Mauerwerk. Hinweise auf Anwendungsmöglichkeiten finden sich in [25]. Für die Einhardsbasilika in Michelstadt-Steinbach und die Augustinuskirche in Schwäbisch Gmünd wurden Projektstudien zum Einsatz des Verfahrens angestellt. Spezielle Untersuchungen zu den Problemen des Vorspannens von Mauerwerk ohne Verbund haben noch nicht stattgefunden.

Literatur:

[24] J. HALLER, Untersuchungen zum Vorspannen von Mauerwerk historischer Bauten. Diss. Karlsruhe 1981 (= Aus Forschung und Lehre, Heft 9) Institut für Tragkonstruktionen, Universität Karlsruhe

[25] F. WENZEL u. P. MUTSCH, Aktivierung von Scheibentragwirkung in bestehenden Mauerwerkswänden. Institut für Tragkonstruktionen, Universität Karlsruhe

[26] W. DAHMANN, Untersuchungen zum Verbessern von mehrschaligem Mauerwerk durch Vernadeln und Injizieren. Diss. Karlsruhe 1983. (= Aus Forschung und Lehre, Heft 19) Institut für Tragkonstruktionen, Universität Karlsruhe.

[27] F. WENZEL u. R. PÖRTNER, Das Zusammenwirken von Rippen und Gewölben im Tragverhalten mittelalterlicher Kreuzrippengewölbe. Institut für Tragkonstruktionen, Universität Karlsruhe

[28] F. WENZEL u. R. BARTHEL, Tragverhalten historischer Kreuzgewölbe und Kreuzrippengewölbe unter Berücksichtigung von Schalen- und Faltwerkswirkung. Institut für Tragkonstruktionen, Universität Karlsruhe

[29] W. POSER, Schlanke Pfeiler in gotischen Hallenkirchen. Diss, Karlsruhe 1986. Institut für Tragkonstruktionen, Universität Karlsruhe (Druck in Vorbereitung)

[30] F. BERGER, Methoden zur Bestimmung der Tragfähigkeit und Verformbarkeit alten Mauerwerkes. Diss. Karlsruhe, eingereicht 1986. Institut für Tragkonstruktionen, Universität Karlsruhe

[31] Vorträge auf dem Deutschen Betontag 1981 über »Vorspannung ohne Verbund« H. Trost, Versuche und deren Ergebnisse. E. Wölfel, Besonderheiten der Bemessung. P. Matt, Beispiele und Möglichkeiten der Anwendung. Deutscher Beton-Verein e.V., Wiesbaden 1982

[32] Vornorm DIN 4227 Teil 6 Spannbeton; Bauteile mit Vorspannung ohne Verbund. Ausgabe Mai 1982, In: Betonkalender 1983, Teil II, S. 379 ff.

ZIELE, METHODEN, ARBEITSPROGRAMM, STAND DER ARBEITEN

1. Tragfähigkeits- und Verformungskenngrößen alten Mauerwerks

Wichtigstes Ziel ist es, die in einer Versuchsreihe erkundete neue Vorgehensweise wissenschaftlich auf eine breitere Basis zu stellen und durch Parameterstudien abzusichern.

Die Methode, die dem Untersuchungsprogramm zugrunde liegt, kann wie folgt beschrieben werden:

Im Mauerwerk gleicher Ziegelgüte nimmt die Druckfestigkeit mit zunehmender Mörtelverformbarkeit ab. Der Grund hierfür ist: Durch die Behinderung der Querdehnung des Mörtels an den Kontaktflächen zum dehnungssteiferen Stein entstehen bei vertikalem Druck im Mörtel Querdruck- und im Stein Querzugspannungen. Ihre Größen hängen in erster Linie vom Verformungsverhalten des Mörtels und dessen Verhältnis zu dem des Steins ab und bestimmen entscheidend die vom Stein im Mauerwerk noch ertragbare Druckspannung in vertikaler Richtung. Im Spaltversuch mit dem Fugenbohrkern (Abb. 2) nimmt die aufnehmbare Schneidenlast im Vergleich zum reinen Steinprüfkörper mit zunehmender Mörtelverformbarkeit ebenfalls ab. Wenn auch die Spannungsverhältnisse in der Spaltzugprüfung andere als in der Druckprüfung des Mauerwerkes sind, können hierfür die gleichen Ursachen verantwortlich gemacht werden. Bei ausreichender Klärung der Zusam-

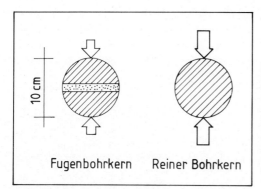

2 Schematische Darstellung eines
Belastungsversuchs mit Fugenbohrkern und
reinem Bohrkern

3 Aufgespaltener Fugenbohrkern nach
Belastungsversuch

menhänge ist also eine Bestimmung der im
Mauerwerk zu erwartenden Abminderung der
Steindruckfestigkeit mit Hilfe des Vergleichs
der Spaltzugergebnisse am reinen und am Fugenbohrkern möglich. Abb. 3 zeigt einen auf-
gespaltenen Fugenbohrkern. Die beschriebene Vorgehensweise wurde von uns exemplarisch zunächst an Vollziegeln erprobt. Zum
Nachweis ihrer Anwendbarkeit in der Praxis
bedarf es weitergehender Untersuchungen im
Hinblick auf Einflüsse der Fugendicke und der
Druckfestigkeiten der Materialien. Auch sind
diejenigen Verhältnisse zu erkunden, unter denen andere Vorgehensweisen ratsamer sind.
Das Arbeitsprogramm umfaßt das experimentelle Ermitteln von Daten über die Druckfestigkeit, Biegezugfestigkeit, Formfaktoren,
Spaltzugfestigkeit, Elastizitätsmoduln und
Querdehnzahlen für die gebräuchlichsten
Mörtel, Steine und Mauerwerke an entsprechend hergestellten oder aus alten Mauern
entnommenen Prüfkörpern sowie die zugehörigen theoretischen Verknüpfungen. Folgende Arbeiten wurden bereits zu einem großen
Teil durchgeführt:
– Bestimmung mechanischer Kennwerte an
   neuen Vollziegeln und Mörtelprismen
– Bestimmung von Formfaktoren und rich-
   tungsabhängigen mechanischen Kenn-
   werten an Bohrkernen der Ziegel
– Erprobung des vorgeschlagenen Verfahrens an eigens gemauerten Kleinpfeilern
   und RILEM-Mauerwerkskörpern aus Zie-

gelmauerwerk mit unterschiedlichen Stein
und Mörteleigenschaften und unterschiedlichen Fugendicken
– Durchführung von analytischen Nähe-
   rungsberechnungen und FE-Berechnungen zur Klärung der Spannungsverhältnisse im Fugenbohrkern
Das Untersuchungsverfahren für die Praxis
soll durch Erläuterungen und Ergänzungen,
z.B. Korrekturfaktoren für bestimmte Fälle,
einfach und leicht anwendbar gemacht werden.
Für diejenigen Verhältnisse der Ziegel- und
Mörteldruckfestigkeiten bzw. der Mauer-
werksgeometrie, bei denen das erarbeitete
Vorgehen versagt, sind alternative Methoden
in Vorbereitung.
Bei der Erweiterung der für Ziegelmauerwerk
erarbeiteten Vorgehensweisen auf Natursteinmauerwerk ist zu unterscheiden zwischen

– Natursteinmauerwerk mit vorwiegendem
   Mörtelversagen (Bruchsteinmauerwerk)
   und
– Natursteinmauerwerk mit Steinversagen
   (Quadermauerwerk,   Schichtenmauer-
   werk).

Für letzteres mit seinen relativ gleichmäßigen,
dünnen Fugen erscheint eine Übertragbarkeit
der Ergebnisse vom Ziegelmauerwerk möglich, wenn zusätzliche Untersuchungen über
das Verhältnis der Steinhöhe zur Höhe der

Mörtelfuge angestellt werden, welches größer ist als beim Ziegelmauerwerk. Beim Bruchsteinmauerwerk mit seinen dickeren, ungleichmäßigen Fugen kann nach der Bruchtheorie von MANN [23] vorgegangen werden. Um mit ihr die Mauerwerksdruckfestigkeit alter Wände bestimmen zu können, muß als Materialwert die Mörteldruckfestigkeit bekannt sein. Hier sollen Versuche mit Mörtelproben stattfinden, die aus den Lagerfugen herauszubohren sind. Nach dem Abdrücken unter der Presse können die Ergebnisse mit Hilfe von Formfaktoren umgerechnet und in der Theorie von MANN verwendet werden. Für sehr weiche Mörtel ist das Erproben anderer Verfahren zur Bestimmung der Mörteldruckfestigkeit ins Auge gefaßt.

2. Vorspannen ohne Verbund

Die Untersuchungen über das nachträgliche Vorspannen alten Mauerwerkes ohne Verbund dienen dazu, die Nachspannbarkeit der Anker im Mauerwerk sicherzustellen und ihre Reversibilität zu ermöglichen. Beides ist bei der bislang gebräuchlichen Art des Vorspannens von Mauerwerk historischer Bauten wegen des nachträglichen Verbundes durch das Auspressen der Spannkanäle mit Zementmörtel nicht möglich. Das Vorspannen ohne Verbund erlaubt die Anordnung von Spannankern auch in solchem Mauerwerk, das nicht vollständig verpreßt werden kann (sei es wegen Unzugänglichkeit, wegen Stukkaturen und Malereien an den Wänden oder auch aus Kostengründen).

Die geplanten Untersuchungen erstrecken sich zum einen auf den Korrosionsschutz der Anker im Mauerwerk und seine Dauerhaftigkeit. In die Untersuchungen werden auch die sogenannten nichtrostenden Stähle einbezogen. Der Nachteil, daß sie wegen ihrer geringen zulässigen Spannungen nur relativ niedrig vorgespannt werden können und relativ hohe Spannkraftverluste aus dem Kriechen des Mauerwerks erleiden, kann durch wiederholtes Nachspannen ausgeglichen werden. Zum anderen wird den Stabilitätsproblemen des Mauerwerks beim Vorspannen ohne Verbund besonderes Augenmerk zugewendet.

Zum Erproben der Vorspannung ohne Verbund werden Sanierungsobjekte herangezogen, an denen das Verfahren angewendet und baubegleitende Messungen vorgenommen werden können. Anschließend sind periodische Langzeitmessungen zum Feststellen und Ausgleichen der Spannkraftverluste vorgesehen. Außerdem sind Langzeituntersuchungen zum Korrosionsschutz hochfester Stähle mit plastischen Verpreßmaterialien geplant, wie sie im Mauerwerk alter Bauten eingesetzt werden sollen.

ZEITPLAN

Untersuchungsbereich	1. Bewilligungszeitraum		
	1985	1986	1987
Tragfähigkeits- und Verformungskennwerte von Ziegelmauerwerk, anknüpfend an die bisherigen Untersuchungen			
Tragfähigkeits- und Verformungskennwerte von Natursteinmauerwerk			
Theoretische Aufarbeitung, Ergänzungen, Korrekturfaktoren, Schlußbericht			
Untersuchungen zum Vorspannen ohne Verbund			

Überblick über das Forschungsfeld "Ein- und mehrschaliges altes Mauerwerk"

Problembereich	Problemstellung	Vorarbeiten	Innerhalb des SFB geplant	Zeitraum
Unbekannte, stark streuende Festigkeits- und Verformungskennwerte	Möglichst zerstörungsarme Prüfverfahren	Erste Ergebnisse bei der Umsetzung neuerer theoretischer Forschungsarbeiten in ein Prüfverfahren für Ziegelmauerwerk	Fortsetzung der Untersuchungen für altes Ziegelmauerwerk. Durchführung entsprechender Untersuchungen für Natursteinmauerwerk.	1985 – 1987
Unzulängliches Mauerwerksgefüge	Jeweils optimales Injektionsgut zum Schließen von Rissen und Hohlräumen und zum Ersatz versagender Fugenmörtel	Verfolgen einzelner Problemfälle in der Praxis	Systematische Bestandsuntersuchungen an sanierten Bauwerken (A3). Später gemeinsames Teilprojekt mit der Mineralogie und Baustofftechnologie: Welches Injektionsgut für welches Mauerwerk.	1985 – 1990 (A3) nach 1990
Anker aus Eisen und Stahl im Mauerwerk	Korrosion, Mauerwerkszerstörung	Verfolgen einzelner Problemfälle in der Praxis	Systematische Bestandsuntersuchungen an sanierten Bauwerken und an wiedererrichteten antiken Bauwerken (A3).	1985 – 1990 (A3)
Stark zerrissene Mauerwerkswände	Nachspannbarkeit und Reversibilität eingezogener Vorspannanker	Haller: Vorspannen von Mauerwerk historischer Bauten. Diss. Karlsruhe 1981 (Nachträglicher Verbund). Mutsch: Aktivieren von Scheibentragwirkung in bestehenden Mauerwerkswänden, Karlsruhe 1984	Durchführung entsprechender Untersuchungen zum Vorspannen alten Mauerwerkes ohne Verbund.	1985 – 1987
Lokale Unzulänglichkeit des Mauerwerks	Verbesserungsmöglichkeiten einschaliger Wandmauerwerkes im Bereich hoher Einzellasten und bei gespaltenen Säulen und Pfeilern	Drei Versuchskörper aus vernadeltem und injiziertem neuen Ziegelmauerwerk brachten keine signifikante Erhöhung der Riß- und Bruchlasten im Vergleich zum Normalmauerwerk	Ausreichende Anzahl von Versuchen mit Mauerwerk, welches besser dem Zustand alter Wände, Säulen und Pfeiler entspricht.	1988 – 1990
Mehrschaliges Mauerwerk	Erkunden denkmalverträglicher Sicherungsverfahren. Letztendlich: Theorie des unverbesserten und verbesserten mehrschaligen Mauerwerkes.	Dahmann: Vernadeln und Injizieren mehrschaligen Mauerwerkes. Diss. Karlsruhe 1983 (Versuche mit Ziegelmauerwerk)	Untersuchungen zu: Dickenverhältnis Innenfüllung/Außenschalen, Materialunterschiede Innenfüllung/Außenmauerwerk, Natursteinmauerwerk, Nichtmetallische Anker, Exzentrische Lasteinwirkungen, Ungleichmäßigkeiten im Lastfluß, Kostenfragen	ab 1988

STELLUNG DES PROJEKTES INNERHALB DES SFB

Das Teilprojekt C2 ist sowohl mit den Untersuchungen über die Tragfähigkeits- und Verformungskennwerte alten Mauerwerkes als auch mit denjenigen über das Vorspannen ohne Verbund auf die Benennung von Bauwerken durch das Teilprojekt A1 angewiesen. Soweit die Versuche in der Universität durchzuführen sind, ist die Mithilfe der Abteilung Baustofftechnologie und der Versuchsanstalt für Stahl, Holz und Steine erforderlich, wie sie schon bei den Vorarbeiten zu diesem Teilprojekt praktiziert wurde.

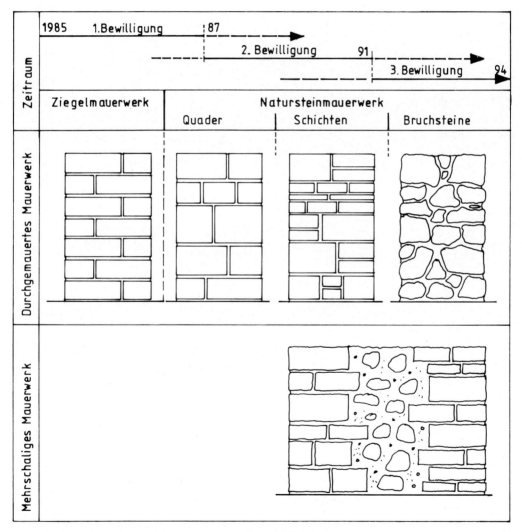

4 Aufteilung des Arbeitsgebietes in Untersuchungsabschnitte

1   Wutachtalbahn (südlicher Schwarzwald, erbaut um 1890), Hangbrücke bei Epfenhofen

Teilprojekt C 3

Eisen- und Stahlkonstruktionen des 19. Jahrhunderts

Leiter: Prof. Tekn. dr Rolf Baehre
Dienstanschrift: Lehrstuhl für Stahl- und Leichtmetallbau
Universität Karlsruhe
Kaiserstraße 12
7500 Karlsruhe
Telefon: (07 21) 608-22 05
Mitarbeiter: Dipl.-Ing. Ortrun Melix
Dipl.-Ing. Gerhard Steidl
Dipl.-Ing. Rudolf Käpplein
– Adresse wie oben –

EINFÜHRUNG UND ÜBERBLICK

Eisen- und Stahlkonstruktionen des 19. Jahrhunderts repräsentieren als Zeugen des technologischen Fortschrittes in der Eisen- und Stahlerzeugung, der Weiterverarbeitung zu Halbzeugen und deren Einsatz als Tragelemente die Entwicklung der Stahlbaukunst. Sie demonstrieren die statisch-konstruktive Denkweise der entwerfenden Ingenieure zu einem Zeitpunkt, da sich der Baumeisterstand infolge des Hinzutretens der Wissenschaft im Bauwesen in denjenigen des Architekten und des Bauingenieurs teilte. Es sind uns Problemlösungen solcher technischer Kulturdenkmäler überliefert, die im Hinblick auf unser heutiges Sicherheitsbedürfnis nicht akzeptabel sind, aber dennoch ihre Bewährung hinter sich haben und heute noch genutzt werden. Einleitend soll in diesem Forschungsvorhaben in Zusammenarbeit mit dem Landesdenkmalamt und dem Institut für Baugeschichte ein Kataster denkmalwürdiger Bauten erstellt werden, d.h. eine Bestandsaufnahme der wichtigsten Gruppen von Eisen- und Stahlbauwerken des 19. Jahrhunderts (Türme, Hallen, Industriebauten, Brücken, Wehre, Fördertürme) sowie eine Darstellung von zeittypischen Bauteilen (Fachwerkbinder, Vollwandträger, Säulen usw.).

Die wesentliche Zielsetzung dieses Forschungsvorhabens ist es, für diese Bauten die Basis für eine qualifizierte Beurteilung der vorhandenen Tragfähigkeit der Bauteile, der Restnutzungsdauer, möglicher Nutzungsveränderungen und geeigneter Sanierungs- bzw. Sicherungsmaßnahmen zu erstellen. Wissenslücken bestehen insbesondere bei den Werkstoffeigenschaften sowie bei den Einflüssen der alten Konstruktionsformen und damaligen Herstellungsbedingungen auf das Tragverhalten. Die geplanten experimentellen Untersuchungen umfassen, anknüpfend an eigene Vorarbeiten, **Werkstoffprüfungen** bezüglich der mechanisch-technologischen Kenndaten (Festigkeit, Schweißeignung, Sprödbruchverhalten, Alterungseigenschaften, Ermüdungsverhalten) sowie **Traglastversuche** an (bei Sanierungen oder Umbauten) ausgebauten Bauteilen. Parallel hierzu sollen zerstörungsfreie

Untersuchungsmethoden zur in-situ-Überprüfung wichtiger struktureller Imperfektionen entwickelt werden. Ein weiteres Ziel ist die Entwicklung und Erprobung von Sanierungsmöglichkeiten mit Hilfe neuzeitlicher Verbindungsmittel. In der weiteren Folge dieses sich über den Zeitraum des Sonderforschungsbereiches erstreckenden Teilprojektes ist geplant, einen Katalog mit den wichtigsten Schadenskriterien zu erstellen, zerstörungsfreie in-situ-Prüfverfahren für die Früherkennung von Schadensansätzen sowie Prognosemethoden für Schadensentwicklungen und -folgen zu erforschen und lokale und globale Sanierungstechniken bzw. Vorbeugemaßnahmen zu erarbeiten und zu erproben.

STAND DER FORSCHUNG

Die etwa um 1800 einsetzende stürmische Entwicklung im Bereich der Eisen- und Stahlerzeugung, der Weiterverarbeitung zu Halbzeugen, die als Tragglieder eingesetzt werden konnten, und die gleichzeitige Entwicklung der Verbindungstechnik bereiteten den Weg für die Anwendung von Stahl in Baukonstruktionen. Neben dem Gußeisen, das schon früher für Tragelemente im Brücken- und Hochbau eingesetzt wurde, war seit Beginn des 19. Jahrhunderts das Schweißeisen (Puddelstahl) verfügbar, das infolge geringeren Kohlenstoffgehaltes schmiedbar war und somit zu Profilen ausgewalzt werden konnte. Die nachfolgenden Verfahren – Bessemer-Verfahren (1860), SM-Verfahren (1864), Thomas-Verfahren (1880) – zur Stahlerzeugung in Form von Flußstahl brachten im wesentlichen Qualitätsverbesserungen bezüglich der chemischen Zusammensetzung und der Reinheit, gefolgt von verbesserten technologischen Eigenschaften der Stahlerzeugnisse (Schweißbarkeit, Festigkeitssteigerungen). Parallel hierzu verlief die Entwicklung der Verbindungstechnik – von der Nietverbindung zur Schrauben- und Schweißverbindung. Im Brücken-, Hallen- und Hochbau, bei Türmen und Wasserbauten wurde Eisen bzw. Stahl das dominierende Baumaterial.

Die Anwendung von Eisen und Stahl war stets begleitet von Forschungsarbeiten über das Verhalten in bezug auf Festigkeit, Verformungen, Schweißeignung, Alterung, Ermüdung, Korrosion usw.. Fundierte, wissenschaftlich akzeptable, reproduzierbare Randbedingungen einhaltende Untersuchungs- und Prüfmethoden wurden allerdings erst ab dem 20. Jahrhundert entwickelt und angewendet. Zu einem Zeitpunkt also, an dem durch die Weiterentwicklung die ursprünglichen Werkstoffe nicht mehr dominierten und der Schwerpunkt der Untersuchungen auf die neueren Stähle gelenkt wurde. Daher existieren für die Eisenwerkstoffe des 19. Jahrhunderts im Vergleich zu den ab 1900 angewendeten nur fragmentarische Erkenntnisse. Die Anwendung der z.T. erst im 20. Jahrhundert entwickelten Erkenntnisse über das Tragverhalten von Baukonstruktionen (z.B. Traglastverfahren oder Bruchmechanik) setzen aber exakte Kenntnisse über den Werkstoffzustand voraus.

Erschwerend ist auch die traditionsbedingte Aufspaltung des hier aktuellen Gesamtbereiches in verschiedenen Disziplinen, wie etwa Metallurgie (Stahlerzeugung), Metallographie und Umformungstechnik (Halbzeugherstellung), Bearbeitungstechnik, Verbindungstechnik und Konstruktion sowie in einzelne Anwendungsbereiche wie Eisenbahnbau, allgemeiner Hochbau, Anlagenbau, Wehrtechnik und Schiffbau. Es ist eine Zielsetzung dieses Teilprojektes, hier eine Brücke über die verschiedenen Disziplinen zu schlagen und die in den Teilbereichen vorhandenen Erkenntnisse aufzuspüren, für Baukonstruktionen aufzuarbeiten und durch gezielte experimentelle Untersuchungen Daten abzusichern und Wissenslücken zu schließen.

Die unten aufgeführten Literaturreferenzen spiegeln beispielhaft den Kenntnisstand über Werkstoffe und Bauwesen aus der Sicht des 19. Jahrhunderts.

Literatur:

[1] O. JOHANNSEN, Geschichte des Eisens. Düsseldorf 1953 (3. Auflage)

[2] O. KLASEN, Handbuch der Hochbau-Constructionen in Eisen. Leipzig 1876

[3] C. SCHAROWSKY, Musterbuch für Eisen-Constructionen. Leipzig und Berlin 1892

[4] R. RYBICKI, Schäden und Mängel an Baukonstruktionen. Düsseldorf 1972 (mit zahlreichen Literaturhinweisen)

[5] DIN 1000, Normenbedingungen für die Lieferung von Stahlbauwerken (Erstausgabe)

[6] Gemeinfaßliche Darstellung des Eisenhüttenwesens. Düsseldorf 1918

[7] Eisen im Hochbau. Düsseldorf 1928 (7. Auflage, Erstauflage 1910)

[8] M. FOERSTER, Die Eisenkonstruktionen der Ingenieur-Hochbauten. Leipzig 1924

[9] G. HARTUNG, Eisenkonstruktionen des 19. Jahrhunderts, München 1983

[10] K. PIEPER, Sicherung historischer Bauten. Berlin 1983

EIGENE VORARBEITEN

Die Bestimmung von Werkstoffeigenschaften sowie theoretische und experimentelle Untersuchungen zum Tragverhalten von Eisen- und Stahlkonstruktionen des 19. Jahrhunderts gehören zu den Arbeitsaufgaben und Forschungsbereichen der Versuchsanstalt für Stahl, Holz und Steine.

Zielsetzungen waren hierbei u.a.
- die Begutachtung des Ist-Zustandes von Tragwerken im Hinblick auf die vorhandene Tragsicherheit und die zu erwartende Restnutzungsdauer,
- die Beurteilung der Tragsicherheit bei Nutzungsveränderungen im Zusammenhang mit Umbaumaßnahmen oder Eingriffen in die bestehende Konstruktion,
- die Begutachtung von Schäden infolge Überlastung, Ermüdung, Korrosion oder unsachgemäßer Werkstoffbehandlung mit dem Ziel, geeignete Reparatur- und Verstärkungsmaßnahmen vorzuschlagen,
- durch Werkstoffuntersuchungen und Traglastversuche Festigkeitskennwerte, geometrische und strukturelle Imperfektionen und Tragfähigkeiten von Bauteilen zu ermitteln,
- zerstörungsfreie in-situ-Prüfverfahren zu entwickeln.

Eine in den Jahren 1977-1979 im Auftrage des Landes Nordrhein-Westfalen durchgeführte Forschungsstudie [11] befaßt sich mit den Verwendungsmöglichkeiten von Stahl im Altbau und Wohnungsbau sowie mit Beurteilungskriterien zur Weiterverwendung von Altstahl im Zusammenhang mit Umbauten und Nutzungsveränderungen bei Altbauten. In dem Forschungsbericht ist auch eine Sammlung alter Profiltabellen und Rechenvorschriften enthalten. Die Ergebnisse dieser Studie sind sinngemäß auch für Instandsetzungsarbeiten an alten Brücken und anderen Stahlbauten gültig – insbesondere im Hinblick auf die Beurteilung des Festigkeits- und Verformungsverhaltens, der Schweißeignung und der dynamischen Belastbarkeit alter Stähle.

Literatur:

(übersichtliche Darstellung eigener Arbeiten der letzten 10 Jahre)

[11] F. MANG, Stahl im Altbau und Wohnungsbau. Abschlußbericht zur Forschungsstudie des Landes Nordrhein-Westfalen

[12] O. STEINHARDT, Festigkeitsverhalten von »Schweißeisen« aus Brückenbauwerken des 19. Jahrhunderts. In: Eisenbahntechnische Rundschau 26 (1977) H. 6, S. 383f.

[13] F. MANG, G. STEIDL und Ö. BUCAK, Altstahl im Bauwesen. In: Schweißen und Schneiden 37 (1985), H. 1, S. 10-14

[14] Untersuchungen des Festigkeitsverhaltens und der Schweißeignung an Stählen aus der Universitätsbibliothek Heidelberg, Prüfzeugnis der VA Nr. 79254 vom 15.4. 1980 (unveröffentlicht).

[15] Werkstoffuntersuchungen zur Druckrohrleitung Waldeck 1, Prüfzeugnis der VA (1974) (unveröffentlicht)

[16] Werkstoffuntersuchungen und Wanddickenmessungen an Gußsäulen, Prüfzeugnis der VA Nr. 5993 (1977) (unveröffentlicht).

[17] G. STEIDL, Schaden an einem eingeschweißten Stutzen. In: Der Praktiker 31 (1978), H. 8, S. 210

[18] G. STEIDL, Schweißverhalten von Baustählen aus der Zeit von 1889 bis 1940. In: Schweißen und Schneiden 24 (1972) H. 3, S. 85-87

[19] Einfluß der Vorbelastung auf die Restnutzungsdauer schweißeiserner Brücken, Bericht Nr. VA 7496 (1979), Teil I und II (unveröffentlicht).

[20] R. BAEHRE und J. EHLBECK, Versuchsanstalt 60 Jahre – Gegenwärtige und zukünftige Aufgaben in Lehre-Forschung-Praxis (= Berichte der Versuchsanstalt für Stahl, Holz und Steine der Universität Karlsruhe 4. Folge, Heft 3) Karlsruhe 1981

[21] R. BAEHRE, Gutachten über die Standfestigkeit und zu Sanierungsmaßnahmen des Büchenbronner Aussichtsturmes aus dem Jahre 1884. Karlsruhe 1983 (unveröffentlicht)

ZIELE, METHODEN UND ARBEITSPROGRAMM

Ziele

Eisen- und Stahlkonstruktionen des 19. Jahrhunderts können dann als historisch bedeutsame Bauwerke gelten, wenn sie als denkmalwürdig im Sinne technischer Kulturdenkmäler die Entwicklung der Baukunst aufzeigen und zum Verständnis der statisch-konstruktiven Denkweise der Erbauer beitragen. Sie resultieren aus einer Zeit, da sich der Baumeisterstand infolge des Hinzutretens der Wissenschaft im Bauwesen in denjenigen des Architekten und des Bauingenieurs teilt, und repräsentieren damit einen besonders wichtigen Abschnitt der Entwicklung der Ingenieurbaukunst.

Einleitend soll im Rahmen des Teilprojektes in Zusammenarbeit mit dem Landesdenkmalamt ein Kataster denkmalwürdiger Bauten erstellt werden. Es handelt sich dabei um eine Bestandsaufnahme wichtigster Gruppen von Eisen- und Stahlbauwerken des 19. Jahrhunderts (z.B. Türme, Hallen, Industriebauten, Brücken, Wehre, Fördertürme) sowie eine Darstellung von charakteristischen Bauteilen (Fachwerkbinder, Vollwandträger, Säulen usw.) sowie deren Verbindungen. Für die im folgenden beschriebenen theoretischen und experimentellen Untersuchungen soll eine Auswahl typischer Konstruktionsformen getroffen werden.

Aus den verschiedenen Stadien der Materialerzeugung und der Weiterverarbeitung des Materials zu Tragelementen für Bauwerke sind uns Problemlösungen überliefert, die weder im Rahmen heutiger Regelwerke für den Stahlbau noch im Hinblick auf unser heutiges Sicherheitsbedürfnis akzeptabel sein dürften. Dennoch haben sie ihre Bewährung demonstriert und sind noch heute in Betrieb.

Bei der Beurteilung bestehender Stahlbauwerke werden oft Fragen nach den Eigenschaften und den Bearbeitungsmöglichkeiten der verwendeten Stähle gestellt. Da die mechanisch-technologischen Eigenschaften der verwendeten Stahltypen, die an Halbzeugen auftretenden Imperfektionen sowie die möglichen Versagensformen metallischer Werkstoffe auch durch die technische Erzeugung bestimmt sind, erfordert eine zutreffende Beurteilung von Stahlbauwerken sowohl gründliche Kenntnisse der zeittypischen Werkstoff- und Halbzeugherstellung als auch der möglichen Versagensmechanismen. Derartige Fragestellungen ergeben sich nicht nur im Zusammenhang mit der Sicherung oder Sanierung aus historischer Sicht erhaltenswerter Bauwerke, sondern auch bei Umbauten, Instandsetzungsarbeiten oder Nutzungsveränderungen bestehender Gebäude.

Hieraus ergibt sich die wesentliche Zielsetzung des Teilprojektes: Werkstoffkennwerte sowie geometrische und strukturelle Imperfektionen der einzelnen Bauglieder zu erkunden sowie erkennbare Zusammenhänge zwischen Bauteilverhalten und zeittypischen Strukturen darzustellen, d. h. die Basis für eine qualifizierte Beurteilung der vorhandenen Tragfähigkeit, der Restnutzungsdauer und der möglichen Sanierungsmaßnahmen zu erstellen.

Methoden

Im Rahmen der Mitarbeit der Versuchsanstalt bei der Erstellung eines Katasters über denkmalwürdige Bauten soll zunächst – unter Zuhilfenahme der einschlägigen Literatur – eine systematische Darstellung der die konstruktive Gestaltung steuernden Parameter erfolgen. Solche Parameter sind:

– die vor Ausgang des 19. Jahrhunderts verwendeten Werkstoffe im Hinblick auf die mechanisch-technologischen Kennwerte sowie die metallurgischen bzw. metallographischen Charakteristika,
– die sich aus der Umformbarkeit der Werkstoffe bzw. aus der Bearbeitungstechnologie ergebenden Halbzeuge,
– die Entwicklungsmerkmale der Verbindungstechnik,
– die dem Wissensstand der Statik entsprechenden zeittypischen Strukturen.

Die Kombination der genannten Parameter führt unter Berücksichtigung der Sicherheitsanforderungen zu den Konstruktionen, deren Gestaltungsmerkmale sowohl als Kriterium für die Definition der »historischen Bedeutsamkeit« als auch für die Beurteilung der Tragsicherheit bei unveränderter oder veränderter Bauwerksnutzung gelten können. Die systematische Aufschlüsselung erkennbarer Zusammenhänge zwischen Stahlerzeugung, Herstellungsbedingungen der Halbzeuge und

Konstruktionstechnik wird Beiträge zum Verständnis konstruktiver Denkweisen liefern und – möglicherweise – vergessene Konstruktionsformen im Licht moderner Herstellungstechnologien aufleben lassen (z. B. bei Gußbauteilen). Sie wird weiterhin dazu dienen, den Kenntnisstand über die Werkstoffe und Bauteile dergestalt zu erweitern, daß generell gültige Aussagen über erlaubte Eingriffe in die Konstruktion, über die Restnutzungsdauer der Bauwerke und über geeignete Sanierungsmethoden möglich sind.

Die Zustandserfassung an ausgewählten Bauwerken wird begleitet durch zerstörungsfreie in-situ-Untersuchungen von Werkstoffgüten, strukturellen Imperfektionen der Bauteile, Korrosionserscheinungen und Güte der Verbindungen. Im Zusammenhang mit Umbauten oder Abriß bestehender Bauwerke sollen an ausgebauten Bauteilen, wie z. B. Dachbindern, Säulen aus Gußeisen, Brückenbauteilen usw., Traglastversuche ausgeführt werden, begleitet von Werkstoffuntersuchungen zur Bestimmung der wichtigsten mechanisch-technologischen Kennwerte (E-Modul, Festigkeit, Schweißeignung, Sprödbruchverhalten, Alterungseigenschaften, Ermüdungsverhalten).

Parallel hierzu sollen Sanierungsmöglichkeiten mit Hilfe geeigneter Schweißverfahren bzw. durch den Einsatz neuzeitlicher Verbindungsmittel (z. B. Paßschrauben, HV-Schrauben, geklebte vorgespannte Verbindungen u. a.) erprobt werden. Weiterhin sind das Korrosionsverhalten und entsprechende Schutzmaßnahmen Gegenstand der Untersuchungen.

In der weiteren Folge dieses sich über den gesamten Zeitraum des Sonderforschungsbereiches erstreckenden Teilprojektes ist geplant, die Untersuchungen auf überwiegend dynamisch beanspruchte Bauwerke auszudehnen, einen Katalog über Schadenskriterien zu erstellen, zerstörungsfreie in-situ-Prüfverfahren für die Früherkennung von Schadensansätzen sowie Prognosemethoden für Schadensentwicklungen und -folgen zu entwickeln und lokale und globale Sanierungstechniken bzw. Vorbeugemaßnahmen zu erarbeiten.

Arbeitsprogramm

Im Anschluß an die Mitwirkung bei der Erstellung des Katasters mit der Festlegung der Auswahlkriterien und der Auswahl geeigneter Untersuchungsobjekte liegt der zentrale Forschungsschwerpunkt dieses Teilprojektes in der experimentellen Ermittlung von Werkstoffkennwerten bzw. der Tragfähigkeiten von Bauteilen und Verbindungen. Hierbei wird angestrebt, die für das 19. Jahrhundert typischen Eisen- und Stahlgüten bzw. Konstruktionstypen möglichst systematisch zu erfassen, wobei die in der Versuchsanstalt aus früheren Untersuchungen vorhandenen Erkenntnisse mit in die Untersuchungen einbezogen werden sollen. Besondere Aufmerksamkeit gilt hierbei der chemischen Zusammensetzung und den Festigkeitseigenschaften der Werkstoffe, strukturellen und geometrischen Imperfektionen der Tragglieder, Festigkeitseinbußen aus Vorbelastungen und Korrosionsschäden.

In der Versuchsanstalt wurden in den letzten Jahren die im Zusammenhang mit Umbauten bzw. Abbruch anfallenden Bauteile gesammelt und vorsorglich für spätere Untersuchungen bereitgehalten.

Parallel hierzu sollen in-situ-Prüfmethoden entwickelt werden, die eine zerstörungsfreie, qualifizierte Beurteilung des Ist-Zustandes am Bauwerk erlauben.

Als Teilergebnis der ersten 2 1/2 jährigen Periode des Sonderforschungsbereiches soll eine Dokumentation vorgelegt werden, die Eigenschaften der verwendeten Werkstoffe, Tragfähigkeitsnachweise für häufig vorkommende Bauteile in typischen Strukturen und erste Empfehlungen für die sachgemäße Sanierung bzw. Verstärkung solcher Konstruktionen beinhaltet.

Versuchseinrichtungen

Werkstoffuntersuchungen und Traglastversuche werden mit den in der Versuchsanstalt vorhandenen Prüfgeräten durchgeführt. Für in-situ-Messungen und -Prüfungen sind Neuentwicklungen, Verbesserungen bzw. Erweiterungen existierender Geräte erforderlich. Zur Diskussion stehen hier Ultraschall, röntgenographische Analysen, Rißweitenmessungen und Schweißbarkeitsbestimmungen.

2   Wutachtalbahn, Talübergang Epfenhofen
(Detail)

3   Pforzheim-Büchenbronn, Aussichtsturm
(erbaut 1884)

ZEITPLAN

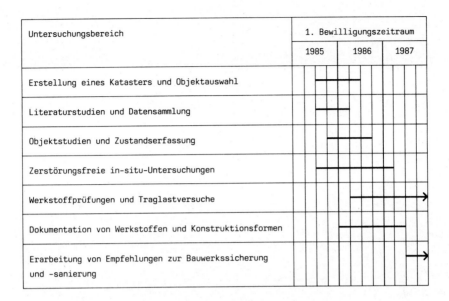

Untersuchungsbereich	1. Bewilligungszeitraum		
	1985	1986	1987
Erstellung eines Katasters und Objektauswahl			
Literaturstudien und Datensammlung			
Objektstudien und Zustandserfassung			
Zerstörungsfreie in-situ-Untersuchungen			
Werkstoffprüfungen und Traglastversuche			
Dokumentation von Werkstoffen und Konstruktionsformen			
Erarbeitung von Empfehlungen zur Bauwerkssicherung und -sanierung			

STELLUNG DES PROJEKTES INNERHALB DES SFB

Die für das Teilprojekt C3 geplanten Untersuchungen sind bezüglich der Bestandsuntersuchungen, der Erarbeitung von Kriterien zur Definition der historischen Bedeutsamkeit, der Erstellung des Katasters über denkmalwürdige Bauwerke sowie der Auswahl geeigneter Objekte eng mit den Teilprojekten A1, A2 und A3 verbunden. Die geplanten theoretischen Untersuchungen über das Tragverhalten alter Stähle und Tragkonstruktionen bilden die Grundlage für die im späteren Teil des Sonderforschungsbereiches geplanten Teilprojekte zu Sicherungs- und Sanierungsmaßnahmen im Licht älterer konstruktiver Denkweisen und derzeit geltender Sicherheitsbedürfnisse.

STAND DER ARBEITEN

Die derzeit laufenden Aktivitäten können in zwei Schwerpunkte zusammengefaßt werden:

1. Auswertung erster Ergebnisse aus Umfragen zur Ermittlung des Bestandes wichtigster Gruppen von Eisen- und Stahlkonstruktionen des 19. Jahrhunderts, eine Grundlage für die in Zusammenarbeit mit den Teilprojekten A 1, Denkmalpflege, und A 2, Baugeschichte, geplante Erstellung eines Katasters denkmalwürdiger Bauten.

2. Ermittlung von Werkstoffkennwerten sowie geometrischen und strukturellen Imperfektionen. Hierbei kann z.T. auf Ergebnissen aus früheren Untersuchungen der Versuchsanstalt an entsprechenden Konstruktionen (Abb. 1,2) aufgebaut werden. Beispiele für Objekte, die den aktuellen Untersuchungen zugrunde liegen, zeigen die Abbildungen.

1   Konstanz. Postgebäude (erbaut 1891). Die Setzungen des auf Seeton gegründeten Gebäudes sind an der Krümmung des Horizontalgesimses deutlich abzulesen.

Teilprojekt C 4

Eingriffe in Baugrund und Gründung

Leiter:	Prof. Dr.-Ing. Gerd Gudehus
Dienstanschrift:	Lehrstuhl für Bodenmechanik und Grundbau
	Universität Karlsruhe
	Richard-Willstätter-Allee
	7500 Karlsruhe 1
Telefon:	(07 21) 608-22 21
Mitarbeiter:	Dipl.-Ing. Erwin Schwing
	Dipl.-Ing. Berthold Klobe
	– Adresse wie oben –

EINFÜHRUNG UND ÜBERBLICK

Gegenstand des Teilprojektes C 4 sind bauliche Eingriffe an, neben und unter historischen Bauwerken. Es sollen Methoden zur Vorhersage des Boden- und Bauwerksverhaltens als Reaktionen auf folgende bauliche Eingriffe entwickelt werden:

– Gewichtsentlastung und/oder Verstärkung der Fundamente
– Veränderung des Erdplanums, der Bebauung und/oder des Grundwasserstandes in der Umgebung
– Verfestigung oder konstruktive Stützung des Baugrundes
– Tiefbaumaßnahmen in engster Nachbarschaft

Zu fordern ist bei solchen Eingriffen, daß nicht nur die bauliche Sicherheit erreicht wird bzw. bestehen bleibt, sondern daß die historische Bausubstanz einschließlich der Fundamente im denkmalpflegerischen Sinne möglichst weitgehend erhalten bleibt.

Da sich diese Arbeiten auf die Erkenntnisse aus dem Teilprojekt B 3 stützen, wurde mit dem Projekt C 4 ein Jahr später, d.h. im Juli 1986, begonnen.

Die Arbeiten sollen sich zunächst auf Bauwerke in geologisch unvorbelastetem tonigem oder organischem Baugrund konzentrieren. In Abstimmung mit den Teilprojekten A1 und C2 sind Kräfte und Verschiebungen in ausgesuchten Teilen der historischen Konstruktion zu beobachten.

Bei prinzipiell gleichem Vorgehen werden sich die Arbeiten auf schwierigere Baugrundverhältnisse und -beanspruchungen erweitern. Die Auswertung der Beobachtungen in situ und im Labor wird – in Abstimmung mit den Teilprojekten A1, B1 und C2 – zu Empfehlungen für Entwurf, Ausführung und Überwachung bei grundbaulichen Eingriffen an historischen Bauwerken führen. Dabei sind die Belange der Denkmalpflege vorrangig zu berücksichtigen.

STAND DER FORSCHUNG, PROBLEME

Die folgende Darstellung einiger Probleme bei Eingriffen in Gründung und Baugrund stützt sich vor allem auf vier Berichtswerke:

[1] E. SCHULTZE, Erhaltung und Sanierung von Baudenkmälern – Baugrund und Gründungen. (= Mitteilungen Inst. Verkehrswasserbau, Grundbau u. Bodenmech., TH Aachen, H. 53) 1972

[2] U. SMOLTCZYK, Saving Cities and Old Buildings – State-of-the-Art-Report, Proceed. 10th Int. Conf. Soil Mech. Found. Eng., Stockholm 1981, Vol. 4, S. 441-446

[3] K. PIEPER, Sicherung historischer Bauten. Berlin 1983

[4] C. CESTELLI-GUIDI, Strengthening of Building Structures - Therapy. Proceed. Iabse-Sympos., Venezia 1983

Wie in der Zusammenfassung gliedern wir nach der Art der Eingriffe. Beiseite gelassen sind damit Verfahren des Flutschutzes und der Verlegung sowie Bergschäden [2]. Die bodenmechanischen Probleme, um die es hier vorrangig geht, treten dabei mit zunehmendem Schwierigkeitsgrad auf. Sie sind von Eingriffen bei und an modernen Bauwerken bekannt, die Anforderungen sind jedoch bei historischen Bauwerken oftmals strenger.

Gewichtsentlastung

Ebenso schonend wie wirksam ist es, Schutt oder schweres Lagergut aus dem Bauwerk zu entfernen [3]. Die Standsicherheit des Baugrundes wird erhöht, seine Kriechverformungen hören wegen der Entlastung fast vollständig auf. (Dies gilt nicht uneingeschränkt bei Entlastung der Kellersohle neben den Fundamenten.) In welchem Ausmaß der Baugrund dann noch weiter kriecht und ob daraus Schäden folgen können, ist bisher nicht bekannt.

Verstärkung der Fundamente

Durch eine Verstärkung der Fundamente kommt es je nach Tiefe des Eingriffs zu geringen oder erheblichen Verformungen des Baugrundes:

– Werden die Fundamente bei unveränderter Form und Auflast verfestigt, bewehrt oder vorgespannt, ändert sich mit ihrer Biegefestigkeit allmählich auch der Sohldruck. Die Bodenverformungen sind dabei allerdings gering.

– Zur Verbreiterung der Fundamentsohle angesetzte Betonkörper [3] müssen zur Kraftaufnahme gegen den Boden gepreßt werden. Welche Setzungen bei dieser erheblichen Umverteilung des Sohldrucks auftreten, ist bisher nicht vorhersehbar. Qualitative Hinweise gibt SCHULTZE [1].

– Das Einpressen von Pfählen in weichen Boden hat sich verschiedentlich bewährt [2,3], es gab jedoch auch Mißerfolge, z.B.

[5] H. DÖRR, Unterfangung des Postgebäudes in Konstanz. In: Beton und Eisen (1939) S. 257-262.

Der durch das Einpressen erhöhte Porenwasserdruck gleicht sich allmählich aus, was weitere und bisher nicht vorhersehbare Setzungen nach sich zieht.

Andere tiefe Eingriffe gehen über eine Verstärkung der Fundamente weit hinaus und werden weiter unten behandelt.

Veränderung des Erdplanums, der Bebauung und/oder des Grundwasserstandes in der Umgebung

Die folgenden Eingriffe in der Umgebung sind bodenmechanisch nahezu gleichwertig:

– Durch Erhöhung des Erdplanums wird der Baugrund neben und – infolge Druckausbreitung in geringerem Maße – auch unter dem historischen Bauwerk dichter. Die globale Standsicherheit nimmt also um den Preis weiterer Setzungen zu. Durch Erdabtrag nimmt dagegen die globale Standsicherheit ab (geringeres Gegengewicht gegen Grundbruch). Ob und in wie weit sich das Bauwerk dabei setzt, ist bisher ungeklärt. Die üblichen Verfahren der Bodenmechanik,

[6] DIN 4019, Teil 1 und 2: Setzungsberechnungen

sind auf Setzungen von Bauwerken unter deren eigener Last zugeschnitten. Setzungen infolge seitlicher Be- oder Entlastung des Bodens lassen sich so nicht genau genug erfassen.

– Werden flachgegründete Bauwerke in der engsten Nachbarschaft erstellt oder entfernt, reagiert der Baugrund ebenso. Handelt es sich um einen kraftschlüssig verbundenen Anbau, kommt die Umverteilung der Sohldrücke hinzu. Diesbezüglich ist man über statisch korrekte Schätzungen [3] nicht hinausgekommen.

– Wird der Grundwasserstand – z.B. zur Wassergewinnung oder zum Feuchteschutz – abgesenkt, treten zunächst weiträumig gleichmäßige Setzungen auf, die bodenmechanisch gut verstanden sind. Die historischen Fundamente können aber bisher nicht erklärte zusätzliche Kriechsetzungen erfahren; z.B. wird der Grundwasserstand in der Krypta der Kathedrale von Gloucester konstant gehalten, da es sich gezeigt hat, daß der Boden bei weiterer Absenkung kontinuierlich nachgibt.

Ungeklärt ist auch, inwieweit mineralische Veränderungen infolge Grundwasserabsenkungen zu Setzungen führen [3]. (Hebungen des Grundwasserspiegels interessieren kaum, da sie selten vorkommen und wegen der Durchfeuchtungsgefahr unerwünscht sind.)

Verfestigung oder konstruktive Stützung des Baugrundes

Wir folgen in der Gliederung weitgehend

[7] U. Smoltczky und K. Hilmer Baugrundverbesserung. In: Grundbau-Taschenbuch 1980, (3. Auflage) Teil 2, Abschnitt 2.5

und beschränken uns auf einige Besonderheiten bei historischen Bauwerken. Da der Übergang zur Verstärkung und zur Unterfangung von Fundamenten nahtlos ist, kommen ähnliche Probleme auch weiter oben und unten zur Sprache.

Die Verdichtung körniger und toniger Böden ist zwar preiswerter als andere Verfahren, aber bei historischen Bauwerken meist zu riskant: Setzungen wären unvermeidlich und selten gleichmäßig. Erschütterungen hätten kaum kontrollierbare Nebenwirkungen, Injektionen waren hin und wieder erfolgreich [3], sind aber neuerdings umstritten [2].

Zur konstruktiven Stützung des Bodens bei historischen Bauwerken hat man vorzugsweise Pfähle und Anker eingesetzt. Die bewehrende Wirkung läßt sich bisher nur statisch abschätzen [7], die Verschiebungen sind aber kaum vorhersagbar. Durch Anker gegen den Boden gespannte Wände oder Platten wurden zwar gelegentlich vorgeschlagen (z.B. auch für den Turm von Pisa), Kriechen und Relaxation sind aber weitgehend ungeklärt.

Tiefbaumaßnahmen in engster Nachbarschaft

Änderungen und Ergänzungen der unterirdischen Infrastruktur – Leitungen, Bahnen, Straßen, Parkräume – können historische Bauwerke über den Baugrund sehr stark beeinflussen [2,3]. Deswegen kann man darauf nicht verzichten, denn die Infrastruktur ist lebensnotwendig; solche Maßnahmen können sogar dazu dienen, bauliche Ensembles oberirdisch wiederherzustellen. Die tiefgreifenden Eingriffe erfordern allerdings größte

Sorgfalt, um Bauschäden zu vermeiden; daß sie baugeschichtlich aufschlußreich, aber auch bedenklich sind, sei ausdrücklich angemerkt. In Anlehnung an das Teilprojekt B3 werden nun einige bodenmechanische Probleme genannt.

In tonigem oder organischem Boden ist vor allem das Kriechen gefährlich. Selbst wenn die Wände einer offenen Baugrube unnachgiebig gestützt sind, also Streifen oder sehr tiefe Anker aufweisen, kommt die entlastete Sohle hoch und bewirkt Setzungen der Umgebung. Dieser Effekt hat schon im vorbelasteten Ton – z.B. in Frankfurt oder London – die Bausubstanz beeinträchtigt und kann in unvorbelastetem Boden geradezu dramatische Folgen haben. Man muß daher zur Schonung historischer Bauwerke

– diese vorher tiefer gründen, oder
– die Baugrubenwände tiefer, eventuell bis

zu unnachgiebigen Schichten, hinabführen (Abb. 2), oder
– auf Bauweisen ohne Freilegung des Bodens, z.B. Vorpressen oder Vereisung, übergehen.

Auch dann sind die bodenmechanischen Probleme noch beträchtlich. Genannt sei nur die Entstehung von Porenwasserüberdrücken, was ungünstigenfalls zum Kollaps und günstigenfalls bei der nachfolgenden Dissipation zu Setzungen führt.

In sandigem oder kiesigem Boden sind offene Sohlen und das Kriechen weniger gefährlich. Durch Verminderung der Horizontalspannung, die sich kaum vermeiden läßt, werden aber über erstaunliche Weiten Setzungen erzeugt [2,3]. Durch Erschütterungen entstehen weitere Setzungen (s. auch Teilprojekt B3/ Goldscheider, S. 78).

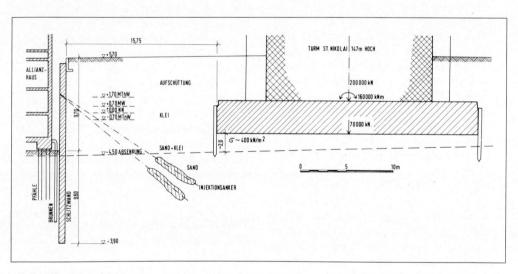

2   Hamburg. Darstellung der Sicherung des St. Nicolai-Turmes gegen die Baugrube des Allianz-Hauses

EIGENE VORARBEITEN

Verbunden mit historischen Bauwerken treten zwar keine grundsätzlich neuartigen bodenmechanischen Probleme auf [2], die Anforderungen sind aber ungewöhnlich streng. Genannt werden hier solche eigenen Forschungsarbeiten, die diesem Zweck dienen können.

Gewichtsentlastung und / oder Verstärkung der Fundamente

Eine für die Praxis zugeschnittene Zusammenfassung unserer Arbeiten über Sohldruckverteilungen ist

[8] G. GUDEHUS, Vereinfachte Ermittlung der Dicke von Flachfundamenten. In: Der Bauingenieur 59 (1984) S. 337-345

Darin wird u.a. gezeigt, daß und wie

– bei körnigem Boden mit Bettungsmoduln gearbeitet werden kann,
– dünne kompressible Schichten demgegenüber eine in recht einfacher Weise von der Bauwerkssteifigkeit abhängende Umverteilung der Sohldrücke bewirken.

Da unsere Verfahren nicht auf homogenen Boden und Stahlbetonbauwerke beschränkt sind, dürften sie sich auch für historische Bauwerke eignen.

Veränderung des Erdplanums, der Bebauung und / oder des Grundwasserspiegels in der Umgebung

In dem Lehrbuch

[9] G. GUDEHUS, Bodenmechanik. Stuttgart 1981

sind neben den Standardverfahren auch einige neuere, von uns mitentwickelte Verfahren der Setzungsermittlung beschrieben. Sie werden in Teilprojekt B3 behandelt, so daß hier einige Bemerkungen genügen.

Bei unvorbelasteten tonigen Böden kommt es unseres Erachtens mehr auf das Materialverhalten als auf die Druckverteilung an. Es gilt, an Bodenelementen unter dem historischen Bauwerk die geologische und die bauliche Belastungsgeschichte nachzuvollziehen. Unsere dafür geeigneten Versuchstechniken sind u.a. beschrieben bei

[10] L. KUNTSCHE, Materialverhalten von wassergesättigtem Ton bei ebenen und zylindrischen Verformungen. (= Veröff. Inst. Bodenmech. u. Felsmech. Universität Karlsruhe, H. 91) Karlsruhe 1982

Bei körnigen Böden läßt sich der Einfluß seitlicher Be- oder Entlastung mit unserer Modelltechnik erfassen. Eine jetzt fertiggestellte Forschungsarbeit

[11] T. SCHLEGEL, Anwendung einer neuen Bettungsmodultheorie zur Berechnung der Momente in biegsamen Gründungen auf Sand. (= Veröff. Inst. Bodenmech. u. Felsmech. Universität Karlsruhe, H. 98) Karlsruhe 1985

macht deutlich, daß der Seiteneinfluß entweder vernachlässigbar gering oder durch Korrekturfaktoren erfaßbar ist.

Verfestigung oder konstruktive Stützung des Baugrundes

Unsere Erfahrungen mit Bodenverfestigung sind u.a. in folgenden Arbeiten dargestellt:

[12] M.A. MOSER, Wirkungsweise von Sanddrains in weichen Böden. (= Veröff. Inst. Bodenmech. u. Felsmech. Universität Karlsruhe, H. 69) Karlsruhe 1977
[13] B. STETZLER-KAUFMANN, Stoffverhalten chemisch injizierter Sande. (= Veröff. Inst. Bodenmech. u. Felsmech. Universität Karlsruhe, H. 94) Karlsruhe 1983

Für das Teilprojekt C4 wichtiger dürften unsere Beiträge zur konstruktiven Stützung des Baugrundes sein. In Zusammenarbeit mit einer Baufirma haben wir Bemessungsverfahren für die Bodenvernagelung entwickelt. Die letzte Veröffentlichung dazu ist

[14] G. Gässler und G. Gudehus, Soil Nailing - Statistical Design. Proceed. 8th Europ. Conf. Mech. Found. Eng., Helsinki 1983, S. 491-494

Auch die Bodenverdübelung wurde maßgebend von uns mitentwickelt:

[15] G. Gudehus und W. Schwarz, Stabilisierung von Kriechhängen durch Pfahldübel. Vortrag Baugrundtagung 1984

In beiden Fällen wird auch das neue statistische Sicherheitskonzept – dargestellt u.a. in den GruSiBau – einbezogen.

Tiefbaumaßnahmen in engster Nachbarschaft

Die Auswirkung von Hohlräumen mit unterschiedlicher Stützung – wie Baugruben oder Tunneln – auf die Umgebung wurde bei uns in mehreren Forschungsprojekten untersucht. Einige Hinweise müssen hier genügen, obwohl es sich um ein weites und schwieriges Gebiet handelt.

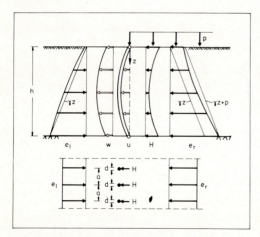

3   Verschiebungen und Kräfte an einer Pfahlreihe und im Boden

[16] M. Goldscheider und D. Kolymbas, Berechnung der Standsicherheit verankerter Stützwände. In: Geotechnik (1980) S. 93-105, 156-164

Es wird gezeigt, daß herkömmliche Verfahren den Einfluß der Ankerkräfte auf die Sicherheit erheblich verfälschen können. Mit zusammengesetzten Mechanismen und einer einheitlichen Sicherheitsdefinition wird Abhilfe geschaffen.

[17] G. Gudehus, Seitendruck auf Pfählen in tonigen Böden. In: Geotechnik (1984) S. 73-83

Vorgestellt wird u.a. ein Verfahren, das die Kraftübertragung von einseitig belastetem Boden auf eine Pfahlreihe erfaßt (Abb. 3). Auf dieser Grundlage haben wir die Stützung einer Baugrube neben dem alten Postamt Konstanz entworfen. Durch eine tiefgegründete, oben abgesteifte Pfahlreihe soll das seitliche Ausweichen des weichen Bodens reduziert werden.

[18] G. Gudehus und W. Orth, Unterfangungen mit Bodenvereisung. In: Bautechnik 6 (1985) S. 203-211

Gestützt auf unsere früheren Forschungsberichte können wir zeigen, daß bei nahezu beliebigem Baugrund die Bodenvereisung gut kontrollierbar, sicher und wirtschaftlich sein kann. Da die Bodenvereisung reversibel ist, werden Umwelt und Denkmale weitgehend geschont (Abb. 4).

[19] H. Meissner, Tragverhalten axial oder horizontal belasteter Bohrpfähle in körnigen Böden. (= Veröff. Inst. Bodenmech. u. Felsmech. Universität Karlsruhe, H. 93) Karlsruhe 1983

Die mit Hilfe finiter Elemente und eines elastoplastischen Stoffgesetzes berechneten Verformungen und Traglasten stimmen gut mit Ergebnissen von Probebelastungen überein. Die vorgelegten einfachen Ersatzformeln kommen daher auch für die Unterfangung historischer Bauwerke in Betracht.

ZIELE, METHODEN, ARBEITSPROGRAMM UND ZEITPLAN

Mit dem Teilprojekt C4 wird ein Jahr später begonnen, weil zuvor einige Erkenntnisse aus den Projekten A1, A2, A3 und B3 vorliegen müssen. Die Reihenfolge der Arbeiten lehnt sich an diejenige der vorigen Abschnitte an, kann sich aber je nach gemeinsamer Auswahl der Objekte noch ändern. Der Zeitplan ist daher nur in den Mengen, nicht in der genauen Verteilung als verbindlich anzusehen. Entwurf und Durchführung der Eingriffe sind nicht Aufgabe des Sonderforschungsbereichs; die dabei ohnehin gewonnenen Erkenntnisse werden aber für unsere Forschungsarbeiten mit herangezogen.

Eingriffe an und über der Erdoberfläche sowie in das Grundwasser

Wie oben erläutert, sind solche Eingriffe bodenmechanisch einheitlich zu beurteilen. Sie werden an ausgewählten Objekten kombi-niert vorkommen. In Anlehnung an das Teilprojekt B3 wollen wir möglichst nach Baugrundtypen gliedern. Das erste Objekt soll ein historisches Bauwerk auf geologisch unvorbelastetem Ton sein. Vor allem im Bodenseeraum, aber auch in einigen Flußtälern Baden-Württembergs sind Beispiele zu finden. Vorausgesetzt wird, daß mindestens zwei der folgenden Maßnahmen zur Ausführung kommen: Gewichtsentlastung, Verstärkung der Fundamente, Erhöhung oder Erniedrigung des Erdplanums, Abbruch oder Neubau in nächster Nähe, Hebung oder Senkung des Grundwassers.

Ziel ist es allgemein, die gebräuchlichen Verfahren der Setzungs- und Sohldruckermittlung und -kontrolle soweit zu verbessern, wie es bei historischen Bauwerken erforderlich ist. Nach den ersten Voruntersuchungen hoffen wir in bezug auf geologisch unvorbelasteten Ton immerhin sagen zu können,

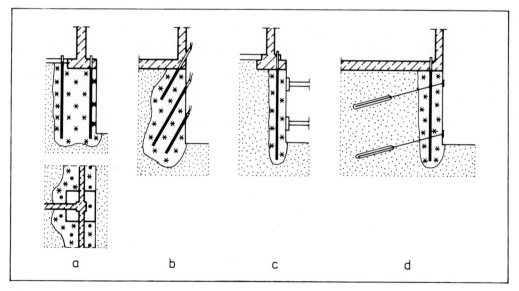

4   Frostkörpertypen: a) Verdickung unter Einzelfundament · b) Staffelung von der Seite · c) durch Steifen gestützt · d) verankert

- welche seitliche Reichweite bei Setzungsmulden anzunehmen ist;
- welche Anordung und Genauigkeit von
  Setzungsgebern in situ mindestens zu ver-
  langen ist;
- inwieweit Setzungsmulden infolge von
  Eingriffen durch Veränderung der Bauwerkssteifigkeit (Risse, Verstärkung)
  beeinflußt werden.

Langfristig sollte es auch gelingen,

- die Ansätze zur Druckausbreitung zu verbessern,
- den Einfluß der Bauwerkssteifigkeit – soweit nötig – rechnerisch zu berücksichtigen,
- die Sicherheit des sog. Gebrauchszustan-
  des im Sinne des statistischen Sicherheits-
  konzepts als Folge der Eingriffe vorherzu-
  sagen.

Methoden und Arbeitsprogramm ergeben sich
daraus wie folgt:

- Setzungsbolzen sind am historischen Bauwerk und in der Umgebung anzubringen
  und wiederholt zu messen;
- Bodenproben sind – wie im Teilprojekt B3 –
  zu gewinnen und zu prüfen;
- Setzungsmulden sind mit verschiedenen
  Ansätzen für die Druckausbreitung und
  unter Berücksichtigung der Ergebnisse
  von B3 über das Materialverhalten zu berechnen;
- Biegebeanspruchungen des historischen
  Bauwerks – passend zu Setzungsmulden –
  sind mit der Biegetragfähigkeit – von Teilprojekt A3 herkommend – zu vergleichen;
- Kriechen und Relaxation in Baugrund und
  Bauwerk sind anhand der Ergebnisse von
  B3 rechnerisch abzuschätzen und mit dem
  beobachteten Zeitverlauf zu vergleichen.

Später sind – aufgrund der dann bekannten
Abweichungen zwischen Vorhersage und
Beobachtung – die Berechnungs- und Prüfver-
fahren zu verbessern.

Zweites Objekt soll ein historisches Bauwerk
auf Sand oder Kies sein. Zu den oben genannten Zielen kommt dann hinzu, den Einfluß der
Erschütterungen zu klären. Methoden und
Arbeitsprogramm:

- Lastplattenversuche in situ [8,11] zur Bestimmung der Bodenkennwerte;
- Grobeinstufung der Erschütterungen.

Diese Arbeiten sind zunächst notwendig, um
den Beitrag körniger Schichten bei dem ersten
Objekt korrekt mit zu erfassen [8]. Weiter dienen sie zur Vorbereitung späterer Arbeiten:

- Modellversuche aufgrund unserer Ähn-
  lichkeitstheorie,
- Erschütterungsmessungen in situ,
- Setzungsmessungen (Setzungen infolge
  Baubetrieb),
- rechnerische Erfassung des Kriechens.

**Verfestigung oder konstruktive Stützung des
Baugrunds**

Zunächst soll nur geprüft werden, welche
Wirkung verschiedene Maßnahmen nach dem
heutigen Stand der Forschung voraussichtlich
haben. Darauf soll sich das spätere Forschungsprogramm gründen mit dem Ziel,

- die Wirkung verschiedener Verfestigungs-
  verfahren besser einzugrenzen,
- die konstruktive Stützung des Baugrundes
  (Verankerung, Vernagelung, Verdübelung)
  besser zu beurteilen,
- die Sicherheit unter baulichen Eingriffen
  nach dem statistischen Sicherheitskonzept
  zu beurteilen.

Gedacht ist an Messungen an zwei Bauwerken, eines auf vorwiegend tonigem und eines
auf körnigem Baugrund, Laborversuche dazu
und Anpassung der vorhandenen Theorie.
Wir werden uns dabei nach von anderen Stellen gewählten Baumaßnahmen zu richten haben. Da es um die Verfeinerung und Anpas-

sung vorhandener Methoden geht, wird der Erkennungsfortschritt so nicht leiden; jede zuverlässige Beobachtung an und bei einem historischen Bauwerk lohnt sich, wenn ein Prognoseverfahren damit verbessert wird.

Tiefbaumaßnahmen in engster Nachbarschaft

Dieser Problemgruppe können wir uns zunächst nur am Rande zuwenden. Wenn in der Nähe der ersten beiden Objekte Baugruben, z. B. auch für Leitungsgräben, angelegt werden – außerhalb des Druckbereiches der Fundamente versteht sich –, treten meßbare zusätzliche Bodenverschiebungen auf, die es festzustellen gibt. Im übrigen sind die späteren Arbeiten vorzubereiten mit dem Ziel:
- Größe und Reichweite der Setzungen neben den Baugruben besser als bisher zu erfassen,
- die Bodenverformungen bei Unterfangungen genauer vorhersagen zu können,
- signifikante Punkte und Meßmethoden zur Überwachung anzugeben,
- diese Verfahren in das statistische Sicherheitskonzept einzubeziehen.

Offensichtlich kann dieses Ziel in der gesamten Laufzeit höchstens teilweise erreicht werden. Von den Bauobjekten, den Intentionen und den Möglichkeiten des Bauherrn wird es abhängen, worauf sich unsere Untersuchungen konzentrieren.

STELLUNG DES PROJEKTES INNERHALB DES SFB

Der zwingende Zusammenhang mit dem Landesdenkmalamt und dem Institut für Baugeschichte (A1 und A2) ist schon im Vorspann erläutert. Hingewiesen sei noch auf die bodenmechanische Äquivalenz von baulicher und geologischer Geschichte: für beide hat der Boden ein nachlassendes Erinnerungsvermögen. So lassen Aufbau und Zusammensetzung vorsichtige Schlüsse auf beiderlei Vergangenheit zu: fast eine archäologische Aufgabe.

Ohne das Institut für Tragkonstruktionen (A3) dürften wir den Baugrund nicht untersuchen und hätten keine Daten über Geometrie, Lasten und Bauwerkssteifigkeit. Wir liefern A3 Methoden zu Standsicherheit und Verformungen samt deren zeitlicher Änderung.

Die Arbeiten des Lehrstuhls für Baustofftechnologie (B1) sind mit unseren Arbeiten verwandt: Feuchtetransport in Mauerwerk und Boden sind einander hydraulisch ähnlich, und Absperren oder Ableiten des Wassers ist für den Baugrund besser ergründet als für Bauwerke. Zur Trockenlegung kann es nötig sein, Fundamente freizulegen; die damit verbundenen Setzungen sind im Rahmen von C4 zu untersuchen. B3 ist die zwingende Grundlage für C4, daher die zeitliche Verschiebung um 1 Jahr.

1   Unterrot. Gedeckte hölzerne Brücke über die Rot. Erbaut 1870 als Kirchwegbrücke über die
Kocher. 1938 verkürzt und an die heutige Stelle versetzt. Hängesprengwerk, Spannweite 15,40 m

2   Oberregenbach. Steinerne Bogenbrücke über die Jagst. Erbaut Mitte des 18. Jahrhunderts.
Die spitzwinkligen Pfeiler sind bis zur gemauerten Brüstung hochgeführt

Teilprojekt D

Dokumentationsstelle

Leiter:	Dr.-Ing. Hartwig Schmidt
Dienstanschrift:	Sonderforschungsbereich 315
	Universität Karlsruhe
	Parkstraße 17
	7500 Karlsruhe
Telefon:	(07 21) 60 63 08
Mitarbeiter:	Markus Weis
	Susanne Böning-Weis M.A.
	– Adresse wie oben –

EINFÜHRUNG UND ÜBERBLICK

Der Projektbereich D, die Dokumentationsstelle, ist für die zentrale Erfassung, Dokumentation und Veröffentlichung der Arbeitsergebnisse des Sonderforschungsbereiches zuständig. Ihr obliegen folgende Arbeiten:

– Erstellen und Veröffentlichen einer Bibliographie zum Thema des SFB. Die Bibliographie soll sich auf den Bereich der ingenieurtechnischen Erhaltungsmaßnahmen historischer Bauwerke beschränken.

– Sammeln, Archivieren und Dokumentieren wichtiger historischer Baukonstruktionen, die für den Sonderforschungsbereich insgesamt von Bedeutung sind, von den einzelnen Teilprojekten aber nicht selbst oder nur in Teilen bauaufnahmemäßig erfaßt werden können.

– Erstellen und Veröffentlichen einzelner Inventare historisch bedeutsamer Baukonstruktionen in Baden-Württemberg. Die Inventare sollen die vom Sonderforschungsbereich bearbeiteten Konstruktionsarten erweitern und zusammenfassen.

Der Dokumentationsstelle kommen als weitere Aufgaben zu:

– Organisieren, Dokumentieren und Publizieren der projektübergreifenden Veranstaltungen des SFB. Hierzu gehören die gemeinsamen Exkursionen, Kolloquien und Tagungen, die in regelmäßigen Abständen durchgeführt werden, um die bisher erreichten Ergebnisse zu diskutieren und der interessierten Fachöffentlichkeit bekanntzumachen.

– Redaktionelle Bearbeitung und Herausgabe der Schriftenreihen des SFB. Das sind zum einen die »Arbeitshefte des SFB 315«, in denen, knapp und ohne großen Aufwand, Kolloquien, Exkursionen, Vorträge und andere interdisziplinäre Veranstaltungen des SFB festgehalten werden, zum anderen das »Jahrbuch des SFB 315«, in dem die regelmäßig erscheinenden Forschungsberichte ihren Niederschlag finden sollen.

– Koordination der Zusammenarbeit zwischen den einzelnen Hochschulinstituten, den Bauämtern und dem Landesdenkmalamt, insbesondere bei denjenigen Forschungsarbeiten, die an Baudenkmalen stattfinden, bei denen mehrere Teilprojekte des SFB gleichzeitig bzw. nacheinander

arbeiten. Auch soll die Dokumentationsstelle den Kontakt zu anderen Forschungsinstitutionen herstellen und wichtige Informationen, Mitteilungen, Hinweise und Anregungen weiter verfolgen und an die Teilprojekte weiterleiten.

STAND DER FORSCHUNG

Eine umfassende Bibliographie zum Thema »Erhalten historisch bedeutsamer Bauwerke«, mit dem Schwergewicht ingenieurtechnischer Erhaltungsmaßnahmen existiert nicht. Das Material, welches im Hinblick auf ein Inventar historischer Baukonstruktionen zu sichten wäre, befindet sich hauptsächlich in den Fachzeitschriften der Denkmalpflege und der Ingenieurwissenschaften. Die Hauptbibliothek der Universität Karlsruhe, wie auch die Bibliothek des Instituts für Baugeschichte bieten mit ihren umfangreichen Zeitschriften- und Buchbeständen aus dem 19. Jahrhundert eine gute Voraussetzung für diese Arbeit.

Ein Inventar bedeutender historischer Baukonstruktionen, vergleichbar den Inventaren der Bau- und Kunstdenkmäler, fehlt ebenfalls. Für den Bereich der Technischen Baudenkmale in der Bundesrepublik Deutschland wurde diese Arbeit von Rainer Slotta in Angriff genommen [1], inventarisiert wurden die historischen Holzbrücken der Schweiz [2] und als inventarähnliche Dokumentation, in der auch die historischen Konstruktionen mit berücksichtigt werden, liegt das deutsche Bürgerhaus-Werk bereits in 33 Bänden vor [3].

Das Landesdenkmalamt Baden-Württemberg verfügt weder von der konstruktiven Ausrichtung der Mitarbeiter noch von der zahlenmäßigen Kapazität her über eine personelle Ausstattung, die es in die Lage versetzen würde, diese seit längerem als wichtig erkannte Aufgabe zu übernehmen. In einer Zeit beschleunigten Verlustes von historischer Originalsubstanz durch Sanierungsmaßnahmen kommt dieser Dokumentation besondere Bedeutung zu.

Literatur

[1] RAINER SLOTTA, Technische Denkmäler in der Bundesrepublik Deutschland. (Hrsg.) Deutsches Bergbau-Museum Bochum. Bd. 1-3, Bochum 1975-80
[2] PETER RÖLLIN, ICOMOS-Inventar der Holzbrükken, Archiv der Eidgenössischen Kommission für Denkmalpflege. Bern 1973
[3] Das deutsche Bürgerhaus. Begründet von Adolf BERNT, herausgegeben von Günter BINDING. Tübingen 1959ff.

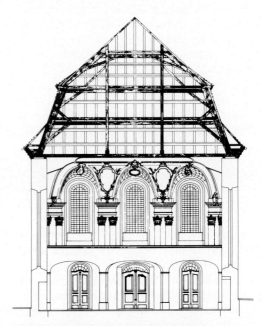

3   Oberndorf am Neckar. Ehemalige Augustinerklosterkirche (erbaut 1774-1777). Querschnitt des Kirchenschiffs mit Darstellung der historischen Dachkonstruktion

EIGENE VORARBEITEN

Die Institute, die sich am Sonderforschungsbereich beteiligen, wie auch das Landesdenkmalamt, verfügen über einschlägige Literatursammlungen und eigene Arbeitsergebnisse, die in die zentrale Dokumentation eingebracht werden können. Auch kann auf die Erfahrungen hingewiesen werden, die der Leiter der Dokumentationsstelle durch eigene Arbeiten auf den Gebieten Bauaufnahme und Dokumentation historischer Bauten, Denkmalpflege, Inventarisation und Konstruktions- und Technikgeschichte sammeln konnte [3,4,5,6,7].

Für die Herausgabe der neuen Publikationsreihen des SFB 315, kann auf die Erfahrungen aus der Veröffentlichungsreihe »Aus Forschung und Lehre« des Instituts für Tragkonstruktionen zurückgegriffen werden, deren einschlägige Titel bei den Teilprojekten A3 und C2 angeführt sind. Über Vorarbeiten der am Sonderforschungsbereich beteiligten Institutionen in Form von Fachtagungen und Seminaren wird auf S. 7, unter »Kontakte nach innen und außen«, Auskunft gegeben.

Bei der Abstimmung der Forschungsarbeiten an Baudenkmalen mit den Eigentümern, Bauherren, Denkmalämtern, staatlichen, kommunalen und kirchlichen Bauverwaltungen, Spezialfirmen und einschlägigen Architektur- und Ingenieurbüros kann die Dokumentationsstelle auf Erfahrungen und Verbindungen zurückgreifen, die aufgrund der bisherigen Arbeiten, insbesondere des Instituts für Tragkonstruktionen, bestehen.

Literatur:

[3] W. HOEPFNER und H. SCHMIDT, Mittelalterliche Städtegründungen auf den Kykladeninseln Antiparos und Kimolos. In: Jahrbuch des Deutschen Archäologischen Instituts 91 (1976) S. 291-339

[4] H. SCHMIDT, Das Tiergartenviertel. Baugeschichte eines Berliner Villenviertels. Teil 1: 1790-1870. (= Die Bauwerke und Kunstdenkmäler von Berlin, Beiheft 4). Hrsg. vom Senator für Bau- und Wohnungswesen, Landeskonservator. Berlin 1981

[5] H. SCHMIDT, Die Bauwerke der Berliner S-Bahn. Die Stadtbahn. (= Arbeitshefte der Berliner Denkmalpflege 1). Berlin 1984 (mit einem Beitrag von E.-M. Eilhardt)

[6] H. SCHMIDT und J. TOMISCH, Die Bauwerke der Berliner S-Bahn. Die Vorortstrecke nach Zossen. (= Arbeitshefte der Berliner Denkmalpflege 2). Berlin 1985

[7] H. SCHMIDT, Denkmalschutz und Inventarisation in Berlin. In: Deutsche Kunst und Denkmalpflege 42 (1984) H. 2, S. 104-114

ZIELE, METHODEN, ARBEITSPROGRAMM, ZEITPLAN

Für das Teilprojekt D, die Dokumentationsstelle, besteht ein breitgefächerter, anspruchsvoller Aufgabenkatalog, der sich aus den Besonderheiten dieses Sonderforschungsbereiches ergibt.

– Dokumentationsarbeiten im Sinne wissenschaftlicher Bauaufnahmen stellen im Umgang mit historisch bedeutsamer Bausubstanz einen wichtigen Bestandteil der Forschung dar und sind in erheblich größerem Umfang notwendig als allgemein im Bauwesen.

– Universitätsinstitute arbeiten mit dem Landesdenkmalamt zusammen, die Teilprojekte von Ingenieuren und Naturwissenschaftlern sollen enge Begleitung durch Denkmalpflege und Baugeschichte erfahren und auf Denkmalverträglichkeit und historische Vorgaben ausgerichtet werden, was für den SFB mit seinem interdisziplinären Arbeitsansatz einen erhöh-

ten Dokumentations- und Koordinations-
aufwand bedeutet.

– Viele Forschungsarbeiten müssen am Baudenkmal selbst stattfinden. Der Unterschied zwischen den theoretischen Modellen und Laborbedingungen auf der einen
und der komplexen Wirklichkeit alter
Bauwerke auf der anderen Seite macht es
erforderlich, Ergebnisse am Objekt selbst
zu erzielen bzw. zu überprüfen. Weil das
für alle Teilprojekte gilt, ist eine projektübergreifende Koordination unbedingt
notwendig.

– Nicht nur das Äußere und Innere historisch bedeutsamer Bauwerke, das was man
gemeinhin sieht, ist zunehmend der Schädigung ausgesetzt (Steinfassaden, Putz
und Malereien), auch am Baugefüge – den
Konstruktionen und Werkstoffen, die dem
Äußeren und Inneren Bestand und Tragfähigkeit verleihen – treten verstärkt Schäden auf. Ursachen und Wirkungen sind für
alle diese Schäden oftmals die gleichen
oder von ähnlicher Art. Die Abstimmung
der Arbeiten des SFB mit anderen For-
schungsgruppen (z.B. den Forschungs-
schwerpunkten des BMFT) ist auch hier
notwendig.

– Der Bedarf der Praxis an Forschungsergebnissen ist groß. Bereits jetzt besteht ein er-
hebliches Defizit gegenüber der Nachfrage. Die Forschungsresultate sollen deshalb
zügig in Empfehlungen für die Praxis umgesetzt und bekanntgemacht werden. Den
Bereichen Dokumentation und Information des SFB kommt deshalb nicht nur
grundsätzliche, sondern auch ausgespro-
chen aktuelle Bedeutung zu.

Eine entsprechend ausgestattete Dokumentationsstelle, die auch die angesprochenen Koor-
dinierungsaufgaben übernimmt, ist für die engen Verknüpfungen im Inneren und nach außen, auf denen der SFB aufbauen muß, von
entscheidender Bedeutung. Keines der beteiligten Institute kann die hier anfallenden besonderen Aufgaben neben der eigenen Forschungsarbeit leisten.

Arbeitsprogramm der Dokumentationsstelle

– Eine wichtige Aufgabe der Dokumentationsstelle ist es, eine **Bibliographie** bisher
erschienener Veröffentlichungen zum
Thema »Erhalten historisch bedeutsamer
Bauwerke« zu erstellen, um den einzelnen
Teilprojekten eine über ihr spezifisches
Forschungsgebiet hinausgehende Infor-
mationsmöglichkeit bieten zu können. Die
in den verschiedensten Fachzeitschriften
verstreut publizierten Aufsätze werden in
Hinblick auf die Forschungsbereiche des
SFB überprüft, zusammengestellt und in
einer kurzen inhaltlichen Zusammenfassung beschrieben. In den einzelnen Teilprojekten kann diese Arbeit nicht geleistet
werden, denn das Gesamtfeld, aus dem die
Beiträge kommen und über das Überblick
zu gewinnen ist, stellt sich erheblich breiter dar, als daß es von den einzelnen Fach-
disziplinen abgedeckt werden könnte. Die
Bibliographie soll auch im weiteren Verlauf des SFB eine grundlegende Hilfe sein
und allen an diesem Thema arbeitenden
Wissenschaftlern, auch denen außerhalb
des SFB, in systematischer Weise wichtiges
Quellenmaterial erschließen. Die bei dieser Arbeit gesammelte Literatur wird in der
Dokumentationsstelle zugänglich sein.

– Die Dokumentationsstelle führt **Bestandsuntersuchungen an Bauwerken,** die für
die Forschungen des SFB wichtig sind und
von den Teilprojekten nicht selbst vorgenommen werden können (Bauaufnahme,
Fotodokumentation, Aktenauswertung,
usw.) wenn möglich selbst durch oder läßt
sie von anderer Stelle durchführen. Die Ergebnisse (Pläne, Fotos, Berichte) werden in
der Dokumentationsstelle inventarisiert
und nach Abschluß der Forschungsmaßnahmen archiviert.
Sämtliche Unterlagen, die Forschungsberichte der einzelnen Teilprojekte, Bauaufnahmen, aufhebenswerte Arbeitsunterla-
gen sowie die in der Dokumentationsstelle
zusammengetragenen Materialien, sollen
nach Beendigung des SFB dem Landesdenkmalamt Baden-Württemberg gesam-

melt und geordnet zur Weiterverwendung, wenn möglich zur Weiterführung der Dokumentationsstelle, übergeben werden.

– Verschiedene Institute mit unterschiedlichen Forschungsansätzen und -methoden werden an gemeinsamen Objekten (Baudenkmalen) tätig. Um die nacheinander und nebeneinander stattfindenden Untersuchungsmaßnahmen an den Bauwerken aufeinander abzustimmen, sind **Koordinierungsmaßnahmen** erforderlich. Zum Teil sind die Untersuchungen auch in Hinblick auf laufende Baumaßnahmen (Restaurierungsarbeiten) zu organisieren.

Die Dokumentationsstelle nimmt die »Nachfrage« der einzelnen Teilprojekte nach Untersuchungsobjekten entgegen und vergleicht sie mit dem »Objektangebot« des Landesdenkmalamtes, der verschiedenen Bauverwaltungen, Büros und Spezialfirmen. Sie wirkt an der Auswahl der geeignetsten Objekte mit und behält dabei die beabsichtigte Programmkonzentration – mehrere Teilprojekte arbeiten an ein und demselben Baudenkmal – im Auge. Für eine solche Konzentration sprechen wissenschaftliche, substanzschonende und kostenmäßige Überlegungen.

– Das Teilprojekt D erstellt, ausgehend von den Bauwerken, die durch die einzelnen Teilprojekte des SFB untersucht worden sind, **Inventare historisch bedeutsamer Baukonstruktionen.**

Mit dem beständigen Verlust von Baudenkmalen ist gleichzeitig ein permanenter Rückgang historisch wichtiger Baukonstruktionen verbunden. Nicht nur der Abbruch einzelner Bauten, sondern auch kostengünstiger Ersatz durch »moderne« Konstruktionen, die den heutigen bautechnischen und bauphysikalischen Anforderungen besser zu entsprechen scheinen und geringere Aufwendungen für die Unterhaltung erfordern, reduzieren die Zahl originaler historischer Konstruktionen fortlaufend. Da historische Baukonstruktionen vielerlei Auskunft geben über den technischen Entwicklungsstand ihrer Entstehungszeit und kulturgeschichtliche Zusammenhänge, sind sie als authentische historische Dokumente unersetzlich.

Bei kunsthistorischen Beschreibungen von Baudenkmalen wird auf die Bedeutung ihrer für den Betrachter oft unsichtbaren Konstruktionen nur selten hingewiesen. Wie wichtig die Erhaltung historischer Konstruktionen – auch lokaler Sonderformen als Ausdruck kultureller Eigenständigkeit – ist, wird oft nicht erkannt. Während es für Baudenkmale als Ganzes, Garten- und Parkanlagen, Bodendenkmale und teilweise auch für technische Denkmale Inventare gibt, die die Bedeutung und den Standort der einzelnen Objekte aufzeigen und somit dazu beitragen, daß sie geschützt und gepflegt werden, fehlen solche Inventare weitgehend für die alten Konstruktionen. Die Arbeit an einzelnen Inventaren historischer Baukonstrukionen, hervorgegangen aus den Möglichkeiten direkter Erkundung am Bauwerk und thematisch und geographisch bezogen auf den Arbeitsbereich des SFB, soll dazu beitragen, diese Lücke zu schließen.

– Der Dokumentationsstelle kommt die **Organisation von Kolloquien und Fachtagungen** auf SFB-, nationaler und internationaler Ebene zu. Größere Fachtagungen, die die Forschungsergebnisse des SFB einer interessierten Fachöffentlichkeit vorstellen sollen, sind im Dreijahresrhythmus vorgesehen. Die interdisziplinären Veranstaltungen des SFB, wie Kolloquien, Exkursionen und Vorträge, werden von der Dokumentationsstelle in den »**Arbeitsheften des SFB 315**« festgehalten, die in regelmäßiger Folge und in einheitlicher Form zusammengestellt und gedruckt werden.

Die Forschungsergebnisse der einzelnen Teilprojekte des SFB finden ihren Niederschlag in den »**Jahrbüchern des SFB 315**«. Die redaktionelle Überarbeitung der Manuskripte wird von der Dokumentationsstelle besorgt, ebenfalls die Herausgabe, mit dem Sprecher des SFB als Herausgeber. Außerdem ist daran gedacht, die wichtigsten Forschungsresultate zu **Empfehlun-**

4   Horb-Neckarhausen. Hölzerne Brücke über den Neckar. Erbaut im 19. Jahrhundert mit späterer Erneuerung des Oberbaus. Pfahljochkonstruktion. Ruinöser Zustand Februar 1986

5   Unterregenbach. Gedeckte hölzerne Brücke über die Jagst. Erbaut 1824, spätere Verstärkungen des Tragwerks. Bogen und Fachwerkträger, Spannweite ca. 40 m. Gemauerte Widerlager mit Rundbogen

gen bzw. Fallbeispielen für die Praxis zusammenzufassen und zu publizieren. DIN-Normen für alte Bauten zu schaffen ist nicht vorgesehen. Sie würden in der Praxis zu leicht nur zur Normerfüllung anhalten, wo doch eher ein genaues Hinschauen und sich Einfühlen in die besonderen Verhältnisse des individuellen Bauwerks vonnöten ist und erst durch das Eingehen auf die besondere Eigenart der Konstruktion die Lösung erwachsen kann. Aber Empfehlungen hinsichtlich bestimmter Techniken und Vorgehensweisen und Fallbeispiele zur Erläuterung und Anregung können bei der Lösungssuche hilfreich sein, ohne die Verbindlichkeit von Normen zu bekommen. Die Nachfrage nach solchen Empfehlungen und Darstellungen von Fallbeispielen ist groß.

– Sowohl für die Datenverarbeitung (Bibliographie, Dokumentation, Inventare) als auch für die Textverarbeitung (Herstellung und Redaktion der Publikationen) ist ein rechnergestütztes Speicher- und Informationssystem (Personal Computer) mit Drucker im Einsatz. Damit läßt sich eine zeit- und kostengünstige Herstellung der Publikationen erreichen.

Anstelle eines Zeitplans:

Die Dokumentationsstelle begleitet die Arbeit des SFB von Anfang an und wird bis zum Ende der Laufzeit des SFB tätig sein.

STELLUNG DES PROJEKTES INNERHALB DES SFB

Das meiste dazu ist gesagt. Die zentrale Durchführung der Dokumentations- und Publikationsvorhaben spart Kosten und gewährleistet eine optimale Nutzung der dafür eingesetzten Geräte. Die zentrale Inventarisation und Archivierung des Dokumentationsmaterials entlastet die Teilprojekte von eigener Archivführung und ermöglicht eine geschlossene Übergabe des Materials an das Landesdenkmalamt nach Ablauf des SFB. Durch die Dokumentationsarbeiten erfahren alle Teilprojekte eine weitgehende Ergänzung und Unterstützung ihrer Arbeit. Mit den Teilprojekten A1 und A2 können gemeinsame Untersuchungen zur Geschichte der Baukonstruktion und Bautechnik durchgeführt werden.

STAND DER ARBEITEN

Vom Arbeitsbeginn des SFB im Sommer/Herbst 1985 bis zum Juli 1986 wurden sieben **interdisziplinäre Kolloquien** durchgeführt, die einerseits der Darstellung des Fortgangs der Arbeiten in den einzelnen Teilprojekten dienten, andererseits den SFB allgemein interessierende Fragen zum Thema hatten, wie z.B. »Baudenkmal und ingenieurtechnische Erhaltung« oder »Fragen aus der Praxis an den SFB«. Die Reihe der Kolloquien wurde im Oktober1986 mit dem Thema »Bauaufnahme, Bestandsuntersuchung und Dokumentation historischer Bauwerke« fortgesetzt.

Zu Beginn der gemeinsamen Forschungsarbeit des SFB wurde eine Studienreise zu den Bauwerken, an denen projektübergreifende wissenschaftliche Untersuchungen stattfinden sollen, durchgeführt. Den Abschluß des ersten Forschungsjahres bildete im Oktober 1986 eine Klausurtagung im Kloster Neresheim, auf der Stand und weitere Zielrichtung der Arbeiten in den einzelnen Teilprojekten vorgestellt und gemeinsam diskutiert wurden. Von allen Kolloquien und Tagungen wurden Tonbandaufzeichnungen bzw. Mitschriften hergestellt, die als Grundlage der Publikation dieser Veranstaltungen in den »**Arbeitsheften des SFB 315**« dienen. Die ersten Hefte dieser Reihe sind bereits erschienen, weitere sind in Bearbeitung.

Heft 1/1986
    Exkursion 7.-9. November 1985. Exkursionsbericht
    – Bericht über die gemeinsame Studienreise des SFB 315 zu den Bauwerken, an denen projektübergreifende wissenschaftliche Untersuchungen stattfinden sollen.
Heft 2/1986
    1. Kolloquium des SFB 315. Mauerwerkssanierung am Blauen Turm in Bad Wimpfen
    – Vorläufige Ergebnisse der Untersuchungen am 1971 statisch-konstruktiv gesicherten mittelalterlichen Bauwerk.
Heft 3/ 1986
    Exkursionsführer. Gemeinsame Exkursionen des SFB 315 im SS 1986 zum Thema Theorie und Praxis der Denkmalpflege, historische Baukonstruktionen, Bauschäden und Sanierungsmaßnahmen.
Heft 4/1986
    2. Kolloquium des SFB 315. Thema: Baudenkmal und ingenieurtechnische Erhaltung.
    3. Kolloquium des SFB 315. Thema: Ingenieurprobleme. Fragen aus der Praxis an den SFB.
    – Dokumentation der beiden Kolloquien mit Denkmalpflegern, Architekten und Ingenieuren aus der Praxis zu grundlegenden Fragestellungen des SFB.

Das »Jahrbuch des SFB 315«, in dem Forschungsergebnisse und Berichte über die Tätigkeit des SFB seit Sommer/Herbst 1985 publiziert werden, ist gleichzeitig im Verlag Ernst & Sohn, Berlin erschienen.

Die Koordinierung gemeinsamer Forschungsaktivität an Bauwerken durch die Dokumentationsstelle hat sich bewährt. Auch ist die Bedeutung einer verformungsgetreuen Bauaufnahme als Grundlage historischer Forschung und als ein notwendiges Dokumentationsmedium bei den bisher bearbeiteten Projekten deutlich geworden. Die **Organisation und Durchführung von Bauaufnahmen** wird deshalb auch weiterhin ein Arbeitsschwerpunkt der Dokumentationsstelle bleiben.

Um für die Bauaufnahmen des SFB Qualitätsmaßstäbe festzulegen, wird am 24./25. Oktober 1986 ein Kolloquium stattfinden, auf dem Fachleute aus Forschung und Praxis die von ihnen benutzten unterschiedlichen Aufnahmeverfahren vorstellen. Das Kolloquium wird an der Architekturfakultät durchgeführt, um auch den Studenten die Möglichkeit zu geben, daran teilzunehmen.

Die bei der **Erfassung und Dokumentation der Bauwerke** anfallenden Zeichnungen, Fotos und Texte bilden bisher den Grundstock für die geplanten Inventare bedeutender historischer Baukonstruktionen. Eine Bestandsaufnahme der noch vorhandenen historischen Brückenbauten über die Flüsse Jagst und Kocher wurde als Grundlage der Bearbeitung von Holz- und Steinbrückenkonstruktionen durchgeführt. Mit der Dokumentation und Bestandsaufnahme des hölzernen Dachstuhls über dem Nordflügel des Schlosses Hohentübingen aus der 1. Hälfte des 16. Jahrhunderts ist begonnen worden.

Mit dem Teilprojekt C2 ist die Dokumentation und Untersuchung des gemauerten Gewölbes über der Treppenhalle der Kunsthalle in Karlsruhe (erb. 1838-46) von Heinrich Hübsch vorgesehen.

Die Erfassung, Auswertung und Sammlung von Literatur für **eine Bibliographie** zum Thema des SFB, die im Laufe der Forschungsarbeiten der einzelnen Teilprojekte und der Dokumentationsstelle entstehen soll, wird systematisch betrieben. Plansammlung, Fotoarchiv und eine kleine Fachbibliothek sind in den Räumen der Dokumentationsstelle eingerichtet worden.

Verwaltungsstelle

Leiter:	Prof. Dr.-Ing. Fritz Wenzel
	(Sprecher des SFB)
Dienstanschrift:	Sonderforschungsbereich 315
	Universität Karlsruhe
	Parkstraße 17
	7500 Karlsruhe
Telefon:	(07 21) 60 63 08
Mitarbeiter:	Nora Schmidt

Die »Verwaltungsstelle« ist zuständig für die Führung der laufenden Geschäfte des SFB. Die Verwaltungsstelle unterstützt Sprecher und Vorstand des SFB in ihrer Arbeit und bereitet die Vorstandssitzungen, Mitgliederversammlungen und Begutachtungen mit vor. Ihr obliegt die Verwaltungskorrespondenz. In der Verwaltungsstelle werden die Finanzierungs-Gesamtanträge und die Jahreshaushaltspläne zusammengestellt. Von ihr werden Beschaffungsangelegenheiten und die zentrale Bewirtschaftung der Personal-, Sach- und Reisemittel abgewickelt, Personalfragen bearbeitet.

Um die Teilprojekte von Verwaltungsaufgaben, vor allem beim Haushalts- und Rechnungswesen, weitgehend zu entlasten, hat die Verwaltungsstelle die verfügbaren Mittel für jedes Teilprojekt zu überwachen und die Kontakte mit Universitätskasse und -verwaltung wahrzunehmen. Die notwendigen Begleitarbeiten für das Gastwissenschaftlerprogramm werden hier abgewickelt. Mit den korrespondierenden Mitgliedern aus dem In- und Ausland, Gastwissenschaftlern und ausländischen Forschergruppen ist die Korrespondenz zu führen.

Belastungsversuch an einer gußeisernen Stütze

English Summary

Übersetzung ins Englische:
Dipl.-Ing. Christoph Weigel
Für die kritische Durchsicht des Manuskripts danken wir
Dr.-Ing. David Cook, Senior Lecturer, Bath (G.B.)

Preservation of Historically Important Buildings –
Structures, Constructions, Building Materials

Preface

At the University of Karlsruhe the SFB Special Research Programme »Preservation of Histori-cally Important Buildings – Structures, Constructions, Building Materials« has taken up work. It will examine the stock and condition of old building substance, deal with decay and its causes, study the effects of interfering measures and alterations and search for methods and procedures to preserve and improve the substance. Attention will not necessarily be paid to the surface of the buildings, to the stone façades, plaster and wall paintings but rather to the structural fabric that gives hold to the entire building and supports the surface. Weakness and damage in the struc-ture of historically important buildings often lead to their closure. Millions have to be spent but too often the technical measures applied also mean irreparable adulterations of the authentic substance. This is where the SFB will search for new solutions that fit into the history of preserv-ing an old structure as the natural next steps. The SFB Special Research Programme and the Ver-lag Ernst & Sohn, Berlin, have agreed to produce a series of year-books. By way of this publication series the research results will be presented to the professional and general public without delay. This brochure is the introduction to the year-book series. The first year-book edition will follow in a few months containing research results and reports from 1986. Each group within the SFB will report on its work in respective technical and scientific journals as well. The language used in such articles, though, is usually understood only among experts. In the year-books, therefore, spe-cial attention will be given to applying a language which appeals to readers beyond the special dis-cipline, as the SFB itself is composed of several different fields. There will then be a greater chance of the results being received, understood and put to practice.

The introductory brochure contains the programme of the SFB from 1985 which has a long-term perspective. It not only gives information on the work of the next few years, it also describes the medium- and long-term goals established by each group. There are also brief descriptions of the situation a few months after the commencement of work. They show the starting point and the direction of work more clearly than a general programme alone is able to. In the mean-time, many inquiries have been made to the SFB. Therefore, the introductory brochure will explain exactly which work will be carried out and which will not be conducted and which working methods will be applied. It will serve to inform the experts in practice as well as other research groups. Since it was conceived as a basic guide to the SFB, the most substantial parts will be published in English as well, whereas the year-books will contain only short translated summaries.

Fritz Wenzel
(Speaker of the SFB)

On the subject

HISTORIC RELEVANCE

Old and new buildings have existed next to each other at all times, and it has been the task of every generation to preserve buildings. The younger buildings may be of interest mainly because of their functional value whereas the older buildings gather some historic value. Historically important buildings are generally regarded as those which stand out from the mass of old buildings perhaps because of a special rank within architecture, perhaps because of a unique design, room configuration or structure. They may be the carrier or casel for a certain content valuable to art history. They may also be of great importance to a certain period in history. Their location may have given them significance such as the landmark of a village, city or region, as part of a group of buildings. One criterion for the historic value of a building can be the registration as an historic monument according to the Monument-Protection-Acts, but this is not made a condition to be included in the group of historically important buildings. The term »monumental value« when used below therefore does not only refer to the listed building monuments. In general the historic relevance of preserving important old buildings is regarded as rendering the influence of the past on the present and future through its built environment, and to allow for the present and future to have a vivid reflection of the past.

TECHNICAL PROBLEMS

If an old building is to be preserved, then it is necessary to work against the decay of the structure, to bring the process of ageing under control. It can, though, never be completely stopped. Structure refers to the construction of the roofs, ceilings, domes and vaults, walls, pillars and columns and the foundations. The building materials dealt with are wood, stone, mortar and metal, with particular characteristics depending on the age of the buildings, and additionally, foundation soil in interaction with the old structure.

To determine the general condition, consideration must be given to the causes of decay. Some causes are of natural origin, human beings are responsible for others. Of the former ageing of construction materials and their infections should be mentioned. Of the latter the impact of civilization such as traffic vibrations, changes in the ground water level, air and water pollution are examples, as well as ignorance and carelessness in dealing with the old fabric. The scope of tasks in securing and repairing ranges from the oldest stone buildings to the latest reinforced concrete structures. For those which have historic significance the question of what methods of repair are to be applied ist not only a technical one but also a matter of compatibility with the monumental value. Any adjustment or change to the building's substance and the introduction of technical aides should therefore be kept to a minimum. Solutions should be found that promote self-supporting mechanisms and do not appear alien to the old structure.

Reasons for establishing the SFB

DEVELOPMENT DURING THE PAST 40 YEARS

During the past 40 years, work on the causes of instructural decay and in materials used in old buildings has been neglected, as has been the development of methods, procedures and techniques to preserve and improve building fabric. Many historically important buildings were destroyed during the last war, even more became victims of demolition afterwards to make room for new buildings. In the relation between old and new, new projects were given preferential bias. Research, University teaching and practical education neglected the study of old constructions and materials. Training is still focused mainly on building new.

Now, interest in preserving historically important building substance has revived. A Year of Monument Protection was proclaimed in 1975. Topics such as »new buildings in old surroundings« and »rehabilitation of old buildings« have become popular among architects. Much is being overdone and is superficial. Flourishing nostalgia and fashionable or glossy reconstructing is therefore dominating the external appearance.

Methods and procedures to preserve and stabilize the »internal« fabric of construction and the materials are still largely unavailable, especially ones which are appropriate to the monumental value of the building or which have been tested sufficiently. The swing of the pendulum came too quickly. In practice, there are only a few firms and experts with long-standing experience in this field. Buildings are demolished because not enough possibilities of repair are known. Repair work is often conducted in methodically wrong order. Building codes are of no help since they are intended for new buildings. If they are applied it may have bad results. Some repair concepts are so extensive, they damage the historically important structure more than they preserve it. This is accompanied by unnecessarily high costs. Special repair techniques are being applied without scientific backing-up or sufficient testing. It is uncertain if they will prove to be durable. This results in understandable distrust of new methods among conservationists.

This distrust has been deepened by the experience that architects and civil engineers asked for assistance neither show great knowledge of old building materials and construction nor show the sensitivity needed when dealing with an historically important environment. They also have difficulty co-operating towards adequate solutions. At least partly responsible for these short-comings is the complete separation of the two courses of studies, architecture and civil engineering, the over-emphasis of theory in many parts of the education and, in civil engineering, the lack of instruction in architectural and technological history at university which could lay the foundations for an appreciative handling of the building heritage passed on to us.

DEMAND FOR RESEARCH RESULTS

Since it has recently become increasingly necessary to deal with the preservation of historically important buildings, a heavy demand for research results has developed. There has also been great interest in a collected documentation of research results published as a basis for recommended practice. They could be used in place of unavailable building standards but without the binding force of Codes which could be more of an obstacle than a help, since problems of old buildings vary so greatly.

SIZE OF THE CONSTRUCTION VOLUME

In Baden-Württemberg 250-300 million DM are spent each year on the preservation of buildings listed as monuments. The amount for the whole of the Federal Republic is approximately four or five times this amount. Adding the expenses for unlisted historically important buildings and considering that the rehabilitation of old buildings in general benefits from the research results, it is conceivable that work within the SFB will cater to quite a large construction volume.

Objectives of the SFB

PRIME OBJECTIVES

The SFB »Preservation of historically important buildings« is intended to help revive work with old constructions and building materials. It will focus on the cause of decay and on methods and procedures to preserve and improve the substance. Solutions are to be found that are compatible with the monumental value of old buildings by minimizing both the destruction of the original substance and any addition of technical aids. The costs can be reduced accordingly by carefully-aimed measures. Besides basic and applied research, contributions are to be made to our knowledge of the history of construction and technology.

OBJECTIVES FOR A LONG-TERM PROGRAMME

As seen today, the objectives of the SFB for a term of 12 to 15 years could be the following:

- Development of a compendium to enable close co-operation between architects, engineers and scientists and architectural historians and monument conservationists when dealing with statics and structures and with material-related construction and material science in the field of preserving historically important buildings.
- Research, development and further improvement of methods and techniques for building survey and examination of old structures, materials and constructions.
- Criteria for judgement, standards of comparison and ways to optimize repair measures in respect to their compatibility with the value of the monuments.
- Characteristics of aged building materials and their behaviour in combination with others, old and new, should be explored.
- Adequate steps to improve and protect old building materials should be developed. Progress should be made on the problem of rising moisture in masonry. Methods to harden mineral wall construction material and timber should be developed and tested.
- Case study and analysis of load-transfer in old buildings should be conducted consi-

dering the planned and actual performance and margins of safety; also taking static and dynamic loads into account as well as deformation and subsidence.
- Research and development or improvement of procedures and techniques to preserve, secure, rehabilitate and repair or strengthen structures of old buildings, especially of those made of timber, masonry and metal.
- Methods to check stability must be developed taking the conditions within old structures and materials into special account and considering new approaches in theory and analysis.
- Ancient and modern construction rules should be compared and it should be checked whether old and reliable but forgotten rules could be transfered to modern use.
- The most important research results should be compiled, edited and published in a manner to assist planning architects and engineers, construction firms and controlling authorities in decision-making. A facility should be created to conduct such documentary work.

SHORT-TERM OBJECTIVES

The following topics have been considered for the first 2 1/2 years.

- Trying out co-operation between the various disciplines in the subprojects (all subprojects, especially A1 and A2).
- First results of examinations and measurements conducted on exemplary buildings (A3).
- Conduct of basic research on analysing damp in masonry (B1). Results from development and experimenting with testing-

procedures determining mechanical and deformation properties of old timber (B2) and old masonry (C2) that maintain destruction of the substance to a minimum. First results or initiation of experiments (C4) on matters concerning subsoil and foundations. Contributions from the mineralogy (B4).
- First results from the investigation of load-bearing performance and stabilizing techniques in timber (C1), masonry (C2) and metal (C3).

Description

PARTICIPATING DISCIPLINES, INSTITUTIONS AND INDIVIDUALS

The SFB 315 »Preservation of historically important buildings – structures, constructions, building materials« at the University of Karlsruhe concerns the faculties of

– architecture
– civil engineering and surveying
– biology and geology

as well as the

– »Landesdenkmalamt Baden-Württemberg.«

It is conducted by the following institutions and individuals:

– Institut für Tragkonstruktionen
  Prof. Dr.-Ing. Fritz Wenzel
  (Speaker of the SFB)
– Institut für Baugeschichte
  Prof. Dr.-Ing. Wulf Schirmer

– Institut für Massivbau und Baustofftechnologie
  Abteilung Baustofftechnologie
  Prof. Dr.-Ing. Hubert Hilsdorf
– Versuchsanstalt für Stahl, Holz und Steine
  Abteilung Stahl- und Leichtmetallbau
  Prof. Tekn. dr Rolf Baehre
– Versuchsanstalt für Stahl, Holz und Steine
  Abteilung Ingenieurholzbau und Baukonstruktionen
  Prof. Dr.-Ing. Jürgen Ehlbeck
– Institut für Bodenmechanik und Felsmechanik
  Abteilung Bodenmechanik und Grundbau
  Prof. Dr.-Ing. Gerd Gudehus
– Mineralogisches Institut
  Prof. Dr. Egon Althaus
– Landesdenkmalamt Baden-Württemberg
  Prof. Dr. August Gebeßler
  Präsident des Landesdenkmalamtes Baden-Württemberg

EXISTING APPARATUS AND EXPERIMENTAL INSTALLATIONS

The »Landesdenkmalamt Baden-Württemberg«, the Institutes of Architectural History and Bearing Structures, both members of the Faculty of Architecture, contribute to the SFB mainly their experience in direct handling of old building substance. The Institute of Bearing Structures is in possession of simple portable measuring and testing devices. The institutes and experimental stations of the Faculty of Civil Engineering – Massive Construction and Building Material Technology; Steel, Timber and Stones; Soil Mechanics and Subconstruction – as well as the Mineralogical Institute have well equipped laboratories, workshops and stationary and mobile testing facilities, experimental stands and measuring instruments that have been extended and modernized during the last years. Important testing and measuring experience from intensive practice-oriented research can be contributed by trained staff.

PREVIOUS WORK AND EXPERIENCE

The basis and starting-point for establishment of the SFB are the research studies on the structural analysis and maintenance of historically important buildings conducted during the last 15 years at the Institute of Bearing Structures at the University of Karlsruhe. Results have been achieved in a number of areas, but they remain like mosaic stones in a largely white field: building survey, structural analysis as well as matters concerning the repair of certain old roof and dome constructions; Improvement of sandwich masonry by inserting reinforcement rods and grouting; Securing old masonry walls by prestressing them and activating sheet action; Bearing behaviour of stone vaults. Mechanical properties and characteristic deformation values of old masonry. In addition to these more construction-related topics there are studies dealing with relations between structure, function and form.

Since part of the research work was done directly on buildings that needed repair, connections to practice, topicality and applicability were guaranteed. This is to remain the same in future. It was recognized, though, that research must be extended to the fields of architectural history, monument protection and construction history as well as to material technology and experimental technology and should be connected with these diciplines. This will happen through the SFB.

The Institute of Bearing Structures is not the only group within the University of Karlsruhe that has experience with material and constructions of historically important buildings. The »Landesdenkmalamt Baden-Württemberg«, the president of which, Prof. Dr. August Gebeßler, is honorary professor at the Faculty of Architecture in Karlsruhe, has a large amount of detailed information on single and groups of buildings that could be made available for scientific study. The Institute of Architectural History has participated in restoration work, with anastylosis and reconstruction at archeological excavation sites over many years, and has completed many studies assessing the monumental value of buildings and groups of buildings. The experimental stations at the Faculty of Civil Engineering should also be mentioned. The Institute of Building Material Technology works on decay mechanisms, protection measures and methods to repair various materials. The Department of Steel Construction deals with old iron structures and the related material and mechanical properties. The topic of the SFB can also benefit from work not directly intended for application to old buildings. In wood construction these have to do with material properties, for instance, or with the improvement of transverse strength, the stability of joints. In soil mechanics and subconstruction there are methods and procedures of testing in the laboratory and in the field that can be transfered. They also have experience with model experiments and newly developed improvement techniques for soil. The Mineralogical Institute can contribute knowledge of the interrelation between rocks and liquids, of erosion, the formation of layers, subsoil examination and swelling processes. Where this research work could be put to practice in certain cases, it proved effective for a surprisingly high amount of cautious repair of old buildings in an economically and functionally reasonable way.

DELIMITATION, SPECIAL FEATURES AND INTEGRATION WITHIN THE SURROUNDING RESEARCH FIELD

Materially, the SFB should be limited by concentrating on structural concepts, their detailing and building materials. To repeat a few catchwords: roofs, ceilings, domes, vaults, walls, columns, pillars, foundations; furthermore: timber, stone, mortar, metal, subsoil.

Topicaly the SFB covers structural matters, questions concerning construction and material properties and architectural history and monument protection as well as their interrelation. The research work is aimed at technical solutions that are compatible with the monument value of old buildings, that means it will be especially concerned with cautious handling of buildings. This is a quality goal the SFB will aim for. The research results, however, will also find a broad scope of application within general rehabilitation of old buildings.

Methodically, a characteristic of the SFB is the close co-operation between architects, engineers and scientists on the one hand and architectural historians and monument conservationists on the other. Such an inter-disciplinary, institutionalized co-operation has often been called for but does not exist yet. A further distinction from other research projects especially within civil engineering is the necessity to conduct part of the research work directly at the buildings. The discrepancy between theoretic models and laboratory conditions on one side and the complex reality of the old building on the other ist greater than elsewhere in construction. For this reason it is important to achieve results on the building itself and to mutually compare the findings made in theory and in the laboratory. The selection of respective buildings suitable as research objects is conducted with the help of the »Landesdenkmalamt«. It must be mentioned that the SFB

will not carry out planning and construction work but will do model styled research work from which the planning architects and engineers, the executing firms and the controlling authorities could benefit.

This much on delimitation and special features of the SFB. As far as the integration in a research context is concerned the following research activities with loose connection to the SFB should be mentioned: Various groups, especially chemists, are working on problems of conserving stone, civil engineers are dealing with the repair and strengthening of bearing structures built only a few years ago. Everywhere it is necessary to react to a disproportionally high increase in damage caused by pollution. Sporadic research on the bearing performance of old structures is being done in Braunschweig and Darmstadt. Problems of masonry are also of concern in Darmstadt and, among other places, Hannover, although not specifically problems of old or sandwich masonry. In Braunschweig and Aachen the expansion due to gypsum in masonry is being examined. There are the beginnings of co-operative work in fields more related to restoration. (e.g. the strengthening of plaster, the securing of fresco-paintings) or to architectural problems (e.g. utilization studies for old buildings, questions of city-planning). We have already been asked if the SFB should not have a broader scope. This would make the addition of further disciplines necessary that may be mainly located in places other than Karlsruhe. At the moment it seems more reasonable to us to start from our own experience and opportunities and to cultivate and intensify the ties within the surrounding research field through contact and exchange.

OUTSIDE AND INSIDE CONTACTS

Most of the institutions supporting the SFB have already worked together. The participating persons know each other and agree in their common objective that was developed and detailed in the preparation phase. A substantial contribution to that process was made during the meeting held on July 10th, 1984 in Karlsruhe where experts from all over the Federal Republic participated with whom we were able to discuss our programme.

Since co-ordination and co-operation is necessary, the subprojects have been structured accordingly and have been kept flexible for later requirements. Work on selected buildings will guarantee that the different groups be brought together and co-operate frequently.

To test the transfer of research results into practice there are good opportunities through:
– the »Landesdenkmalamt«
– state, community and church construction departments
– connections to firms experienced in this field
– co-operative companies.

Seminars and symposiums on the topic of the SFB have been held by the Institute of Bearing Structures since 1977 in several provinces of the Federal Republic. The »Landesdenkmalamt« and the other institutes also arrange such meetings, partly in other related fields. The SFB can benefit from the experience and contacts.

Contacts to other countries in the field of preserving historically important buildings exist through the Institute of Bearing Structures which has participated in seminars, held lectures and delivered expertises in Yugoslavia, Austria, Switzerland, Italy and England. The connections that were built up in the process should be available to the SFB and be expanded with its help, for instance by having corresponding members participate from abroad.

Based on our experience to date, a number of ways to apply and exchange research results seem useful for the SFB:

– regular meetings and workshops within the SFB
– larger conventions approximately every 3 years
– a series of lessons open to all faculties with contributions made from the work of the SFB
– a programme engaging visiting scientists
– the publication of recommendations and case studies for practice.
– the publication of »Jahrbücher des SFB«, which will make available the research results of the subprojects.

The establishment of the activities mentioned will be especially beneficiary to the education of young scientists whose chances of finding occupation can be regarded as good in this fairly neglected field of research.

Project fields

The SFB »Preservation of historically important buildings« is divided into four project fields:

A building inventory, history, monumental value
B building material, characteristics, ways of improvement
C constructions, load-bearing performance, strenghtening techniques
D documentation, dissemination of research results

To which project field the institutions and subprojects are assigned depends on their main field of work. To meet the needs of the over-all topic, correspondence between neighbouring fields will always be necessary. Those within the SFB interested in building material and constructions cannot ignore history and the historian concerned with the building substance of earlier periods must deal with material and constructions. Should they reach the limits of their own competence, assistance from neighbouring fields should take place. As far as it could be anticipated, this co-operation has been taken into account by the research programme.

PROJECT FIELD A
BUILDING INVENTORY, HISTORY, MONUMENTAL VALUE

The project field A has been titled »Building Inventory, History, Monumental Value« and is conducted by the »Landesdenkmalamt«, the Institute of Architectural History and the Institute of Bearing Structures. As suppliers and recipients of data and information, the three subprojects will be linked especially close to each other and to the other groups in the more technically oriented project fields B and C.

Within subproject A1, the »Landesdenkmalamt« will name those buildings suitable as exemplary research objects for the different areas of interest to the SFB and will make them accessible. It will analyse and determine the monumental value, will accompany the engineer-technical examinations from its history-related point-of-view and analyse the securing measures proposed in respect to their compatibility with the monumental value.

The subproject A2 is intended to contribute to the knowledge of the history of building construction and technique by examining exemplarily selected buildings under the aspect of architectural history. This work deals with general historical questions concerning foundations and mortar composition. The understanding of the particular time, the past ways and means in working with constructions and material should be considered. The architectural historians will be able to compile a sequence of research and examination results by participating in the work done by the other subprojects. By completing and arranging them systematically, an important contribution to technical and constructional history could be achieved.

Within subproject A3, examinations are to be carried out on existing repaired buildings to examine how effective the methods and techniques used to secure old building structures and constructions have been after a number of years or decades have passed. The strong and weak elements in current repair techniques are to be determined to bring about purposeful future improvements.

PROJECT FIELD B
BUILDING MATERIAL, CHARACTERISTICS, WAYS OF IMPROVEMENT

The four subprojects of the project field B are summarized by the title »Building Material, Characteristics, Ways of Improvement«. These projects are carried out by the Departments of Buildings Material Technology, Timber Construction and Soil Mechanics as well as by the Institute of Mineralogy.

The aim of subproject B1 is to develop effective damp protection methods. First steps will be to work on the physical phenomenon of moisture travel and on the damage caused by dampness. Using data derived from experiments, the moisture protection of porous building material should be characterized mathematically to be able to describe dampening and drying procedures with model calculations.

Within subproject B2, wood-testing methods are to be developed that do little or no damage to the substance. They are to be applied in practice to achieve information on the load-bearing and deformation behaviour of old timber. This subproject will continue, in follow-up work, by systematically examining old timber in buildings and establishing rules for judgement.

The subproject B3 is concerned with those subsoil properties, weaknesses of foundations and environmental effects that to this day cause subsidence and movements of historical buildings with shallow foundations. At the beginning, the continuous settlement of heavily loaded foundations on clayey soil will be of greatest concern as well as continuing movements and deformation of retaining walls and buildings on clayey slopes. Later, questions will be of interest dealing with the effects of traffic vibration in connection with granular soils and with buildings on expansive soil. In subproject B4, the Mineralogical Institute, acting as a central laboratory for the whole SFB, is to carry out the experiments needed within the other subprojects dealing with fabric composition and structural properties of materials as far as mineralogical methods can be of any help. It is to be explored which mineral components and processes lead to the observed damages in buildings and which mineralogical and geochemical procedures could help repair them or preserve the repaired condition of the particular building monuments.

PROJECT FIELD C
CONSTRUCTIONS, LOAD-BEARING PERFORMANCE, STRENGTHENING TECHNIQUES

The project field C »Constructions, Load-Bearing Performance, Strengthening Techniques« covers four subprojects of the Departments of Timber Construction, the Institute of Bearing Structures and the Departments of Steel Construction and Soil Mechanics.

The topic of subproject C1 will be joints and connecting means in old timber constructions. The most important types used in the past are to be recorded. Then, experiments are to be made to determine the bearing and deforming performance. Finally, criteria of judgement are

to be derived which allow for the bearing security of old wooden joints and connections to be determined without reference to modern building regulations which apply to new buildings.

The subproject C2, continuing from previous work, is to deal with procedures to determine material strength and deformation values of old masonry that vary greatly. These procedures should be more descriptive than those used when examining stone and mortar samples individually and they should be less destructive than those where complete small pillars are removed. Later on, work should be done using these results and improving the load-bearing and deformation performance of single and multi-shell masonry. The possibilities to stabilize severely torn masonry walls by applying prestressing forces without bonding activity should be investigated now.

Subproject C3 is concerned with iron and steel structures of the 19th century. They date from a time at which the profession of master builder split into those of architect and civil engineer and they therefore represent an important phase in the development of engineering construction. Together with the architectural historians and the conservationists a catalogue of objects worthy of preserving is to be compiled. Material tests and experiments on the load-bearing performance are to help achieve a basis to assess the load-bearing ability, the remaining time for further use, possible alterations in use and suitable securing and repair measures for the structures.

The subproject C4 deals with construction activity within, in the vicinity of and underneath historical buildings. Methods are to be developed to predict the behaviour of the soil and the building in such cases. The investigations give priority not only to achieving or preserving structural stability through such activity but also to preserving the historical building substance as far as possible including the foundations.

PROJECT FIELD D
DOCUMENTATION, INFORMATION, ADMINISTRATION

The documentary and transfer office is responsible for the establishment of a commented bibliography, for documentation and subsequently for the compiling of a register of those valuable constructions dealt with in the selected buildings within the SFB, furthermore for central inventory and archives within the SFB. In addition it is responsible for the publication series containing the research results of the SFB as well as the recommendations and case studies for practice. Another task will be organizing meetings and workshops and co-ordinating the work of the University Institutes and the »Landesdenkmalamt«, especially when buildings are to be examined, and bringing work in the line with the other research groups.

SURVEY OF PROJECT FIELDS AND SUBPROJECTS

PROJECT FIELDS

Project field A   Building inventory, History, Monumental value

Project field B   Building material, Characteristics, Ways of improvement

Project field C   Constructions, Load-bearing performance, Strengthening techniques

Project field D   Documentation, Information, Administration

SUBPROJECTS

A 1/Gebeßler: Investigation concerning the monumental value of historically important buildings and the compatibility of repair measures with the monumental value

A 2/Schirmer: Research on architectural history of building construction and technique

A 3/Wenzel: Engineering examination of existing buildings previously repaired

B 1/Hilsdorf/Kropp: Moisture protection in building structures of mineral building material

B 2/Steck: Load-bearing and deformation behaviour of old carcassing timber

B 3/Goldscheider: Causes and effects of subsoil and foundation weaknesses of old buildings

B 4/Althaus/Smykatz-Kloss: Effects of mineralogical processes on buildings and subsoil

C 1/Ehlbeck: Joints and connections of old timber constructions

C 2/Wenzel/Berger: Single and multi-tier old masonry

C 3/Baehre: Iron and steel structures of the 19th century

C 4/Gudehus: Construction activity in subsoil and foundations

D/Schmidt: Documentation, Information, Administration

Subprojects

A 1 / GEBESSLER:
INVESTIGATION CONCERNING THE MONUMENTAL VALUE OF
HISTORICALLY IMPORTANT BUILDINGS AND THE COMPATIBILITY OF
REPAIR MEASURES WITH THE MONUMENTAL VALUE

The SFB »Preservation of historically important buildings – structures, constructions and building materials« deals with a field of problems directly related to the tasks and experience of the field of monument preservation. This refers to both the objects and the scientific interest. The main objective of the SFB is to achieve knowledge on and develop methods and procedures to preserve the valuable substance of historic buildings through basic and applied research. The scientific exploration into historic detail-design and construction methods will be of equal importance, therefore intensifying research in the field of historic documentation. These objectives coincide with the goals of monument protection.

Within the subproject A1, the »Landesdenkmalamt« will name objects suitable for inspections concerning the various questions of interest within the whole enterprise and will make these objects accessible. It will also name objects that are suitable to gain experience on unqualified previous repair measures.

Since the »Landesdenkmalamt« is overloaded with day to day conservation work, there is no possibility to conduct research work on its own basic means. It can and will, though, participate in research work within the SFB, starting from the present level of research in the field of monument preservation and benefiting from experience in applying first results of engineering research in preservation practice. The following tasks are assigned to the »Landesdenkmalamt«:

– Determination and analysis of the monumental value of the selected objects.
– Examination of the additional historically valuable findings discovered in the course of intervention into the substance and of the consequences for technical preservation measures.
– Examination of the compatibility of technical solutions developed within the various subprojects with the value of the monument.
– Examination of the compatibility of new uses with the historic building.

Basically, the work of the Agency in its own subproject and in the co-operation within others is to assure that research within the SFB will help make preservation efforts more effective.

A 2 / SCHIRMER:
RESEARCH ON ARCHITECTURAL HISTORY OF BUILDING CONSTRUCTION AND TECHNIQUE

Within the SFB, the building historians are in an advantageous though very difficult situation. In co-operating with engineers and scientists, there is a great opportunity to conduct research in material- and construction-related history only realy promising in such a constellation. At the same time, a wide spectrum of tasks for the architectural historians is taking shape since almost all subprojects deal with matters of some relation to architectural history.

The two intentions must be brought together: deriving problems concerning the history of material and construction from the activities and findings of the other subprojects and also, in dealing with these problems, encouraging the work of the other subprojects by posing questions of historical concern.

Of the many questions of interest to the research of architectural historians, the following are to be mentioned:

– Problems concerning foundations (Subprojects B1, B3, C4): This refers to work on the history of foundations and on the understanding of foundationing common during certain periods in history.

– Mortar in historic buildings dating from different periods (e.g. subproject C2):
There is only little work dealing with the history of mortar and aggregates as for example with the Roman Opus-caementitium-technique. In the Institute of Architectural History, work is being conducted on Roman construction techniques, especially vault construction.

– Historic preservation techniques:
An especially interesting field of work is the history of old preservation techniques and the understanding of preservation efforts from say the 18th century to the 20th century.

The actual history-related topics are to be chosen from the problems which develop during the work at the buildings within the other subprojects. The exact wording of the matter of examination will then be worked out.

A 3 / WENZEL:
ENGINEERING EXAMINATION OF EXISTING BUILDINGS PREVIOUSLY REPAIRED

Reports are available on cases of damage on historically important buildings and on measures applied to repair them. Only seldom have results of follow-up examinations become known, where methods and techniques used to preserve old structures and constructions were examined for duration. The systematic fact-finding examinations of repaired buildings to be conducted in this subproject are to help determine the strong and weak elements of contemporary repair techniques so that scientific work can be directed effectively at improving and developing them further.

Buildings are available to the SFB which are suitable to study the success of past repair efforts. There are buildings among them that were repaired 50 to 60 years ago by the engineering methods still applied today. The selection of objects will be facilitated by the existing expertises and drawings. It is intended to concentrate work on two points still of eminent interest:

– Advantages and disadvantages of repair aides for masonry made of iron and steel.
– Which injection material is compatible with which masonry?

Reinforcing masonry and creating a thoroughly bonding fabric obviously have stabilizing effects but conservationists are disturbed by the damage caused by corrosion and unsuitable injection material.

For the first two and a half years, a thorough inspection is projected of carefully selected repaired buildings including a report on the condition of the areas of repair. By creating two teams and inspecting objects in both industrial and mainly rural areas it will be possible to take the effects of pollution into account.

During the following three years (second term of application), subsequent examinations are to be conducted at the buildings that were found suitable during the first inspection. Knowledge of the internal condition and the material behaviour of the repair structures will be obtained by exposing, drilling out and pulling out masonry anchors as well as by taking samples of stones and mortar and even small test cubes. The subproject is to expire at the end of the second term, that will be in 1990. Within or in co-operation with this subproject, work on two further research topics belonging to the overall subject will be resumed and continued:

– Compiling measurement data on the distribution of forces within the stabilizing structures, that means the decrease or increase of forces in course of time and the deformations and movements in repaired buildings. This is to be done by re-instating former points of measurement.
– Examining methods and techniques suitable to re-assemble columns and architraves of antique buildings on archeological excavation sites.

The subproject A3 is linked with most other subprojects of the SFB as supplier and recipient of assistance. A tabular survey on the research activities will follow.

1. Fact-finding examinations of buildings on which precise information of the repair measures is available.

Preliminary work
– Compilation of drawings and data on repaired buildings and the applied repair techniques.
– Examinations concerning particular problems such as adhesion of reattached fresco-plaster, proportion of original timber still in place after repair, etc.

Work planned within the SFB
– 1985-1987
  Fact-finding examinations of the repaired buildings by simple inspections and externally applicable examining procedures.
– 1988-1990
  Supplementary examinations involving any adjustment or change to the substance and focusing on the use of iron and steel to repair masonry and on the compatibility of masonry and injection material.

2. Resumption and continuation of earlier measurements at repaired buildings

a) to observe and determine the forces within the structural members
Preliminary work
– periodical strain control of prestressing tendons in masonry (for as long as 9 years). Checking of forces in tie members and domesuspension members.
Work planned within the SFB
– beginning in 1985 continuously
  Re-instating points of measurement, resumption and periodical continuation of measurements.

b) to observe the deformations and movements of buildings and subsoil
Preliminary work
– Compilation of geodesic measurement results (data) for the various buildings
Work planned within the SFB
– beginning in 1985 continuously
  Continuation of current measurements. Resumption of abandoned measurements within the SFB.

B 1 / HILSDORF / KROPP:
MOISTURE PROTECTION IN BUILDING STRUCTURES OF MINERAL BUILDING MATERIAL

Attempts have been made for centuries to protect buildings against damp or to dry out wet parts of buildings to stop further dampening and avoid damage. Almost all methods failed under certain circumstances especially because the procedures were developed empirically and without any knowledge of the physical phenomenon.

The utmost objective of this subproject is to develop effective damp-protection methods for historic buildings. The first step, though, will be to study the essential basic physics of moisture travel and the damage caused by moisture.

The mineral building materials of which historic buildings are made, such as natural or artificial stones and mortar, have a porous structure. Water is absorbed by the large internal surface of the materials or it condenses in the fine pore-cavities until a specific moisture content is reached which holds a balance with the surrounding conditions. If the building material is directly exposed to water, capillary suction leads to a general saturation of the pore-system. Rising damp often carries dissolved salts into the building materials that are deposited where the water evaporates. A high content of salts leads to a severe shift in the balance of moisture between the building material and the surrounding because the salts are highly hygroscopic and therefore attract water. Osmotic effects cause an increase of the moisture content in the building material.

To be able to judge the moisture household in porous construction materials, knowledge is needed on the specific moisture content of the material and various parameters describing water travel. These material constants are of great importance both for the assessment of the effectiveness of damp protection measures and for the drying-out of damp-stricken building elements. Using constants derived from experiments such as sorptional isotherms and parameters of travel (transport, transportation) the moisture household is to be defined mathematically to be able to describe water penetration and drying-out procedures in a model calculation and therefore create a scientific basis for moisture protection measures applicable to buildings.

B 2 / STECK:
LOAD-BEARING AND DEFORMATION BEHAVIOUR OF OLD CARCASSING TIMBER

To ensure well-grounded decisions regarding the suitability for use and the security of historically important buildings, it is absolutely necessary to be able to judge the old timber accurately. Old carcassing timber can hardly be judged reliably or probably not at all by the current sorting regulations nor by the regulations dealing with stress and deformation conditions for sawn timber. The main object of this subproject is to develop less or non-destructive testing methods for timber and to improve existing methods. They should be applicable to the construction site and should enable sound judgement to be made on the bearing and deformation behaviour of old carcassing timber. They are to consider the woodworking of old carcassing timber, the degree of decay or destruction by fungal and beetle attack and the special characteristics of the timber.

To reach this goal, the existing testing methods are to be examined for effectiveness and to be improved if necessary and new methods are to be developed. They are to be tested at buildings scheduled for demolition. Then, these pieces of carcassing timber are to be tested in the laboratory with destructive methods for comparison and calibration.

After evaluating these experiments, it will be possible to compile a catalogue of less and non-destructive in-situ timber-testing-methods which can be used to determine the load-bearing and deformation behaviour of carcassing timber. This is essential to establish a basis to assess the maintenance of timber structures and their suitability for further use.

After the third year, the subproject is to continue work by systematically examining old carcassing timber and establishing rules of judgement, giving special attention to the load history of the material.

B 3 / GOLDSCHEIDER:
CAUSES AND EFFECTS OF SUBSOIL AND FOUNDATION WEAKNESSES OF OLD BUILDINGS

The work of this subproject will deal with the properties of subsoil, the foundation weaknesses and environmental disturbances that still lead to subsidence and lateral movement of historic buildings on shallow foundations. The following effects typical of old buildings are to be examined:

– continuous settlement of heavily-loaded foundations on clayey subsoil not preloaded geologically,
– continuous lateral movement and deformations of old retaining walls and buildings on clayey slopes,
– recent cases of subsidence of old buildings on granular subsoil due to traffic vibrations with and without regard to variations in the ground water level,
– continuous and new cases of subsidence, lifting and other movements of old buildings on expansive subsoil.

The first problem will be dealt with from the first to the third year since this work can benefit from research on clayey soils already conducted by our Institute and because the results will be needed by other subprojects, especially by C4. The point is to consider both the settlement caused by volume-consistent viscosic creep and by so-called secondary consolidation and to introduce the creep-speed as a measure for the security of a building. The experiments consist of improved sample-taking and measurements in the subsoil as well as of very precise and controlled compression tests, triaxial and biaxial tests. Mineralogical changes are also to be observed. Theoretic examinations will also be added (e.g. theory of similarity).

The second problem is a generalization of the first applied to lateral loads due to sloping surface. Preliminary work on creeping clay slopes and their stabilization conducted by the Institute is at hand. These examinations are to be carried out from the second to fourth year.

Fairly little research has been carried out on the third problem. We have experience with cyclicly loaded buildings in sandy soil, though. Work on this subject will first be conducted in the fourth year, lasting till the seventh year. Work will consist of non-destructive examination of the building and the subsoil and of laboratory tests. The objective is the ability to forecast the effects of vibrations and to dimension the shielding.

The fourth problem is known from observations at buildings but has not been the object of soilmechanical analysis. Our own lengthy efforts to explain the swelling and shrinking with the help of thermodynamics have been unsuccessful. A new attempt shall be made with support from the Institute of Mineralogy. Since the other causes of subsidence mentioned have priority within the SFB, this problem will be dealt with no sooner than the sixth year.

Support by the Institutes of Bearing Structures and Architectural History and by the »Landesdenkmalamt« will generally be needed to conduct fact-finding inspections of the buildings for the first, second and fourth set of examinations.

The objects will be selected with the help of the central co-ordinating office of the SFB and the »Landesdenkmalamt«. Extensive examinations of the subsoil which cannot be financed by the SFB are to be carried out at buildings where such examinations are necessary anyhow and which therefore can be financed by other institutions.

B 4 / ALTHAUS / SMYKATZ-KLOSS:
EFFECTS OF MINERALOGICAL PROCESSES ON BUILDINGS AND SUBSOIL

Many historic and modern construction materials are mineralogical objects, either directly (cut stones) or indirectly made of such (bricks, binders). Research on building materials using mineralogical methods is a branch of applied mineralogy. The mineralogists can contribute especially the following two aspects to a programme on the preservation of historically important buildings: modern inspection methods and knowledge of the behaviour of minerals and stone material – including synthetic products such as cement – in a certain environment and over longer periods of time. It is similar in examining subsoil: mineral content and structure are the parameters that are to be determined by mineralogical examinations. Changes of these parameters caused by internal and external variables occur according to mineralogical laws. These mineralogical aspects are to be considered when establishing rehabilitation and repair concepts.

C 1 / EHLBECK:
JOINTS AND CONNECTIONS OF OLD TIMBER CONSTRUCTIONS.

The design and stability of joints in timber structures are crucial to the load-bearing behaviour of the entire structure. Therefore, the joints and connecting means must be examined specially to assess the stability and security of old timber structures. Beginning with a detailed survey (recording, assessment, stock-taking, inventory) of the most important joint designs used in the past, the objective of this subproject will be to determine and check the stresses and loading pattern (transfer of loads, forces) in such places.

Since it is equally important to determine the load-bearing capacity which remains after having been loaded for such a long time, old timber joints are to be removed in co-operation with other Institutes participating in the SFB but are also going to be reconstructed using timber not loaded before. In a series of tests to receive statically sound information, the deformation behaviour and the ultimate loading capacity of the test specimens will be determined. The tests of the timber used which are necessary for the calculatory assessment will be conducted in close co-operation with subproject B2.

The results of the examinations described above are to help establish categories of judgement to assess the bearing capacity of the joints of old timber structures reliably without having to use existing modern building-supervision regulations. They will also be an important constituent of the criteria to be established in a separate subproject to judge the entire structure.

C 2 / WENZEL / BERGER:
SINGLE AND MULTI-TIER OLD MASONRY.

Walls, columns, pillars and foundations of masonry make up the bulk of the substance of historically important buildings needing statical and constructive repair. The bearing capacity and the deformation behaviour of old masonry have to be determined before steps to preserve the building are planned and before a new use introduces new loads into the building. Furthermore, knowledge must be available on possible securing techniques, their mechanisms and effectiveness. There is a lack of scientific basic knowledge in both areas which has had negative effects to practice as already described.

First research results at the Institute of Bearing Structures have shown that procedures can be developed in line with recent theoretic considerations to determine the material strength and deformation properties of old masonry that vary greatly. These procedures are to be more descriptive than those used when examining stone and mortar samples individually

and they are to be less destructive than those where complete small pillars are removed. Beyond this, it was discovered that methods and procedures to preserve old masonry can be developed or improved that retain the »patina« of old substance and cause substantially less costs than the demolition and reconstruction of masonry walls.

The subproject is divided into several problem categories and will operate for the entire length of the SFB. Work will begin with subjects not dependent on results from subproject A3 (fact-finding inspections of repaired buildings):

– Determination of load-bearing and deformation properties of old masonry by means of the least-destructive testing methods,
– Stabilizing torn masonry walls by applying prestressing forces without bonding activity, thereby retaining the possibility of secondary tensioning and reversion.

C 3 / BAEHRE:
IRON AND STEEL STRUCTURES OF THE 19TH CENTURY.

Iron and steel structures of the 19th century represent the development of steel architecture as witnesses of technological progress in the production of iron and steel, of the processing to semi-manufactured products then used as bearing members. They demonstrate the understanding of statics and construction the engineer-designers had at a time when, with science entering the field of construction, the profession of master builder split into those of architect and civil engineer. We know of solutions to design problems in some of these cultural monuments of technology that do not meet our current standards of stability but have long passed their crucial test and are still being used today.

To the beginning of research in this subproject, a catalogue is to be compiled in cooperation with the »Landesdenkmalamt« and the Institute of Architectural History containing buildings worthy of preservation. That will make necessary a survey of the most important groups of iron and steel structures of the 19th century (towers, halls, industrial buildings, bridges, dams and winding towers) and the illustration of typical building elements of the time (trussed girders, plate girders, columns, etc.).

The main objective of this research subproject is to establish a basis for qualified judgement of the existing bearing capacity, of the time remaining for further use, of possible alterations in use and of suitable repair and securing measures. Knowledge is incomplete on material properties and on the influences of old structural designs and production means of the time on the bearing behaviour. The intended experimental examinations include material tests continuing from previous work and dealing with mechanical and technological properties (material strength, weldability, toughness against brittle fracture, ageing-behaviour, fatique behaviour) as well as load-bearing tests of members removed from buildings in the course of repairs and restoration work. At the same time, non-destructive inspection me-

thods are to be developed for in-situ application to check on structural disturbances. A further object of research is the development and testing of repair steps using modern connecting means. In the course of work which will extend over the entire length of the SFB, it is intended to establish a catalogue of the most important signs of damage, to develop non-destructive in-situ testing methods for early discovery of damage as well as methods of predicting the progress and effects of damage and to develop and test local and global repair and preventive techniques.

C 4 / GUDEHUS:
CONSTRUCTION ACTIVITY IN SUBSOIL AND FOUNDATIONS.

The subproject C4 deals with construction activity within, in the vicinity of and underneath historic buildings. Methods are to be developed to predict the behaviour of the soil and the building in case of the following activities:
- reducing and / or increasing loads on foundations,
- alterations of the ground formation, the buildings and / or the ground water level in the surroundings,
- consolidation or constructive support of the subsoil,
- underground construction activity in the immediate vicinity.

In the course of such work, it should not be asssured that constructional security be obtained and maintained but also the historic substance including the foundation be preserved as far as possible and in the sense of the conservationists.

Since this work is dependent on results from subproject B3, the subproject C4 started operating one year later, in July 1986.
At the beginning, research work is concentrated on buildings situated in geologically undisturbed clayey or organic subsoil. In co-ordination with subprojects A1 and A2, forces and movements in selected parts of historic structures are to be observed.
The activities will be extended to more difficult sobsoil conditions and strain, proceeding in the same manner. The evaluation of the observations carried out in-situ and in the laboratory will – together with the results of subprojects A1, B1 and C2 – lead to recommendations for design, execution and observation of substructural alterations at historic buildings. Priority will be given to the concerns of the conservationists.

D / SCHMIDT:
DOCUMENTATION, INFORMATION, ADMINISTRATION.

The documentary and transfer office is responsible for the central documentation needs of the SFB »Preservation of historically important buildings – structures, constructions, building materials«. It will carry out the following work:
– Establishment and publication of a bibliography on the subject of the SFB and the related areas, commented.
– Documentation of historic constructions that are of general importance to the SFB but will not or only partially be recorded by the subprojects.
– Based on the results of the documentation: compilation and publication of a register of historically valuable constructions including information on location, condition and importance.
– Central inventory and archives for all important material of the SFB.

When the SFB expires, the documentary and transfer office will have compiled such a large amount of data, results and knowledge on the subject of preserving old structures, constructions and building materials that preparations should be made now to have the state of Baden-Württemberg take over the office. There is no such establishment on the subject of the SFB in the country and neither abroad, as far as we know.

The documentary and transfer office will be assigned to additional tasks:

– Creation of a publication series containing the research results of the SFB and commentary. It is especially intended to transpose the results into recommendations and case examples for practice which can be followed in similar cases. The documentary and transfer office will be responsible for the co-ordination regarding to the content and to organisation.
– Co-ordination of the co-operation between the participating University Institutes and the »Landesdenkmalamt« especially in those research activities carried out directly at the buildings and where several groups of the SFB are to work at the same time or subsequently. The documentary and transfer office will also assist in co-ordinating the work of the SFB and other research groups.
– Organisation of meetings and workshops. Preliminary description of the latest position of research on the subject dealt with so that the programme of the event can be up to date. Subsequent evaluation of remarks, advice, comments and ideas to achieve the best possible feed-back for future work of the SFB.

Abbildungsnachweis:

A1/Abb. 1-3, 5: Landesdenkmalamt Baden-Württemberg
C3/Abb. 3: Stadt Pforzheim
C4/Abb. 2: K. PIEPER, Sicherung historischer Bauten, Berlin 1983, S. 114.
    bb. 3: G. GUDEHUS, in: Geotechnik 2 (1984)
    . 4: G. GUDEHUS und W. ORTH, in: Bautechnik 6 (1986)
     Augustinerklosterkirche – Kulturhaus der Stadt Oberndorf am Neckar. 1978, S. 14

    Abbildungsvorlagen: SFB 315, Universität Karlsruhe